SOI-MÊME COMME UN ROI

ÉLISABETH ROUDINESCO

SOI-MÊME COMME UN ROI

Essai sur les dérives identitaires

ÉDITIONS DU SEUIL
57, rue Gaston-Tessier, Paris XIXe

Ce livre est publié dans la collection
« La couleur des idées »

ISBN 978-2-02-148087-0

www. seuil.com

Plus claire la lumière, plus sombre l'obscurité… Il est impossible d'apprécier correctement la lumière sans connaître les ténèbres.

Jean-Paul Sartre

Avant-propos

Depuis une vingtaine d'années, les mouvements d'émancipation sembleraient avoir changé de cap. Ils ne se demandent plus comment transformer le monde pour qu'il soit meilleur, mais s'attachent à protéger les populations de ce qui les menace : inégalités croissantes, invisibilité sociale, misère morale.

En conséquence, les revendications sont à l'inverse de ce qu'elles avaient été durant un siècle. On se bat moins pour le progrès, et l'on récuse même, parfois, ses acquis. On affiche ses souffrances, on dénonce l'offense, on donne libre cours à ses affects, autant de marqueurs identitaires qui expriment un désir de visibilité, tantôt pour affirmer son indignation, tantôt pour revendiquer d'être reconnu[1]. Les arts et les lettres n'échappent pas au phénomène puisque jamais la littérature n'a été autant préoccupée de « vécu » qu'aujourd'hui. On cherche moins dans le roman la reconstruction d'une réalité globale qu'une manière de se raconter sans distance critique, en usant de l'autofiction[2], voire de l'abjection, ce qui permet à l'auteur de se dédoubler à l'infini en affirmant que tout est

1. Voir Myriam Revault d'Allonnes, *L'Homme compassionnel*, Paris, Seuil, 2008.

2. Ce néologisme a été créé par Serge Doubrovsky en 1977 pour désigner un genre littéraire hérité de Proust qui inclut l'expression de l'inconscient dans le récit de soi, sans le réduire à une débauche d'aveux centrés sur les souffrances du moi.

vrai parce que tout est inventé. D'où le syndrome du caméléon : « On le pose sur du vert et il devient vert, on le couche sur du bleu et il devient bleu, on le place sur un plaid écossais et il devient fou, il éclate, il meurt. »

Récemment, Gérard Noiriel, historien des mouvements sociaux, faisait remarquer que les salles d'archives étaient moins fréquentées par les historiens professionnels que par des « amateurs d'histoire », lesquels y reconstituent souvent leur arbre généalogique pour « raconter l'histoire de leur village, de leurs ancêtres, de leur communauté, etc.[1] ». Cette auto-affirmation de soi – transformée en hypertrophie du moi – serait donc le signe distinctif d'une époque où chacun cherche à être soi-même comme un roi et non pas comme un autre[2]. Mais, en contrepoint, s'affirme une autre manière de se soumettre à la mécanique identitaire : le repli.

Plusieurs définitions de l'identité sont possibles. Si l'on dit « Je suis moi » ou « Je pense donc je suis », ou « Qui suis-je si je ne suis pas ce que j'habite », ou encore « Ça pense là où je ne suis pas » ou « Je est un autre[3] », ou pourquoi pas « Je dépends d'une altérité » ou « Je dépends des autres pour savoir qui je suis », ou encore « Je suis Charlie », on affirme l'existence d'une identité universelle – consciente, inconsciente, habitée par la liberté, divisée, toujours « autre » en étant soi –, indépendante des contingences du corps biologique ou du territoire d'origine. On refuse alors l'appartenance au sens de l'enracinement pour souligner que l'identité est d'abord multiple et qu'elle inclut l'étranger en soi[4]. Mais si, au contraire, on assimile l'identité à une appartenance, on réduit alors le sujet à une ou à plusieurs identités hiérarchisées

1. Gérard Noiriel sur son blog, 12 février 2019.

2. Selon le propos de Paul Ricœur dans *Soi-même comme un autre*, Paris, Seuil, 1990.

3. Arthur Rimbaud, « Lettre du voyant » à Paul Demeny, 15 mai 1871.

4. Cf. Jacques Derrida, *Le Monolinguisme de l'autre, ou la Prothèse d'origine*, Paris, Galilée, 1996.

et l'on fait disparaître l'idée du « Je suis je, voilà tout[1] ». C'est cette deuxième définition de l'identité, largement inspirée par des travaux d'interprétation psychanalytique postfreudienne, qui sera examinée dans les pages qui suivent.

Dans un premier chapitre, j'évoque quelques formes modernes de l'assignation identitaire[2], toutes plus mélancoliques les unes que les autres et qui se traduisent par une volonté d'en finir avec l'altérité en réduisant l'être humain à une expérience spécifique. Dans le deuxième, j'analyserai les variations qui ont affecté la notion de « genre ». À force de dérives, celle-ci est désormais utilisée, non plus comme un outil conceptuel destiné à éclairer une approche émancipatrice de l'histoire des femmes – comme ce fut le cas jusqu'en 2000 –, mais pour conforter, dans la vie sociale et politique, une idéologie de l'appartenance normative qui va jusqu'à dissoudre les frontières entre le sexe et le genre.

Dans les trois chapitres suivants, il sera question des différentes métamorphoses de l'idée de « race ». Après avoir été écartée en 1945 du discours de la science et des humanités, elle a été remise en jeu par les études dites « postcoloniales », subalternistes et « décoloniales », qui se sont inspirées de quelques grandes œuvres des penseurs de la modernité : Aimé Césaire, Edward Said, Frantz Fanon ou Jacques Derrida. Sur ce terrain aussi, des outils conceptuels forgés avec une rare finesse ont été réinterprétés jusqu'à l'outrance, afin de conforter les idéaux d'un nouveau conformisme de la norme, dont on trouve la trace autant chez certains adeptes du transgenrisme *queer* que du côté des Indigènes de la République et autres mouvements engagés dans la quête d'une introuvable politique identitaire.

1. Selon la belle formule de Michel Serres dans *Libération* du 18 novembre 2009.

2. Guy Sorman qualifie cette assignation d'« horreur identitaire », *Le Monde*, 1er octobre 2016.

À chaque étape de cet essai, je m'attacherai à analyser les néologismes foisonnants qui accompagnent le « parler obscur » de toutes ces dérives.

Dans le dernier chapitre du livre, j'étudierai la manière dont la notion d'« identité nationale » a fait retour dans le discours des polémistes de l'extrême droite française, habités par la terreur du « grand remplacement » de soi par une altérité diabolisée : le migrant, le musulman, Mai 68, la gestation pour autrui, la Révolution française, etc. Ce discours fétichise un passé imaginaire pour inviter à exécrer le présent. Et du coup il valorise ce que les identitaires de l'autre bord récusent : l'identité blanche, masculine, virile, colonialiste, occidentale, etc. Pour ces autres identitaires – qui d'ailleurs se désignent eux-mêmes comme des Identitaires (avec une majuscule) –, nos villages d'autrefois, nos écoles, nos églises, nos valeurs seraient menacés par les nouveaux barbares : Eurodisney, les mères porteuses indiennes, les donneurs de prénoms imprononçables, les communautés polygames, etc.

En conclusion, et au terme de cette immersion dans les ténèbres de la pensée identitaire où se mêlent souvent délire, conspiration, rejet de l'autre, incitation au meurtre et racialisation des subjectivités, j'indiquerai quelques pistes pour contribuer à nous sortir de la désespérance et à nous tourner vers un monde possible où chacun adhérerait au principe du « Je suis je, voilà tout », sans contester la diversité des communautés humaines ni essentialiser l'universel ou la différence. « Ni trop près, ni trop loin », disait Claude Lévi-Strauss en affirmant que l'uniformisation du monde menait autant à son extinction que la fragmentation des cultures. Telle est la signification profonde de ce travail.

1

L'assignation identitaire

Beyrouth 2005 : qui suis-je ?

Lors d'une soirée à Beyrouth, consécutive à la tenue d'un colloque sur la psychanalyse dans le monde arabe et islamique[1], j'eus l'occasion, en mai 2005, de faire la connaissance d'un grand patron de presse, érudit et élégant : Ghassan Tuéni. Il m'accueillit avec enthousiasme, ravi, disait-il, de recevoir une « orthodoxe » en sa somptueuse demeure. Étonnée, je lui dis que je n'étais pas orthodoxe et il me répondit aussitôt : « Mais vous êtes roumaine ! » Et il ajouta que lui-même appartenait à la communauté grecque orthodoxe et que, en premières noces, il avait épousé une Druze. Aussi avait-il l'habitude des « identités mixtes ». Après lui avoir dit que je n'étais ni roumaine ni orthodoxe mais que, dans ma famille, il y avait des Juifs et des protestants, je soulignai que j'avais été élevée selon le rite catholique par des parents plutôt mécréants qui m'avaient si peu transmis de traditions cultuelles que je me sentais plutôt athée – ou « hors religion » – sans être pour autant anticléricale : j'ignorais tout

1. Chawki Azouri et Élisabeth Roudinesco (dir.), *La Psychanalyse dans le monde arabe et islamique*, Beyrouth, Presses de l'université Saint-Joseph, 2005. Le colloque s'était tenu du 6 au 8 mai 2005. Parmi les nombreux intervenants : Souad Ayada, Jalil Bennani, Fethi Benslama, Antoine Courban, Sophie Bessis, Christian Jambet, Paul Lacaze, Anissé el-Amine Merhi.

des « identités mixtes ». Non sans humour, il me rétorqua : « Vous êtes donc athée chrétienne, d'origine orthodoxe et d'obédience catholique. » N'étant ni athée au sens d'un engagement, ni vraiment chrétienne bien que baptisée, je finis par lui expliquer que ma mère, attachée avant tout à la laïcité républicaine, était issue d'une famille alsacienne, protestante par son père et « israélite » parisienne par sa mère, et que, des deux côtés, on préférait l'appellation HSP (Haute société protestante), ce qui permettait d'éluder le mot « juif » au nom d'un assimilationnisme militant. Quant à mon père, issu d'une famille juive de Bucarest – ultra-francophile et non observante –, il détestait les popes, la synagogue et les rabbins, et il adhérait sans réserve aux idéaux de la République. Aussi bien préférait-il se dire « voltairien », tout en étant, pour des raisons strictement esthétiques, un fervent admirateur de l'Église catholique romaine – et surtout de la peinture de la Renaissance : l'Italie était sa deuxième patrie après la France, et Rome sa ville préférée. Redoutant l'antisémitisme et soucieux de bonne intégration, il adorait mentir sur ses origines en soulignant que son père était orthodoxe et que lui-même s'était converti au catholicisme.

Pour ma part, je regardais comme un fantasme d'un autre âge cette manière de dissimuler sa judéité, soit en se prétendant « israélite », soit en se référant à une identité confessionnelle. Un autre invité se mêla alors à notre conversation en me faisant remarquer que, sans être « française de souche », j'avais acquis la « citoyenneté française ». Je fus contrainte de lui répondre que cette terminologie ne me convenait pas, et que, d'ailleurs, je n'étais une citoyenne française, ni de souche – puisque les souches n'existent pas plus que les races –, ni d'acquisition, puisque j'étais née française de parents français. Quant à « l'identité de la France », sur laquelle il m'interrogeait, je lui répondis en citant de mémoire les propos de Fernand Braudel. L'identité de la France, dis-je, n'a rien à voir avec une quelconque « identité nationale », fût-elle française. L'identité pure ou parfaite n'existe pas. Aussi bien l'identité de *la* France est-elle toujours divisée – entre ses régions et ses villes, entre ses idéaux divergents –, même si la République est indivisible, laïque et sociale[1]. La France, ce n'est rien d'autre que la France décrite par Michelet : des France « cousues ensemble », c'est-à-dire la France construite autour de Paris et qui a fini par s'imposer aux différentes France. Telle est donc la France française, composée de tous les apports migratoires venus du monde entier avec ses traditions, sa langue et son rayonnement intellectuel. La civilisation française n'existerait pas sans l'accession des étrangers à l'identité de la France : « Je le dis une fois pour toutes, soulignait Braudel en 1985, j'aime la France avec la même passion, exigeante et compliquée, que Jules Michelet. Sans distinguer entre ses vertus et ses défauts, entre ce que je préfère et ce que j'accepte moins facilement [...]. Je tiens à parler de la France comme s'il s'agissait d'un autre pays, d'une autre patrie, d'une autre nation[2]. »

Au cours de ce dialogue, qui avait tout d'une histoire juive – du genre « Tu dis que tu vas à Cracovie pour que je croie que tu vas à Lodz » –, je fus donc contrainte, pour la première fois de ma vie, d'expliquer à un homme de haute culture, lecteur de Paul Valéry et adepte du vieil humanisme européen, que j'étais tout simplement française : citoyenne française, de nationalité française, née à Paris, c'est-à-dire en France, et que je ne parlais pas un mot de roumain, langue dont mon père n'usait que lorsqu'il se mettait en colère contre sa sœur, ma vieille tante. Il était plus simple pour moi, en effet, de revendiquer cette « francité » que de continuer à me livrer à des contorsions identitaires du genre : « Je suis judéo-roumano-alsacienne-demi-germanique », et pourquoi pas un quart viennoise par mon ancêtre maternel Julius Popper, conquérant de

1. Selon l'article premier de la Constitution du 4 octobre 1958.
2. Fernand Braudel, *L'Identité de la France*, Paris, Flammarion, 1992.

la Patagonie, ou encore marquée du sceau de la « blanchité ». Éclat de rire : « Bien entendu ! Et moi je suis libanais. Mais disons que vous êtes d'abord orthodoxe parce que vous portez un nom roumain. Nous sommes donc tous les deux rattachés aux Églises orthodoxes canoniques autocéphales. Et d'ailleurs, je vais vous présenter ma deuxième femme, Chadia, orthodoxe elle aussi, libraire et passionnée de psychanalyse. »

Venant d'un Libanais, habitué à vivre dans un pays en guerre, adhérant à l'une des dix-sept religions reconnues par l'État, ce propos n'avait pas de quoi étonner. Et d'ailleurs, un tel échange ne pouvait avoir lieu qu'avec un étranger : questionner un compatriote libanais sur son identité relève en effet d'une incongruité majeure, puisque, dans cet univers-là, l'appartenance à une communauté confessionnelle va de soi. Aussi bien la foi est-elle une affaire privée, distincte de toute forme d'identité, laquelle se définit, pour chaque sujet, à partir d'une contrainte : l'obligation d'appartenir à l'une des dix-sept communautés dont chacune possède une législation et des juridictions propres en matière de statut personnel. Aucune identité subjective, politique, nationale, sexuelle ou sociale n'est possible sans un tel marqueur[1]. Dans cette configuration, l'identité ne relève d'ailleurs pas de la religion ou d'une foi quelconque mais d'une appartenance : une tribu, un clan, une ethnie. Mis en place par la France mandataire avec les meilleures intentions du monde, ce système communautaire est censé assurer le respect des équilibres séculaires transmis de génération en génération, seule manière, dit-on, de ne pas effacer ou réifier les identités. Et pourtant, durant ce

1. Parmi ces communautés, douze sont chrétiennes (maronite, grecque orthodoxe, grecque catholique, arménienne orthodoxe, arménienne catholique, syriaque catholique, jacobite, chaldéenne, nestorienne, latine, protestante, copte). Parmi les cinq autres, on trouve une communauté israélite et quatre communautés musulmanes (sunnite, chiite, druze, alaouite). Cf. Fredrik Barth, « Les groupes ethniques et leurs frontières », *in* Philippe Poutignat et Jocelyne Streiff-Fenart, *Théories de l'ethnicité*, Paris, PUF, 1995.

colloque, les intervenants libanais – et Ghassan Tuéni lui-même – eurent l'occasion de dire qu'ils n'approuvaient pas ce système et que leurs préférences allaient aux Lumières françaises, à la laïcité et à une conception citoyenne de la démocratie très éloignée de toutes les formes d'organisation confessionnelles, dont ils étaient à la fois les victimes, les héritiers et les protagonistes.

Journaliste et historien, défenseur de la cause palestinienne, éditorialiste au quotidien *an-Nahar*, cofondateur du Mouvement de la gauche démocratique, Samir Kassir avait apporté son aide à l'organisation de ce colloque, convaincu que la psychanalyse était porteuse, en elle-même et indépendamment de ses représentants, d'une subjectivité dangereuse pour les totalitarismes, les nationalismes ou le fanatisme identitaire. Il avait maintes fois défié la censure. Dans son intervention, il fit preuve de son attachement aux idéaux de l'humanisme arabe, réitérant sa préférence pour l'universalisme des Lumières et son rejet d'un communautarisme étroit. Il combattait autant la dictature syrienne que le Hezbollah. Quelques jours après avoir pris la parole à ce colloque qui, nous le savions, était à haut risque, il fut assassiné dans un attentat à la voiture piégée. En décembre, ce fut le tour de Gébrane Tuéni, le fils de Ghassan.

Laïcités

Pour ma part, je n'ai jamais cessé de penser que le principe de laïcité était supérieur à tout autre en vue d'assurer la liberté de conscience et la transmission des savoirs, et cela bien avant que nous soyons confrontés en France aux dérives identitaires, même si la question de l'islam s'y posait déjà. Pour autant, je n'éprouve aucune hostilité de principe pour le culturalisme, le relativisme ou les religions en général, et je considère les différences comme nécessaires à la compréhension de l'universel. Je récuse le projet de faire de la laïcité une nouvelle religion habitée par un universalisme dogmatique, applicable à toutes les nations. Seuls la diversité et le mélange sont, à mes yeux, sources de progrès. Il n'empêche que, sans un minimum de laïcité, aucun État ne saurait échapper à l'emprise de la religion, surtout quand celle-ci se confond avec un projet de conquête politique, c'est-à-dire avec l'affichage de ses stigmates. C'est pourquoi, tout en étant bien consciente que de nombreuses formes de laïcité existent de par le monde, aussi respectables et efficaces que le modèle français, je souscrirais volontiers à l'idée générale selon laquelle la laïcité, en tant que telle, génère plus de libertés que n'importe quelle religion investie d'un pouvoir politique[1].

Et du même coup, je dirai que seule la laïcité peut garantir la liberté de conscience et surtout éviter à chaque sujet d'être assigné à son identité. C'est d'ailleurs la raison pour laquelle j'ai été favorable, en 1989, au projet de loi interdisant en France le port du foulard islamique à l'école puisqu'il s'agit de jeunes filles mineures. Je n'ai jamais considéré que cette loi reconduisait une quelconque « exclusion néo-coloniale » visant les représentants d'une communauté particulière. En France, en effet, l'école républicaine repose sur un idéal qui a pour projet de détacher en partie l'enfant de sa famille, de ses origines et de son particularisme, et qui fait de la lutte contre toute emprise religieuse le principe d'une éducation égalitaire. En vertu de ce principe, aucun élève n'a le droit d'exhiber, dans l'enceinte de l'institution scolaire, un quelconque signe ostentatoire de son appartenance à une religion : crucifix visible, kippa, voile[2]. Il n'empêche que la France est

1. Voir à ce sujet Catherine Kintzler, *Penser la laïcité*, Paris, Minerve, 2014.

2. Élisabeth Roudinesco, « Le foulard à l'école, étouffoir de l'altérité », *Libération*, 27 mai 2003. J'ai témoigné en faveur de la loi devant la commission réunie en juillet 2003 par Bernard Stasi. Je me suis également prononcée en faveur de l'interdiction du niqab dans l'espace public parce que

le seul pays au monde à revendiquer un tel modèle de laïcité républicaine. Et il faut le défendre envers et contre tout parce qu'il incarne une tradition issue de la Révolution et de la séparation de l'Église et de l'État. Mais, pour autant, il est difficile d'affirmer qu'il serait supérieur à tous les autres et donc exportable. Vouloir imposer ce modèle à tous les peuples du monde serait à la fois impérialiste et suicidaire.

Très différent de Ghassan Tuéni, le père Sélim Abou, recteur de l'université Saint-Joseph, présent lors de cette fameuse soirée à Beyrouth, était un magnifique jésuite qui me faisait penser à Michel de Certeau. Freudien convaincu, anthropologue anticolonialiste, fin connaisseur de l'Amérique latine et du Canada, il avait étudié la tragique épopée de la République jésuite des Guaranis et réfléchi depuis longtemps à la « question identitaire », préférant le cosmopolitisme à toute idée d'assignation, fût-elle confessionnelle[1]. Il soulignait d'ailleurs que plus s'affirmait la globalisation économique, plus s'intensifiait, en contrepoint, la réaction identitaire tout aussi barbare, comme si l'homogénéisation des manières de vivre, sous l'effet du marché, allait de pair avec la quête de prétendues « racines ». Dans cette perspective, la mondialisation des échanges économiques s'accompagnait donc d'une

---

l'exercice des libertés démocratiques suppose qu'un sujet ne dissimule pas son visage et qu'il puisse être identifié pour ce qu'il est.

1. Sélim Abou, *La « République » jésuite des Guaranis (1609-1768) et son héritage*, Paris, Perrin / Unesco, 1995 ; Id., *De l'identité et du sens. La mondialisation de l'angoisse identitaire et sa signification plurielle*, Paris, Perrin / Beyrouth, Presses de l'université Saint-Joseph, 2009. Roland Joffé a fort bien retracé, dans son film *Mission* (1986), l'histoire de la lutte des jésuites et des Amérindiens Guaranis du Paraguay contre le colonialisme espagnol et portugais. Sélim Abou reprenait à son compte le fameux paradoxe de Tocqueville selon lequel plus une situation s'améliore, plus l'écart avec la situation idéale est ressenti subjectivement comme intolérable par ceux-là mêmes qui bénéficient de cette amélioration. Cf. *De la démocratie en Amérique* (1840), livre II, chap. XIII consacré à l'inquiétude des Américains quant à leur bien-être.

recrudescence des angoisses identitaires les plus réactionnaires : terreur de l'abolition des différences sexuelles, de l'effacement des souverainetés et des frontières, peur de la disparition de la famille, du père, de la mère, haine des homosexuels, des Arabes, des étrangers, etc.[1]

Aussi Sélim Abou revendiquait-il, contre cette spirale infernale, le jugement fameux de Montesquieu : « Si je savais une chose utile à ma nation qui fût ruineuse à une autre, je ne la proposerais pas à mon prince, parce que je suis homme avant d'être français ou bien parce que je suis nécessairement homme et que je ne suis français que par hasard. Si je savais quelque chose qui me fût utile et qui fût préjudiciable à ma famille, je la rejetterais de mon esprit. Si je savais quelque chose qui fût utile à ma famille et qui ne le fût pas à ma patrie, je chercherais à l'oublier. Si je savais quelque chose qui fût utile à ma patrie et qui fût préjudiciable à l'Europe ou qui fût utile à l'Europe et préjudiciable au genre humain, je la regarderais comme un crime[2]. »

Il s'agissait là – et Sélim Abou le disait – du meilleur antidote aux provocations exacerbées de Jean-Marie Le Pen qui allait répétant *ad nauseam* son adhésion aux principes d'une hiérarchie des identités fondée sur l'endogamie généralisée, sur le mode : J'aime mieux mes filles que mes cousines, mes cousines que mes voisines, mes voisines que les inconnues et les inconnues que mes ennemis. En conséquence, j'aime mieux les Français que les Européens, et enfin j'aime mieux, dans les autres pays du monde, ceux qui sont mes alliés et qui aiment la France.

Rien n'est plus régressif pour la civilisation et la socialisation que de se réclamer d'une hiérarchie des identités et des

1. J'ai étudié cette question dans *La Famille en désordre*, Paris, Fayard, 2002.

2. Montesquieu, *Mes pensées*, anthologie établie par Catherine Volpilhac-Auger, Paris, Gallimard, coll. « Folio Classique », 2014.

appartenances. Certes, l'affirmation identitaire est toujours une tentative de contrer l'effacement des minorités opprimées, mais elle procède par un excès de revendication de soi, voire par un désir fou de ne plus se mélanger à aucune autre communauté que la sienne. Et dès lors que l'on adopte un tel découpage hiérarchique de la réalité, on se condamne à inventer un nouvel ostracisme à l'égard de ceux qui ne seraient pas inclus dans l'entre-soi. Ainsi, loin d'être émancipateur, le processus de réduction identitaire reconstruit ce qu'il prétend défaire. Comment ne pas songer ici aux hommes homosexuels efféminés rejetés par ceux qui ne le sont pas ? Comment ne pas voir que c'est bien le mécanisme de l'assignation identitaire qui conduit les noirs et les blancs à rejeter les métis traités de « mulâtres », les métis à se réclamer de « la goutte de sang » qui leur permettrait de se ranger dans un camp plutôt que dans un autre ? Et de même, les sépharades à discriminer les ashkénazes, eux-mêmes antisépharades, les arabes à fustiger les noirs et, réciproquement, les juifs à devenir antisémites, tantôt par la haine de soi juive, tantôt, plus récemment, par adhésion à la politique nationaliste de l'extrême droite israélienne. Au cœur de tout système identitaire, il y a toujours la place maudite de l'autre, irréductible à toute assignation et vouée à la honte d'être soi.

Les politiques de Narcisse

Pour comprendre l'éclosion de ces angoisses identitaires qui ont fini par renverser en son contraire l'idéal des luttes émancipatrices, il faut se reporter à l'émergence de ce que Christopher Lasch a appelé la culture du narcissisme[1]. En 1979, il remarquait que la culture de masse, telle qu'elle s'était

1. Christopher Lasch, *La Culture du narcissisme. La vie américaine à un âge de déclin des espérances* [1979], Paris, Flammarion, coll. « Champs

développée dans la société américaine, avait engendré des pathologies impossibles à éradiquer. Et il imputait à la psychanalyse postfreudienne la responsabilité d'avoir validé cette culture en transformant le sujet moderne en une victime de lui-même incapable de s'intéresser à autre chose qu'à son nombril. À force de s'occuper exclusivement de ses angoisses identitaires, le sujet de la société individualiste américaine serait donc devenu, selon Lasch, l'esclave d'une nouvelle dépendance dont le destin tragique de Narcisse – bien plus que celui d'Œdipe – serait l'incarnation. Dans la mythologie grecque, Narcisse, fasciné par son reflet, tombe à l'eau et se noie parce qu'il ne parvient pas à comprendre que son image n'est pas lui-même. Autrement dit, c'est parce qu'il ne conçoit pas l'idée de différence entre lui-même et l'altérité qu'il se condamne à périr. Aussi devient-il dépendant d'un ancrage identitaire meurtrier qui le conduit à avoir besoin des autres pour s'estimer lui-même, sans pour autant concevoir ce qu'est une véritable altérité.

L'autre est alors assimilé à un ennemi et sa différence est niée. Plus aucune dynamique conflictuelle n'étant admise, chacun se réfugie dans son petit territoire afin de faire la guerre à son voisin. Être obsédé par le corps, acquérir une bonne image de soi, affirmer ses désirs sans éprouver de culpabilité, désirer le fascisme ou le puritanisme, tel serait le credo d'une société à la fois dépressive et narcissique dont la nouvelle religion serait la croyance en une thérapie de l'âme fondée sur le culte d'un ego hypertrophié.

Dans un essai ultérieur, publié cinq ans plus tard, Lasch soulignait que, dans une époque troublée comme celle des années 1980, la vie quotidienne américaine s'était transformée en un exercice de survie : « Les gens vivent au jour le jour. Ils évitent de penser au passé, de crainte de succomber à une

Essais », 2008. Best-seller aux États-Unis, le livre a été accueilli, en France, comme une critique du progressisme de gauche.

"nostalgie" déprimante ; et lorsqu'ils pensent à l'avenir, c'est pour trouver comment se prémunir des désastres que tous ou presque s'attendent désormais à affronter. [...] Assiégé, le moi se resserre jusqu'à ne plus former qu'un noyau défensif, armé contre l'adversité. L'équilibre émotionnel requiert un moi minimal, et non plus le moi impérial d'antan[1]. »

Lasch eut le grand mérite d'attirer l'attention sur l'émergence d'un grand fantasme de perte de l'identité. Dans un monde récemment unifié et dénué d'ennemi extérieur – depuis le désengagement politique des années 1980 jusqu'à la chute du mur de Berlin –, chacun pouvait se croire personnellement la victime de tel désastre écologique, de tel accident nucléaire, de tel réseau, ou plus simplement de son voisin : transgenre, postcolonialiste, noir, juif, arabe, blanc, sexiste, violeur, zombie. La liste est sans limite. Ce phénomène n'a cessé de s'amplifier au début du XXIe siècle, comme si toute lutte devait avoir pour objectif la préservation de soi.

Berkeley 1996

Par la suite, la culture identitaire a pris progressivement le relais de la culture du narcissisme, et elle est devenue, dans le monde fluide qui est le nôtre, l'une des réponses à l'affaiblissement de l'idéal collectif, à la chute des idéaux de la Révolution et aux transformations de la famille. C'est alors que l'on a pu dire que les luttes dites « sociétales » se substituaient aux luttes sociales. Cette culture de l'identité tend à introduire les procédures de la pensée dans les expériences de la vie subjective, sociale ou sexuelle. Et dans cette perspective, tout comportement devient identitaire : les manières de manger, de faire l'amour, de dormir, de conduire

1. Christopher Lasch, *Le Moi assiégé. Essai sur l'érosion de la personnalité* [1984], Paris, Climats, 2008.

une voiture. Chaque névrose, chaque particularité, chaque vêtement que l'on porte renvoie à une assignation identitaire, selon le principe généralisé du conflit entre soi et les autres.

J'ai eu l'occasion d'en prendre conscience en septembre 1996, lors d'un séjour à l'université de Berkeley sur la côte ouest des États-Unis, laboratoire de toutes les théories d'avant-garde. J'y avais été invitée par mon ami Vincent Kaufmann, professeur de littérature, installé dans le campus avec toute sa famille. Je fus étonnée de découvrir qu'il ne parvenait pas à réunir, pour un banquet joyeux et convivial, les enseignants de son département. Chacun brandissait son mode de vie comme un fétiche : l'un était végétarien et devait apporter ses propres plats, l'autre souffrait d'horribles allergies ne lui permettant pas de cohabiter durant toute une soirée avec des particules jugées dangereuses pour sa santé, un troisième obéissait à des rituels de sommeil quotidien qui le contraignaient à se coucher à 21 heures et donc à arriver au dîner à 18 heures, un quatrième, au contraire, était insomniaque et ne tolérait pas de se mettre à table avant 22 heures, un autre encore ne supportait pas l'idée que l'on puisse servir des fromages au repas, sans compter ceux qui étaient exaspérés par le bruit que pouvaient faire des enfants en bas âge… En bref, chacun était prêt à venir à l'heure qui lui convenait et à condition de pouvoir apporter les aliments et la boisson de son choix. Au demeurant, ils étaient tous délicieux, intelligents, raffinés, hautement cultivés. Tous pratiquaient l'hospitalité comme seuls savent le faire les intellectuels américains.

Ce jour-là, je ne pus m'empêcher de penser à cette réflexion de Michel Foucault lors de son arrivée en 1969 à l'université de Vincennes : « Il était difficile de dire quoi que ce soit sans que quelqu'un vous demande : "D'où tu parles ?" Cette question me mettait toujours dans un grand abattement. Ça me paraissait une question policière, au fond. Sous l'apparence d'une question théorique et politique ("D'où parles-tu ?"), en fait on me posait une question d'identité : "Au fond, qui es-tu ?", "Dis-nous donc si tu es marxiste ou si tu n'es pas marxiste", "Dis-nous si tu es idéaliste ou matérialiste", "Dis-nous si tu es prof ou militant", "Montre ta carte d'identité, dis au nom de quoi tu vas pouvoir circuler d'une manière telle qu'on reconnaîtra où tu es[1]". »

Je comprends donc pourquoi Mark Lilla, militant de la gauche américaine et professeur de sciences humaines à l'université Columbia, a pu être pris d'une véritable rage, en 2017, en consultant une fois de plus les ravages des politiques identitaires (*identity politics*) : « Sur le site Web du Parti démocrate, disait-il, figure à la rubrique gens une liste de liens. Et chaque lien mène à une page taillée sur mesure pour plaire à un groupe ou une communauté distincte : les femmes, les Hispaniques, les Américains ethniques (d'origine européenne), la communauté LGBTQ+, les Amérindiens, les Américains d'origine asiatique, les Américains originaires des îles du Pacifique… Il y a dix-sept groupes de ce genre et dix-sept messages différents. C'est à croire qu'on a atterri par erreur sur le site Web du gouvernement libanais[2]… »

1. Cité par Andréa Linhares, « Le genre : de la politique à la clinique », *Champ psy*, nº 58, 2010, p. 23-36.

2. Mark Lilla, *La Gauche identitaire. L'Amérique en miettes* [2017], Paris, Stock, 2018, p. 27.

2

La galaxie du genre

Paris 1949 : on ne naît pas femme

« On ne naît pas femme : on le devient[1]. » En écrivant cette phrase en 1949 dans *Le Deuxième Sexe*, Simone de Beauvoir ne se doutait pas que cette œuvre majeure allait ouvrir la voie, outre-Atlantique, à tous les travaux littéraires, sociologiques et psychanalytiques des années 1970 qui visaient à distinguer le sexe, ou corps sexué, du genre (*gender*) en tant que construction identitaire. De Robert Stoller[2] à Judith Butler en passant par Heinz Kohut, de l'étude du transsexualisme à celle du *Self* narcissique, puis du transgenre ou du *queer*, on retrouve partout présente, même si elle n'est pas toujours nommée, la grande interrogation beauvoirienne qui a permis, pour la première fois, de porter un nouveau regard sur le statut de toutes les différences refoulées par l'histoire officielle, et parmi elles, la plus scandaleuse, celle du « devenir femme ».

Dès sa parution en 1949, *Le Deuxième Sexe* fit scandale, comme si l'ouvrage était sorti tout droit de l'Enfer de la

1. Le premier tome du *Deuxième Sexe* parut en juin 1949 et le second en septembre, chez Gallimard.

2. Voir à ce sujet Robert Stoller, *Recherches sur l'identité sexuelle à partir du transsexualisme* [New York, 1968], Paris, Gallimard, 1978. Heinz Kohut, *Le Soi. La psychanalyse des transferts narcissiques* [1971], Paris, PUF, 1991. Et aussi Thomas Laqueur, *La Fabrique du sexe. Essai sur le corps et le genre en Occident* [1990], Paris, Gallimard, 1992, ou Lynn Hunt, *Le Roman familial de la Révolution française*, Paris, Albin Michel, 1995.

Bibliothèque nationale. Et pourtant, il ne ressemblait ni à un récit du marquis de Sade, ni à un texte pornographique, ni à un traité d'érotisme. Beauvoir étudiait la sexualité à la manière d'un savant, d'un historien, d'un sociologue, d'un anthropologue, d'un philosophe, s'appuyant à la fois sur l'enquête d'Alfred Kinsey[1] et sur les œuvres d'un nombre impressionnant de psychanalystes, tout en prenant en compte, non seulement la réalité biologique, sociale et psychique de la sexualité féminine, mais aussi les mythes fondateurs de la différence des sexes, pensés par les hommes et par les femmes, ainsi que le domaine de la vie privée. Elle parlait donc de sexualité et plus précisément de la sexualité féminine sous toutes ses formes et dans ses moindres détails.

Soudain, le sexe féminin faisait irruption d'une manière nouvelle et paradigmatique dans le champ de la pensée : on dirait désormais *Le Deuxième Sexe* comme on disait déjà *Le Discours de la méthode*, *Les Confessions*, *L'Interprétation du rêve*. Et ce livre magnifique servirait de fondement à une rénovation en profondeur de la pensée féministe. À l'avenir, lutter pour l'égalité sociale et politique ne suffirait plus. Il faudrait aussi prendre en compte, en tant qu'objet anthropologique et vécu existentiel, la sexualité de la femme.

Simone de Beauvoir ne conceptualisait pas la notion de genre et elle ignorait que, depuis toujours, les sociétés avaient classé diversement la sexualité en fonction de l'anatomie et de la construction identitaire. Comme le souligne fort bien Thomas Laqueur, dans tous les discours sur la sexualité, les deux notions ne se sont jamais recouvertes. Tantôt on affirme, d'Aristote à Galien, que le genre domine le sexe, au point que les hommes et les femmes peuvent être rangés, selon leur degré de perfection métaphysique, le long d'un axe où

1. Le premier volume de cette enquête, consacré à la sexualité masculine, venait d'être traduit en français. Alfred Kinsey, *Le Comportement sexuel de l'homme*, Paris, Éd. du Pavois, 1948.

l'homme occupe une place souveraine, tantôt, comme au XIXe siècle, on souligne au contraire que le sexe au sens biologique et anatomique définit le genre : monisme d'un côté (le sexe unique), dualisme de l'autre (différence anatomique). Dans les deux cas de figure, la masculinité est toujours pensée comme supérieure à la féminité : soit le phallocentrisme[1].

Quant à la théorie freudienne de la sexualité, elle représente une synthèse entre les deux modèles. En effet, Freud s'inspire à la fois de Galien et de la biologie du XIXe siècle, soucieuse d'établir une différence radicale entre les deux sexes à partir de l'anatomie. Selon lui, il existerait une seule libido – ou pulsion sexuelle – d'essence mâle, qui définirait la sexualité aussi bien masculine que féminine. Celle-ci n'exclut pas l'existence de la bisexualité. À cet égard, Freud réactualise le mythe platonicien de l'androgynie selon lequel il existerait trois genres : mâle, femelle, androgyne. Ancêtres des humains, ces androgynes étaient des êtres orbiculaires. Ils ressemblaient à des œufs ou à des sphères. Chacun était double et possédait quatre pieds, quatre mains, deux visages opposés l'un à l'autre et deux sexes placés sur leur partie postérieure. D'un orgueil démesuré, ils partirent à l'assaut du ciel, ce qui conduisit Zeus à les couper en deux. Une fois accomplie cette division punitive – cette castration –, chaque moitié désirait toujours s'unir à l'autre[2].

Vienne 1912 : l'anatomie c'est le destin

De ce mythe et de plusieurs travaux de l'époque – dont ceux de Wilhelm Fliess –, Freud conserve l'idée que la bisexualité

1. T. Laqueur, *La Fabrique du sexe*, *op. cit.*

2. Platon, *Le Banquet*, texte établi et traduit par Léon Robin, Paris, Les Belles Lettres, 1929. Cf. aussi Jean-François Rey, « L'épreuve du genre. Que nous apprend le mythe de l'androgyne ? », *Cités*, n° 44, 2010, p. 13-26.

psychique est centrale dans la genèse de la sexualité humaine, notamment dans celle de l'homosexualité et de la sexualité féminine, au point d'affirmer que chaque sexe refoule ce qui concerne le sexe opposé : envie du pénis pour la femme, désir de féminité chez l'homme. Pour la même raison, il soutient que le clitoris est une sorte de pénis atrophié et que, pour accéder au statut d'une féminité accomplie, la femme doit renoncer à la jouissance clitoridienne au profit de la jouissance vaginale. Toutes ces thèses seront à juste titre critiquées par ses héritiers à l'intérieur même de son mouvement et, bien entendu, par Beauvoir. Il n'empêche que Freud avait élaboré en son temps une des théories les plus complètes jamais inventées jusqu'alors. Au fond, il rompait avec l'idée des espèces et des races et faisait voler en éclats toute idée de fixité identitaire.

Il n'existe à ses yeux ni « instinct maternel » ni « race » féminine, si ce n'est dans les fantasmes et les mythes construits par les hommes et les femmes. Autrement dit, dans cette perspective, chaque humain possède en lui-même plusieurs identités sexuelles et nul n'est plus assigné à une seule étiquette. La construction sociale ou psychique de l'identité sexuelle devenait donc, selon lui, aussi importante que l'organisation anatomique de la différence des sexes. Et c'est ainsi qu'il faut comprendre sa fameuse phrase, aussi célèbre que celle de Beauvoir : « L'anatomie c'est le destin[1]. » Contrairement à ce qu'on a pu dire, Freud ne soutint jamais que l'anatomie fût le seul destin possible pour la condition humaine. En témoigne, si nécessaire, le fait qu'il empruntait cette formule à Napoléon, lequel avait voulu inscrire l'histoire des peuples à venir dans la politique plutôt que dans une référence constante à d'anciens mythes[2]. Par cette formule, Freud, qui revalorisait

1. Cf. Sigmund Freud, « Sur le plus général des rabaissements de la vie amoureuse » [1912], in *La Vie sexuelle*, Paris, PUF, 1970, p. 65.

2. Lors d'une rencontre avec Goethe à Erfurt, le 2 octobre 1808, l'Empereur évoqua les tragédies du destin qui, selon lui, étaient révélatrices d'une

pourtant les tragédies antiques, n'en transformait pas moins en une dramaturgie moderne et quasi politique la grande affaire de la différence sexuelle. Désormais, avec lui et après lui, et du fait même de la déconstruction de la famille occidentale, qui servait de toile de fond à l'émergence de la psychanalyse, les hommes et les femmes seraient condamnés chacun à être portés par une idéalisation ou un abaissement de l'autre, sans jamais parvenir à une complétude réelle. La scène sexuelle décrite par Freud s'inspirait ainsi de la scène du monde et de la guerre des peuples – pensées par l'Empereur – tout en préfigurant une nouvelle guerre des sexes qui prendrait pour enjeu les organes de la reproduction afin d'y introduire le langage du désir et de la jouissance. En résumé, disons que si, pour Freud, l'anatomie fait partie de la destinée humaine, celle-ci ne saurait en aucun cas demeurer, pour chaque humain, un horizon indépassable. Telle est bien la théorie de la liberté propre à la psychanalyse : reconnaître l'existence d'un destin pour mieux s'en émanciper.

Grandeurs et déboires des études de genre

C'est à partir des années 1970 que se développèrent des études de genre aussi éloignées de la perspective freudienne classique que de la réflexion beauvoirienne : d'abord dans le monde académique anglophone, puis dans tous les départements de sciences humaines, et enfin dans différentes sociétés civiles. Au départ, ces études avaient pour objectif de mieux comprendre, d'une part, les formes de différenciation que le statut de la différence des sexes induit dans une société

---

sombre époque et d'un passé révolu : « Que nous importe aujourd'hui le destin, avait-il dit, le destin c'est la politique. » J'ai commenté cette phrase dans *La Famille en désordre* (Paris, Fayard, 2002), chapitre intitulé « Les femmes ont un sexe ».

donnée et, de l'autre, la manière dont la domination d'un pouvoir patriarcal avait occulté l'existence, non seulement du rôle des femmes dans l'histoire, mais aussi de celui des minorités opprimées en raison de leur orientation sexuelle : les homosexuels, les « anormaux », les pervers, les bisexuels, etc. À cet égard, les études de genre ont été – et demeurent – d'une importance cruciale du point de vue de la recherche, aussi bien pour les historiens et les sociologues que pour les philosophes et les spécialistes de la littérature. Que seraient les œuvres de Michel Foucault sur la sexualité, de Jacques Derrida sur la déconstruction ou de Michelle Perrot sur l'histoire des femmes sans la référence implicite à la question du genre ? Tous se donnèrent pour objectif de découvrir l'étendue des rôles sexuels et du symbolisme dans diverses sociétés et à différentes époques[1].

Cependant, à mesure que le monde cessait d'être bipolaire et que l'échec des politiques d'émancipation fondées sur la lutte des classes et les revendications sociales devenait de plus en plus évident, l'engagement en faveur d'une politique identitaire (*identity politics*) se substitua au militantisme classique, notamment au sein de la gauche américaine[2]. C'est à la même époque que les progrès de la chirurgie permirent de penser la question du genre en termes non pas de subjectivité, mais d'intervention directe sur le corps. En témoignent deux expériences radicalement distinctes mais révélatrices l'une et l'autre de ce transfert : d'un côté un délire conduisant à l'abolition du sexe, de l'autre

1. Sur les études de genre en France, on pourra lire avec intérêt le rapport de l'Assemblée nationale, coordonné par Maud Olivier, enregistré le 11 octobre 2016, n° 4105, 285 pages. Voir également Juliette Rennes (dir.), *Encyclopédie critique du genre*, Paris, La Découverte, 2016.

2. Voir notamment l'ouvrage de Laurent Dubreuil, *La Dictature des identités*, Paris, Gallimard, 2019. Et Éliane Elmaleh, « Les politiques identitaires dans les universités américaines », *L'Homme et la société*, n° 149, 2003, p. 57-74.

une réflexion constructive sur la possibilité de nouvelles relations entre le sexe et le genre.

Premier vulgarisateur du terme, John Money, psychologue d'origine néo-zélandaise et issu d'une confrérie fondamentaliste, s'était spécialisé dans l'étude de l'hermaphrodisme[1]. Mais loin de se contenter d'aider les familles et les malheureux enfants atteints de cette anomalie assez rare, il prétendait conduire, à partir de l'observation directe de ce phénomène, une vaste réflexion sur les rapports entre la nature et la culture afin de démontrer qu'il n'existait pas de distinction tranchée entre les deux sexes mais une sorte de continuité. Aussi bien affirma-t-il en 1955 que le sexe anatomique n'était rien au regard de la construction du genre : « Un rôle de genre n'est jamais établi à la naissance mais construit de façon cumulative à travers des expériences vécues. » Seul comptait à ses yeux le rôle social : le genre sans le sexe[2]. Il suffirait donc, selon lui, d'élever un garçon comme une fille et réciproquement pour que l'un et l'autre acquièrent une identité différente de leur anatomie.

1. Dans la mythologie grecque, Hermaphrodite est un éphèbe né de l'union entre Hermès et Aphrodite. L'hermaphrodisme est un phénomène biologique en vertu duquel l'individu est morphologiquement mâle et femelle. On parle aujourd'hui d'intersexualité et d'individus « intersexués ». Rien à voir avec l'androgynie qui est un mythe. L'hermaphrodisme concerne de 1 à 2 % des naissances aujourd'hui. Génétiquement, la forme femelle est composée de deux chromosomes XX et la forme mâle d'un chromosome X et d'un autre Y. Il existe plusieurs formes d'hermaphrodisme, l'une, très rare, selon laquelle des femmes sont XY et des hommes XX avec des organes extérieurs inversés et atrophiés, l'autre (pseudo-hermaphrodisme), la plus fréquente, qui relève d'une anomalie congénitale sans modification chromosomique avec présence chez un même sujet des deux organes reproductifs dont l'un ou l'autre peut être atrophié.

2. Sur l'itinéraire de John Money, on consultera le livre de Jean-François Braunstein, *La Philosophie devenue folle. Le genre, l'animal, la mort*, Paris, Grasset, 2018, p. 27-73.

En 1966, il trouva un cobaye pour valider sa thèse en la personne de David Reimer, âgé de dix-huit mois et dont le pénis avait été carbonisé à la suite d'un phimosis mal opéré. Sur les conseils de Money, ses parents autorisèrent une ablation des testicules et un changement de prénom. Mais, à l'adolescence, David se sentait un homme. Il se fera opérer pour récupérer un pénis, mais ces traumatismes chirurgicaux lui seront insupportables : il se suicidera. L'expérience de Money était d'autant plus scandaleuse que toutes les recherches scientifiques montrent qu'il est quasiment impossible d'élever comme une fille un enfant génétiquement programmé pour être un garçon. Attaqué, Money se prétendit la victime d'un complot de l'extrême droite. Lui-même était atteint de troubles mentaux et se disait partisan de la pédophilie et des relations incestueuses.

C'est dans une tout autre orientation que Robert Stoller, psychiatre et psychanalyste, aborda la question du genre en créant, en 1954, à l'université de Californie à Los Angeles (UCLA), la Gender Identity Research Clinic. Passionné d'anthropologie, de littérature et d'histoire, convaincu que les théories psychanalytiques classiques ne suffisaient pas à rendre compte des vraies relations entre le genre et le sexe, notamment dans le vaste domaine des perversions sexuelles, il s'intéressa à la diversité des identités sexuelles et notamment au transsexualisme étudié un an auparavant par un endocrinologue américain : Harry Benjamin.

Le désir de changer de sexe s'observe dans toutes les sociétés. Dans l'Antiquité, ce phénomène avait fait l'objet de nombreuses observations, autant sur le transvestisme que sur la bisexualité. Mais ce qui était nouveau, au milieu du XXe siècle, c'est que ce désir pouvait enfin se traduire par des transformations anatomiques radicales : opérations chirurgicales, prises de médicaments, etc. Aussi bien le transsexualisme fut-il défini comme très différent du transvestisme, de l'hermaphrodisme et de l'androgynie. Il s'agissait de comprendre la nature d'un trouble de l'identité purement psychique et caractérisé par la conviction inébranlable – mais non délirante – d'un sujet homme ou femme d'appartenir au sexe opposé.

À travers de nombreuses études, Stoller montra que les interventions chirurgicales – en plein essor à cette époque – n'étaient bénéfiques que lorsque le sujet ne parvenait pas à accepter son anatomie réelle, laquelle ne correspondait jamais au genre (ou *gender*) dont il se sentait affecté. Le transsexualisme suscita un immense débat à partir des années 1970, à la fois chez les féministes et dans le mouvement homosexuel. Enfin, on pouvait envisager que la répartition des pôles masculin et féminin ne fût pas simple, puisqu'en effet des femmes et des hommes pouvaient avoir la conviction que leur genre ne correspondait en rien à leur sexe anatomique, et que, surtout, grâce aux progrès de la médecine, ils pouvaient enfin accéder à l'identité de leur choix, ou plutôt à celle qui répondait à une certitude absolue imposée par leur organisation subjective : le psychisme prenait ainsi un ascendant considérable sur la réalité biologique, au point de sembler en mesure de l'éliminer. Cependant, les opérations se révélèrent désastreuses, précisément parce que la réalité biologique ne pouvait jamais être éradiquée au profit d'une pure construction psychique ou sociale.

Aujourd'hui, avant de pouvoir bénéficier d'une réassignation hormono-chirurgicale[1], le transsexuel doit subir pendant deux ans une évaluation permanente ; il doit aussi effectuer un bilan psychiatrique prouvant qu'il n'est ni schizophrène ni atteint d'amputomanie, c'est-à-dire d'une volonté délirante de procéder à l'ablation d'une partie saine de son corps (jambe, bras, pénis). Pendant deux ans, il devra par ailleurs vivre au quotidien comme une personne du sexe opposé, tandis que l'équipe médicale prendra en charge ses rencontres avec sa famille, ses enfants notamment, qui devront affronter la « transition » : voir

1. Effectuée dans des services d'endocrinologie.

leur mère devenir un homme ou leur père une femme. Au terme de cette épreuve, le patient sera autorisé à suivre un traitement antihormonal : anti-androgénique pour l'homme, avec épilation électrique, progestatif pour la femme. Viendra alors l'intervention chirurgicale : castration bilatérale et création d'un néo-vagin chez l'homme, ablation des ovaires et de l'utérus chez la femme, accompagnée d'une phalloplastie[1].

Quand on sait que le traitement hormonal doit durer toute la vie et que le transsexuel opéré ne connaîtra plus jamais, muni de tels organes, le moindre plaisir sexuel, on ne peut s'empêcher de penser que la jouissance qu'il éprouve d'accéder ainsi à un corps entièrement mutilé est de même nature que celle qu'ont vécue les grands mystiques qui offraient à Dieu le supplice de leurs chairs meurtries. C'est du moins l'hypothèse que j'ai avancée.

L'intérêt suscité dans le monde entier par le transsexualisme, et d'une façon générale par la question des métamorphoses de l'identité sexuelle, donna lieu ultérieurement à une révision complète de la représentation du corps dans les sociétés occidentales et à une expansion sans précédent des théories et de discours sur les différences entre le sexe (anatomie) et le genre (construction identitaire).

Mais surtout, bien après les travaux de Stoller, et à la faveur du grand mouvement d'émancipation des minorités opprimées, le terme de « transsexualisme » fut rejeté au profit de celui de « transgenre[2] », lequel permit aux personnes atteintes

1. La meilleure étude française sur le sujet est celle de Claire Nahon, *Destins et figurations du sexuel dans la culture. Pour une théorie de la transsexualité*, 2 vol., thèse pour l'obtention du doctorat de psychopathologie fondamentale et psychanalyse, sous la direction de Pierre Fédida et Alain Vanier, université Paris-7, 2004.

2. Le terme de « trans » est également utilisé en un sens moins militant. Un homme trans est une personne qui est née femme avant de devenir un homme au cours d'une « transition », et une femme trans est née homme avant de devenir femme.

de ce syndrome de s'extirper des classifications de la psychiatrie. En adoptant cette appellation, les transsexuels revendiquèrent le droit à une identité de genre sans obligation de réassignation hormono-chirurgicale. Et à travers cette dépsychiatrisation légitime de leur destin, ils formèrent un mouvement politique identitaire. En conséquence, ils réclamèrent que leur identité de genre fût reconnue à l'état civil, alors même qu'elle ne coïncidait pas avec la réalité de leur anatomie. Au fond, ils reprochaient à Robert Stoller et à tous les promoteurs du transsexualisme l'adoption d'une théorie essentialiste : celle du « mauvais corps ». Pour avoir accès à la chirurgie, il fallait évidemment que le transsexuel ait eu, sa vie durant, le sentiment d'avoir toujours appartenu au sexe « opposé ». Au contraire, un sujet qui se définit comme transgenre peut parfaitement éviter de se ranger dans une case ou dans une autre. Un trans est à la fois – et quand il le décide – un homme ou une femme, et sa « transition » s'apparente alors davantage à une initiation, à un « rite de passage », qu'à une assignation consécutive à un acte chirurgical, même si la transition dans un sens ou dans l'autre s'accompagne de prise d'hormones, de chirurgie plastique, de travestissement.

Transidentités

Ainsi plusieurs identités peuvent cohabiter selon la manière dont on construit consciemment un univers mental ou corporel. En témoigne, si nécessaire, l'extraordinaire culture du *drag* des années 1990, héritage de l'ancienne tradition des bals, où se retrouvaient, depuis la fin du XIXe siècle, dans des lieux retirés, les bannis de la norme : gays, lesbiennes, travestis, noirs et latinos. Désormais libres d'exister, les transgenres modernes exhibent leur fierté : d'un côté les transgenres *drag queen* se fabriquent une identité volontairement féminine en imitant les stéréotypes d'une féminité exacerbée, tandis que les transgenres *drag king* adoptent une identité masculine tout aussi stéréotypée : les uns comme une reine, les autres comme un roi. Chacun devient soi-même par un travestissement, avec port de la barbe et chaussettes en forme de pénis chez les femmes, bandage des seins chez les hommes et dissimulation de la pomme d'Adam, utilisation dans les deux cas de diverses techniques de maquillage outrancier.

Mais, pour que cette mutation du transsexualisme à l'identité transgenre – ou « transidentité » – ait été rendue possible, encore fallait-il qu'elle fût liée à un autre événement : celui de la dépsychiatrisation de l'homosexualité. C'est en 1973 que l'American Psychiatric Association (APA) décida, après un débat houleux, de rayer enfin l'homosexualité de la liste des maladies mentales. Ce progrès dans l'émancipation s'accompagnait d'ailleurs de l'abandon du terme d'« homosexualité », inventé en 1869 en même temps que celui d'« hétérosexualité », au profit d'une dénomination déchargée de toute pathologie : les homosexuels hommes et femmes devinrent alors des gays et des lesbiennes, formant deux communautés de combat. Ce choix signifiait bien que l'homosexualité ne devait plus être pensée comme une « orientation sexuelle » – un homme aime un homme et une femme aime une femme –, mais comme une identité : ainsi pouvait-on être gay ou lesbienne, disait-on, sans avoir jamais eu de relation sexuelle avec une personne du même sexe. Thèse évidemment discutable : comment peut-on, dans cette perspective, distinguer un pratiquant d'un non-pratiquant, quand on sait que l'abstinence est un choix délibéré qui n'a pas grand-chose à voir avec l'identité et qui n'est pas forcément une « asexualité »[1] ? Ce changement de paradigme permettait toutefois que d'autres dénominations puissent également relever, non plus d'un choix d'objet,

1. Certains auteurs distinguent l'homophilie de l'homosexualité pour distinguer les abstinents des pratiquants.

mais d'une identité. À la nouvelle communauté des gays et lesbiennes on ajouta les bisexuels, les transgenres et les hermaphrodites. Du coup, ces derniers furent rebaptisés « intersexués », terme plus adapté à leur nouvelle condition que celui, ancien, qui portait dans son nom la trace de la présence biologique de deux organes. Chacun quittait la honte et l'humiliation au profit de la fierté d'être soi.

D'où le sigle LGBT, bientôt remanié en LGBTQIA+ (*queer*, intersexué, asexué, etc.), le tout formant une communauté de petites communautés, chacune réclamant la fin de toutes les discriminations fondées sur la différence des sexes. Mais lesquelles ? La réponse est assez simple. En effet, dès lors que le savoir psychiatrique n'avait plus son mot à dire, les LGBTQIA+ pouvaient, à juste titre, revendiquer des droits : au mariage, à la procréation, à la transmission de leurs biens, à la condamnation légale de leurs persécuteurs. Notons au passage que le couple hétérosexualité / homosexualité fut néanmoins conservé par ce mouvement, non pas pour exprimer une différence, mais dans le but de poser les bases d'une inversion des stigmates. Puisque l'homosexualité avait été pensée comme une « anomalie » par rapport à une « norme », il faudra désormais affirmer que cette prétendue norme n'était rien d'autre que l'expression d'un rejet de ce qui n'entrait pas dans son tableau clinique. D'où la création du mot « hétéronormé » pour désigner toute oppression liée au patriarcat, à la domination masculine, à la pratique sexuelle entre un homme et une femme, ou encore à la forme dite « binaire » de la sexualité, en contradiction avec une forme dite « non binaire ». Et de même, l'invention du mot « cisgenre » permit de qualifier une identité sexuelle dite « normative ».

« Cisgenre » devint alors un antonyme de « transgenre ». Ce terme définit les personnes qui ne se reconnaissent pas dans le corps qui leur a été assigné à la naissance, ce qui suppose d'ailleurs, selon elles, que l'anatomie ne serait qu'une construction et non pas une réalité biologique, puisque le sujet aurait le droit ou non de s'y reconnaître. Autrement dit, l'invention de cette terminologie fonctionne comme une déclaration de guerre à la réalité anatomique au profit d'un impératif « genré »[1]. Et elle s'est désormais imposée comme une nouvelle norme puisque l'adjectif « genré » remplace de plus en plus souvent l'adjectif « sexué » dans le discours quotidien des journalistes et des hommes politiques, voire des juristes. On dirait que de nouveau le sexuel, la sexualité, le sexué, en bref tout ce qui a trait au sexe est banni au profit d'un puritanisme qui ne veut plus entendre parler de sexualité, sous prétexte que le mot renverrait à une scandaleuse biologie de la domination masculine, ce qui pourtant n'est pas le cas.

Folies inquisitoriales

Et dans cette perspective, une partie du mouvement féministe finira par se montrer hostile aux libertés fondamentales en matière de mœurs. C'est à ce féminisme-là que se rattachent en général les adeptes de la relecture morale – ou « politiquement correcte[2] » – des œuvres d'art, ce qui conduit inéluctablement à des opérations de censure contre toute expression dite « sexuellement suggestive » dans l'art ou la littérature. « Osez le féminisme ! », tel est le slogan adopté,

1. Les auteurs du *DSM* ont inventé la notion de « dysphorie de genre » pour qualifier le transgenrisme.

2. Sur la genèse de cette expression, généreuse au départ, cf. Jacques Derrida et Élisabeth Roudinesco, *De quoi demain... Dialogue*, Paris, Fayard / Galilée, 2001. Au départ, la critique du *political correctness* avait été initiée par un mouvement conservateur qui cherchait à présenter comme censeurs les universitaires américains qui travaillaient sur le féminisme, le structuralisme, l'antiracisme, etc. L'expression a été ensuite reprise positivement par ceux-là mêmes qui avaient été ainsi désignés de façon péjorative.

en France, par ce courant extrémiste[1] qui vise à dénoncer en tout lieu et en tout temps des stéréotypes « sexistes », « machistes », etc., mais aussi des spectacles produits par des auteurs jugés coupables de porter atteinte à la dignité des femmes, certains d'entre eux ayant déjà été jugés par un tribunal et ayant purgé leur peine, d'autres dont les éventuels actes supposés criminels sont prescrits, d'autres encore dont on dénoncera publiquement l'ignominie sur la foi de témoignages émouvants et souvent authentiques, mais qui peuvent aussi s'avérer bien fragiles quant à l'établissement des preuves[2]. Parmi les campagnes les plus récentes menées par ce féminisme radicalisé, on trouve l'opération #WagonSans-Couillon contre les violences sexuelles dans les transports en commun ainsi que des incitations systématiques et non critiques à dénoncer son « bourreau », mais aussi toutes sortes d'initiatives en faveur du port du voile pour les femmes musulmanes dites « discriminées » par une République dite « patriarco-hétéronormée », sans compter les dénonciations sans fondement juridique et les menaces diverses visant à rendre impossible la tenue de conférences, de colloques, ou de spectacles jugés « homophobes », « transphobes », « sexistes », etc.

Certes, en octobre 2017, le mouvement #MeToo, grand passage à l'acte planétaire, permit enfin à des femmes violées, torturées, lapidées sous diverses dictatures de sortir de la honte et du silence, mais aussi à d'autres femmes de révéler combien, dans des pays démocratiques, les viols et les harcèlements divers n'étaient pas assez pris en compte par la justice ou par l'opinion publique. Que de sombres prédateurs

1. Fondé en 2009 par Caroline De Haas, militante politique et syndicaliste. À quoi s'ajoutent de nombreux autres collectifs dont « La Barbe » et « Les Dégommeuses ».

2. Le cas le plus emblématique est celui du cinéaste Roman Polanski, accusé de viols et d'abus par des témoignages tardifs, alors que les faits sont prescrits depuis longtemps.

comme Harvey Weinstein, Jeffrey Epstein et plusieurs autres aient été poursuivis devant les tribunaux, voilà une belle victoire contre la barbarie. Mais cela ne doit pas interdire de critiquer les dérives d'un tel mouvement[1]. Car la confession publique n'est pas un progrès en soi. Jamais une explosion de rage, fût-elle nécessaire, ne devrait devenir un modèle de lutte contre les inégalités et les maltraitances. Et si nul ne peut nier les exigences d'un droit fondé sur des preuves et le respect de l'intimité, cela veut dire aussi que les usagers des réseaux sociaux ne sauraient se substituer aux magistrats pour jeter en pâture à l'opinion publique des bourreaux ou des criminels. Et de même, cela ne doit jamais conduire à favoriser des actes de censure et de puritanisme.

Et pourtant, en novembre 2017, lors d'une exposition consacrée à Balthus au Metropolitan Museum of Art de New York, les organisateurs furent contraints, sous la pression de ce type de menaces, de placarder sous certains tableaux des mises en garde contre la perturbation occasionnée par la représentation de certaines scènes sexuelles. La fameuse toile *Thérèse rêvant* (1938) fut même décrochée à la suite d'une protestation parce qu'on y voyait une adolescente étendue sur une chaise, les mains sur la tête, sa jupe relevée dévoilant l'intérieur de sa cuisse et sa culotte de coton blanc : « J'ai été choquée de

1. En octobre 2017, 93 femmes, parmi lesquelles de nombreuses actrices célèbres, déclarèrent publiquement avoir été victimes d'agressions sexuelles et de chantage par le producteur Harvey Weinstein. Jugé et reconnu coupable, Weinstein sera sévèrement condamné par la justice américaine lors d'un procès parfaitement équitable. Quant à Jeffrey Epstein, homme d'affaires milliardaire aux multiples fraudes et prédateur sexuel, il réussit à échapper à la justice américaine pendant vingt ans, malgré les témoignages accablants de ses nombreuses victimes. Et c'est grâce à l'événement #MeToo qu'il fut enfin confondu et incarcéré avant de se suicider dans sa cellule, le 10 août 2019, pour échapper à son procès. Sa compagne, Ghislaine Maxwell, complice de tous ses crimes, doit être jugée en 2021.

voir un tableau dépeignant une très jeune fille dans une position sexuellement suggestive, écrivit Mia Merill[1], parce qu'il s'agit d'un portrait évocateur d'une jeune fille prépubère se détendant sur une chaise avec les jambes en l'air et ses sous-vêtements en pleine vue[2]. » Dans la même perspective, des demandes de censure de certains livres se multiplièrent auprès des éditeurs américains[3].

Enfin, un an plus tard, dans une tribune parue dans *Libération*, l'historienne Laure Murat, invitée à Los Angeles à une séance de ciné-club, raconta qu'elle s'est mise en devoir, au nom d'une nouvelle approche théorique – le « regard genré » –, de revisiter une scène centrale du film *Blow-Up* (1966) de Michelangelo Antonioni. Tourmentée par les accusations de viol et de harcèlement contre le producteur américain Harvey Weinstein, elle avait cru déceler dans le film l'expression d'une effroyable misogynie du cinéaste, laquelle aurait été étouffée depuis des lustres par une critique servile : « On y voit le photographe, héros du film, écrit-elle, à cheval sur un mannequin, couchée au sol, les bras écartés, dans une pose offerte. Un faisceau de rayons luminescents irradie de son téléobjectif, qu'il empoigne de sa main gauche et braque sur le visage de sa proie. Cette image, à laquelle j'aurais sans doute prêté une attention distraite il y a quelque temps, m'a sauté aux yeux. Était-il vraiment nécessaire de choisir cette représentation caricaturale de la domination masculine dans le milieu des arts visuels, à l'heure où Hollywood n'en finit pas d'être secoué par les suites de l'affaire Weinstein, qui fait chaque jour la une des journaux[4] ? »

1. Entrepreneuse new-yorkaise, signataire de la pétition.
2. *Les Inrockuptibles*, 8 décembre 2018.
3. *Livres Hebdo*, 12 avril 2019.
4. Laure Murat, « *Blow-Up* revu et inacceptable », *Libération*, 12 décembre 2017. Et la réponse de Serge Kaganski, « Faut-il brûler *Blow-Up*, le chef-d'œuvre d'Antonioni », *Les Inrockuptibles*, 15 décembre 2017.

Selon Laure Murat, Antonioni se serait ainsi rendu complice d'une scène de viol, et son « esthétisme » servirait à masquer une profonde adhésion à un sexisme « insupportable » : le cinéaste serait donc, par anticipation, une sorte de Weinstein aristocratique et surdoué. En lisant cet article, on se demande comment une remarquable universitaire, auteure de livres passionnants, a pu se laisser emporter, au nom d'une critique postmoderne (le fameux « regard genré »), par une telle fureur réductionniste. Rien ne permet de dire en effet que l'on ait affaire, dans ce film, à une scène de viol et, de même, rien ne permet d'affirmer que le cinéaste approuve les violences de son personnage. Bien au contraire, toute la mise en scène est construite comme le récit de l'errance d'un photographe au bord de la folie, enfermé dans le labyrinthe d'une perpétuelle illusion d'optique.

On ne gagne rien à une telle simplification, si ce n'est à s'éloigner des études de genre, en prétendant pourchasser le mal au cœur même de la création artistique.

Déroute de la psychiatrie

Le vote de 1973 en faveur de la dépsychiatrisation de l'homosexualité avait provoqué un scandale. Il suggérait en effet que la communauté psychiatrique américaine, faute de pouvoir définir « scientifiquement » l'homosexualité, avait cédé, de façon démagogique, à la pression d'un groupe identitaire. Pourtant, l'abandon de la caractérisation de l'homosexualité comme maladie mentale n'avait pas été seulement la contrepartie d'une soumission des autorités médicales au pouvoir d'une fraction de l'opinion publique, il était aussi la conséquence de l'incurie qui régnait alors dans la nosologie psychiatrique. Considérés au même titre que les juifs comme une race dégénérée, persécutés depuis des siècles, les homosexuels avaient été regardés par le savoir psychiatrique de la fin du XIXe siècle, et tout au long du XXe, comme des pervers sexuels, ce qui était une véritable aberration. Quant aux héritiers de Freud, divisés entre eux, ils s'étaient montrés majoritairement d'une rare intolérance et, il faut bien le dire, d'une profonde bêtise en érigeant la figure de l'homosexuel en « signifiant majeur » de toutes les perversions. D'où les traitements les plus grotesques visant à les « transformer » en hétérosexuels. Quoi qu'il en soit, avec l'apparition du *Manuel diagnostique et statistique des troubles mentaux* (*Diagnostic and Statistical Manuel of Mental Disorders*, *DSM*), le savoir psychiatrique classique fut détruit au profit d'une nomenclature ridicule et tout aussi abusive[1].

Entre 1952 et 1968, les deux premiers *DSM* furent axés sur les catégories de la psychanalyse et de la psychiatrie classiques, c'est-à-dire sur une définition des affections psychiques qui correspondait à l'étude de la subjectivité humaine : on y distinguait des normes et des pathologies, des névroses, des psychoses, des dépressions, des perversions. Certes, ces classifications laissaient à désirer, mais elles possédaient une certaine cohérence. Au contraire, à partir des années 1970, sous la pression des laboratoires pharmaceutiques et des départements de neurosciences, soucieux d'instituer une vaste science du cerveau où l'on traiterait aussi bien des maladies dégénératives que des névroses légères, cette approche dite « dynamique » fut contestée au profit d'une description des comportements, fondée sur une multiplication des typologies identitaires. Autrement dit, plutôt que de définir le sujet humain selon une triple approche – sociale, biologique, psychique –, cette nouvelle psychiatrie ne retenait qu'une seule

1. Sur la critique de l'évolution de la psychiatrie américaine, voir Élisabeth Roudinesco, *Pourquoi la psychanalyse ?*, Paris, Fayard, 1999. Et Stuart Kirk et Herb Kutchins, *Aimez-vous le DSM ? Le triomphe de la psychiatrie américaine*, Le Plessis-Robinson, Institut Synthélabo, coll. « Les Empêcheurs de penser en rond », 1998.

composante, le comportement, ou plutôt la « différence comportementale » érigée en système et extensible à l'infini : plus d'unité subjective mais des variations identitaires selon chaque comportement.

Il faut d'ailleurs rattacher à cette transformation du savoir psychiatrique l'épidémie d'un trouble identitaire connu sous le nom de « personnalité multiple », syndrome qui se traduit par la coexistence chez un même sujet de plusieurs personnalités séparées les unes des autres et dont chacune peut prendre à tour de rôle le contrôle des manières de vivre d'un individu, une femme en général[1]. Décrites comme des mystiques, des spirites ou des illuminées, capables de se projeter dans le passé ou le futur en adoptant l'identité d'un personnage historique ou romanesque – Salammbô, Shéhérazade ou Marie-Antoinette –, ces patientes avaient été, sous l'influence de la psychanalyse et de la psychiatrie dynamique, désignées comme des hystériques ou des psychotiques, ayant en général subi des abus sexuels dans leur enfance. En 1970, la notion apparaissait comme une curiosité d'un autre âge. Mais en 1986, et plus encore dans les années 1990, les psychiatres américains constatèrent une prolifération du syndrome, au point que dans toutes les villes nord-américaines des cliniques se spécialisèrent dans le traitement de la nouvelle épidémie induite, en grande partie, par les diverses versions du *DSM*. Les psychiatres voyaient donc revenir, chez ces patientes, l'image refoulée d'une méthode classificatoire consistant à dissoudre la subjectivité humaine en une multitude de profils, chacun devant être abordé de manière différente. Au fil des années, l'épidémie disparut à mesure que ces femmes transformaient leur pathologie en

1. Cf. Henri F. Ellenberger, *Histoire de la découverte de l'inconscient* [1970], Paris, Fayard, 1994. Et Ian Hacking, *L'Âme réécrite. Étude sur la personnalité multiple et les sciences de la mémoire* [1995], Le Plessis-Robinson, Institut Synthélabo, 1998.

une revendication identitaire : celle de victimes de l'oppression masculine.

C'est au psychiatre Robert Leopold Spitzer que l'on doit cette évolution de la classification des maladies de l'âme. Personnage haut en couleur, confiant dans les vertus de l'approche rationnelle de l'être humain, il avait été formé dans le giron du freudisme classique qui, dans les années 1940, dominait les études de psychiatrie. Mais il s'était ensuite tourné vers les thèses de Wilhelm Reich, lequel avait été incarcéré au pénitencier de Lewisburg, en Pennsylvanie, pour avoir commercialisé ses « accumulateurs d'orgone », destinés à soigner l'impuissance sexuelle. Convaincu d'être l'artisan d'une nouvelle révolution scientifique, Spitzer s'entoura de quatorze comités, composés chacun d'une multitude d'experts. Entre 1970 et 1980, son équipe procéda à un « balayage athéorique » du phénomène psychique, substituant à la terminologie dynamique un jargon digne des médecins de Molière. Les concepts de la psychiatrie furent bannis au profit des notions de trouble (*disorder*) et de dysphorie (malaise, détresse) qui permirent de faire entrer dans le *Manuel* 292 maladies imaginaires : la timidité, l'angoisse de mourir, la peur de perdre son travail, le syndrome traumatique consécutif à un acte violent, le sentiment d'infériorité ou de vide, etc. Dans le *DSM-IV*, publié en 1994, on en comptabilisera 410 et dans les versions suivantes bien plus encore.

C'est dans ce contexte que Spitzer dut affronter les associations d'homosexuels tout en continuant à affirmer que l'on pouvait, par des cures adéquates, les « convertir » à l'hétérosexualité. Il s'y employa pendant des années. En 2012, il fut néanmoins contraint de reconnaître ses torts : « Je dois à la communauté gay des excuses pour mon étude qui prétendait à l'efficacité de la thérapie réparatrice. » Artisan sincère d'une dangereuse utopie universaliste, il avait cru construire un discours sur les troubles mentaux valable pour la planète entière. Au lieu de quoi il avait fabriqué un « monstre » qui devint l'instrument d'une des plus grandes erreurs de l'histoire de la psychiatrie : un système orwellien[1] visant à disloquer la personnalité humaine, chaque sujet pouvant être réduit à une minuscule étiquette, selon tel ou tel de ses comportements. C'est ainsi que le psychiatre américain Allen Frances, chaud partisan de ce *Big Brother* classificatoire, finit par déclarer qu'il devenait nuisible pour l'ensemble de la société : « Le *DSM-V*, dira-t-il en 2013, transforme le deuil en trouble dépressif majeur, les colères en trouble de dérégulation dit d'humeur explosive, les pertes de mémoire du grand âge en trouble neurocognitif léger, l'inquiétude de la maladie en troubles de symptômes somatiques, la gourmandise en hyperphagie boulimique, et n'importe qui souhaitant obtenir un stimulant pour un usage récréatif ou pour améliorer ses performances pourra faire valoir qu'il souffre d'un trouble du déficit de l'attention[2]. »

Tous ces processus de déclassification, suivis de l'annexion par le *DSM* de troubles qui ne relevaient pas de la psychiatrie, permirent de transformer en identités multiples des orientations sexuelles regardées autrefois comme autant de pathologies, et désormais éjectées d'un savoir médical devenu grotesque. Dès lors, et à la faveur des transformations politiques que j'ai signalées au chapitre précédent, le genre devint un concept majeur visant, non seulement à évacuer la différence des sexes (au sens anatomique), mais aussi à redéfinir toutes sortes de dispositions sexuelles, sociales, politiques. À la formidable expansion des nomenclatures psychiatriques répondit la grande prolifération des études identitaires, la seconde étant comme l'envers de la première.

1. Cf. George Orwell, *1984* [1949], trad. de l'anglais par Amélie Audiberti, Paris, Gallimard, 1950.

2. Voir Sarah Chiche, « *DSM-V* : troubles dans la psychiatrie », *Sciences humaines*, n° 251, août-septembre 2013.

Le terme de « transgenre » ayant supplanté celui de « transsexuel », la question du « flou » dans la désignation de la différence des sexes ne pouvait plus être posée de la même manière. Si l'on peut être à la fois homme et femme parce qu'on choisit librement d'être « genré », hors de toute référence biologique et de façon arbitraire, il devient alors possible de faire disparaître l'idée même de choix, tout en mettant en avant le corps sous toutes ses formes, comme si l'absence de référence à l'anatomie devait être contrebalancée par une exhibition esthétique effaçant la différence sexuelle tout en la revendiquant.

New York 1990 : *Queer Nation*

Et c'est sur cette lancée que naquit en 1990, durant la Gay Pride de New York et de Chicago, le mouvement de la *Queer Nation*, inspiré par les luttes de la branche new-yorkaise de l'association Act Up[1]. Le terme *queer* signifie louche, bizarre, tordu et il a longtemps servi à qualifier de façon injurieuse les homosexuels, pour ensuite être revendiqué de façon parodique par les victimes elles-mêmes selon le phénomène bien connu de l'inversion des stigmates. Et il commença à faire

1. Association militante et politique de lutte contre le VIH/sida, fondée en France en juin 1989. « Nous, femmes et hommes, militants, séropositifs, séronégatifs, hétéro, homo, bi, trans, nous nous sommes engagés au sein d'Act Up-Paris depuis de nombreuses années ; c'est avec notre corps que nous militons. Nos corps abîmés, pour certains, corps blessés, nos corps mis en avant dans l'action publique, nos corps rassemblés par les manifestations, les rassemblements, et toutes nos réunions ; c'est à travers nos corps et l'image de celui-ci mis en scène, que réside notre force. Nos corps qui nous échappent parfois, de malades en survie précaire jusqu'en 1995, nous sommes devenus des survivants marqués par les effets secondaires des traitements. Dans cette société de la performance, nous tenons tête grâce à de multiples artifices, des parades que nous mettons en place car nous n'abdiquerons jamais » (déclaration du 12 novembre 2008).

fureur dans la mesure où il permettait à toute une communauté d'abolir les identités fondées sur une différence entre nature et culture, sexe et genre, norme et anormalité, etc. Autrement dit, il servit à brouiller les évidences en faisant éclater tout l'acquis de l'héritage beauvoirien à coups de performances et de radicalité. À travers ce terme, une nouvelle politique identitaire – ou postféministe – émergeait, fondée sur l'adhésion à l'idée que les « anormaux », rejetés des discours dominants, pouvaient se rassembler en une communauté unique, une « nation *queer* », composée de tous les représentants des sexualités dites « minoritaires » – transgenres, bisexuels, intersexués, etc. – mais aussi de toutes les victimes d'une oppression dite « blanche » et « hétérosexuée » : noirs, colorés, chicanos, subalternes, migrants, colonisés, etc.

Très politisé, le mouvement *queer* inventait ainsi un discours talentueux, émouvant, flamboyant qui ne se contentait pas de réclamer, comme le faisaient les homosexuels, le mariage pour tous et l'accès aux diverses modalités de la procréation assistée. À travers des « performances[1] », souvent très créatives, s'exprimait un grand désir d'égalité. Au fond, loin de vouloir réintégrer l'ordre familial, les militants *queers* revendiquaient, à la façon de Jean Genet, la fierté d'être « hors normes » : « tapettes mystiques, fantasmeurs, clones, usagers de drogues, masturbateurs, folles, divas, camionneurs, hommes lesbiens, mythomanes ».

Le développement de ce mouvement allait de pair avec la valorisation, dans les sociétés occidentales, de la pornographie, des tatouages, de la chirurgie esthétique, de la mascarade sexuelle et de pratiques déviantes communautaires, toutes

1. Une parole performative est une énonciation qui fait exister ce qu'elle dit en tant qu'elle le dit. Aussi bien le genre s'inscrit-il dans un espace social par la manière dont on lui dit ce qu'il est. D'où une négation absolue de l'assignation à un sexe dit « naturel » à la naissance. Cf. John Langshaw Austin, *Quand dire, c'est faire* [1962], Paris, Seuil, 1970.

choses à rebours du puritanisme affiché par le féminisme « genré » et « antisexe ». Néanmoins, il adhérait à l'idée que l'« hétéronormalité » demeurait l'ennemie à abattre. En conséquence, et sans même s'en apercevoir, il réinventait une nouvelle norme.

Une fois de plus, un mouvement politique trouvait sa légitimation dans de multiples écrits issus du monde académique américain, une expérience de pensée venant se mêler à une expérience de vie. Tandis que les LGBTQ+ brandissaient dans la rue avec panache leur drapeau arc-en-ciel à six couleurs[1], une multitude d'essais étaient publiés qui prenaient en compte la dissolution du binarisme sexe / genre. Ainsi naquit la *queer theory*, ou théorie *queer*[2], visant, non seulement à effacer l'idée d'une sexuation anatomique mais aussi à rendre visibles, à travers des performances érudites, les marges de l'identité gay, lesbienne, blanche, dominante, susceptible d'échapper à toute définition claire. Autrement dit, l'affirmation d'une identité floue, ou encore d'une absence d'identité, devint une façon de donner vie à une nouvelle identité.

La théorie *queer* rencontra une audience inattendue dans les meilleures universités américaines[3], à l'intérieur même des études de genre (*gender studies*), donnant naissance à une infinité de réflexions novatrices sur l'identité sexuelle, au point d'ailleurs qu'elle se révéla incontournable dans de nombreuses disciplines : sociologie, littérature, psychanalyse,

1. Apparu pour la première fois en 1978 à l'occasion d'un défilé en faveur de la liberté gay et lesbienne, il représente différents aspects des identités politico-sexuelles : rouge pour la vie, orange pour le réconfort, jaune pour le soleil, vert pour l'écologie, bleu pour l'art, violet pour la spiritualité.

2. Le terme a été forgé en 1990 par Teresa de Lauretis, universitaire américaine d'origine italienne marquée par la pensée structuraliste et poststructuraliste française des années 1960-1970 et surtout par la lecture de Derrida, de Foucault et de Jean Laplanche.

3. Puis en France dix ans plus tard.

psychologie, histoire, philosophie, biologie, etc. Dans cette perspective, l'implication de l'auteur dans son propre enseignement devenait la condition *sine qua non* d'une authentique expérience théorique. Parler de soi, travailler sur soi, raconter sa vie la plus intime : tel était le credo d'une transmission du savoir qui englobait forcément une sorte d'autoanalyse – voire d'autofiction – selon que l'on se définissait comme « genré », « non genré », « binaire », « non binaire », noir, blanc, *queer*, etc.

De même que la dépsychiatrisation de toutes les orientations sexuelles avait conduit les personnes anciennement regroupées dans le grand catalogue des maladies mentales à s'exprimer elles-mêmes, hors des nomenclatures imposées par un savoir défaillant, de même les universitaires prendront en compte désormais leur « genre » en annonçant leur expérience identitaire : « Alors que la subjectivité est prise en compte, voire revendiquée par les chercheurs et les chercheuses d'obédience anglo-saxonne, écrit Anne-Claire Rebreyend, leurs homologues français s'entourent toujours de mille précautions pour prouver qu'ils restent complètement neutres et imperméables à tout ce qui pourrait faire la jonction entre leur vie personnelle et leur centre d'intérêt historique[1]. » Parmi ces nombreuses approches (étude de genre et théorie *queer*), on retiendra celles d'Anne Fausto-Sterling et de Judith Butler.

Biologiste renommée, Anne Fausto-Sterling n'hésitait pas à déclarer combien ses expériences sexuelles étaient fondamentales dans ses recherches. Ayant vécu une partie de sa vie en tant qu'hétérosexuelle déclarée puis une autre en tant qu'homosexuelle affirmée, et enfin ayant trouvé une nouvelle identité dans une situation dite « de transition », elle soulignait volontiers que « la science », loin d'être un savoir fiable

1. Anne-Claire Rebreyend, compte rendu d'un ouvrage d'Anne Fausto-Sterling dans la revue *Clio. Femmes, genre, histoire*, n° 37 : « Quand la médecine fait le genre », 2013, p. 251-254.

et objectif, était en réalité ancrée dans un contexte culturel précis. Aussi bien prétendait-elle effacer de la biologie toute forme de binarisme, le sexe anatomique étant à ses yeux une construction tout aussi sociale que le genre : « La sexualité est un fait somatique créé par un effet culturel[1]. » Elle proposait donc de renouveler les études sur l'hermaphrodisme en remplaçant le système à deux sexes par un autre à cinq sexes : les hommes, les femmes, les « herms » (hermaphrodites véritables), les « merms » (pseudo-hermaphrodites masculins), les « ferms » (pseudo-hermaphrodites féminins).

De quelle logique scientifique relève le discours de cette biologiste accomplie ? Si l'existence de trois variantes de l'hermaphrodisme peut à ce point renforcer la thèse de l'existence d'une dissémination de la différence des sexes, cela veut dire qu'en vertu de cette approche l'anomalie biologico-génétique est entièrement noyée au profit d'une nouvelle catégorisation. Et de fait, en dissolvant le binarisme, Fausto-Sterling fait disparaître l'hermaphrodisme au profit d'un nouveau champ, l'« intersexualité », dans lequel elle intègre des sous-catégories n'ayant plus rien à voir avec une anomalie biologico-génétique. Aussi bien n'hésitait-elle pas à gonfler les chiffres afin de démontrer que l'intersexualité est le pivot majeur de la compréhension de l'identité sexuelle en général[2]. Par cette hypothèse, Fausto-Sterling veut prouver que le « flou sexuel » (le *queer*) n'est pas qu'une simple construction

1. Anne Fausto-Sterling, *Corps en tous genres. La dualité des sexes à l'épreuve de la science* [2000], Paris, La Découverte / Institut Émilie du Châtelet, 2012. Cf. également J.-F. Braunstein, *La Philosophie devenue folle*, *op. cit.*, p. 62-73.

2. Selon elle, les intersexués représenteraient 1,7 % des naissances et non pas 0,018 %, ni même 1 %. Mais, pour atteindre un tel chiffre, il faut annexer tous les enfants porteurs de troubles divers qui n'ont rien à voir avec l'hermaphrodisme : syndrome de Turner (maladie génétique du chromosome X qui affecte les femmes), syndrome de Klinefelter (anomalie chromosomique).

sociale mais également une réalité biologique. En conséquence, la sexualité humaine est à ses yeux un continuum sans le moindre fondement binaire. Comme en matière de transsexualisme, les progrès de la chirurgie avaient depuis longtemps transformé la vie des hermaphrodites opérés dès la naissance, ce qui leur évitait, pensait-on, d'avoir à affronter un effroyable destin[1]. Avec son hypothèse des cinq sexes, Fausto-Sterling critiquait John Money, non pas pour les souffrances qu'il avait infligées à David Reimer, mais parce qu'il avait effectué un choix binaire : soit homme, soit femme. C'est ainsi qu'elle prétendait effacer toutes les frontières entre le genre et le sexe en inventant une nouvelle représentation de la sexualité humaine fondée sur l'infinie variété des postures identitaires.

Ce faisant, elle soulevait aussi un problème qu'avaient eu à affronter les transsexuels : l'obligation de faire coïncider le genre avec l'anatomie. Mais, à la différence de ceux-ci, les hermaphrodites n'avaient jamais eu à choisir puisque l'opération dite « bénéfique » avait eu lieu à leur naissance, décidée par les médecins en accord avec les parents. Dans ce contexte, les débats sur le genre et le *queer* eurent donc pour effet de remettre en cause ce choix non consenti. D'où une lutte terrible menée par de nombreux « intersexués » qui, parvenus à l'âge adulte, rejetaient le savoir médical au nom d'une liberté nouvelle : celle de porter fièrement une double anatomie et non pas de souffrir d'une pathologie. Eux aussi rejoignaient

1. Sur l'histoire de l'hermaphrodisme, cf. Alice Domurat Dreger, *Hermaphrodites and the Medical Invention of Sex*, Cambridge (Mass.), Harvard University Press, 1998. Cet ouvrage explore les relations entre les hermaphrodites et leurs médecins à la fin du XIXe siècle. Le destin tragique des hermaphrodites a été magnifiquement décrit dans *Herculine Barbin, dite Alexina B.*, ouvrage présenté par Michel Foucault (Paris Gallimard, coll. « Les Vies parallèles », 1978) : « Ce serait comme l'envers de Plutarque : des vies à ce point parallèles que nul ne peut plus les rejoindre. »

la bannière arc-en-ciel afin de contester le principe d'une chirurgie « hétéronormée ».

Devenus sujets à part entière, et plus encore « entrepreneurs d'eux-mêmes », les « déclassifiés » prenaient donc la parole pour affirmer une revanche sur un pouvoir médical dont ils avaient été les victimes. L'autorité n'était plus dévolue aux savants chargés d'étudier des « cas », mais à des individus qui refusaient le statut que le savoir médical et psychiatrique leur avait attribué. C'était à eux – et à eux seuls – que revenait désormais le droit de raconter leur histoire, selon le principe de l'émotion, du « ressenti » et de la compassion : je souffre donc j'existe.

C'est ainsi que les catégories de la science biologique furent littéralement pulvérisées au nom d'un idéal d'émancipation fondé sur une comptabilité identitaire pour le moins discutable : « L'intersexualité est une identité, écrit Vincent Guillot, une culture et non une pathologie ou un fait de nature [...] Nous autres intersexués, nous tentons de sortir du discours médical [...] Dans les faits, nous représentons beaucoup plus de monde que ce qu'annoncent les médecins : nous constituons plus de 10 % de la population car nous considérons que toute personne ne correspondant pas aux standards morphologiques du mâle ou de la femelle est, *de facto*, intersexuée[1]. » Telle fut la nouvelle vulgate de l'intersexuation des années 1990-2010, qui prétendait annexer toutes les personnes ne se reconnaissant pas dans la différence affirmée des sexes – LGBTQI+ – et dont les situations n'avaient en général rien à voir les unes avec les

1. Vincent Guillot, « Intersexes : ne pas avoir le droit de dire ce que l'on ne nous a pas dit que nous étions », *Nouvelles questions féministes*, vol. 27, nº 1, 2008, p. 37-48. Il est difficile d'évaluer le nombre d'homosexuels déclarés mais toutes les statistiques montrent que le chiffre se situe toujours autour de 5 à 10 % de la population d'un pays. Le pourcentage est constant. Ils n'ont rien en commun avec les intersexués, sinon une alliance militante.

autres, sinon que toutes se réclamaient d'un même mouvement identitaire antihétéronormé, antipatriarcal, etc.

Quant à la question des interventions précoces, elle semblait être insoluble. Les uns affirmaient qu'elle était la seule manière pour un enfant d'acquérir une identité stable, les autres au contraire l'assimilaient à une mutilation, considérant que les lois de bioéthique devaient désormais l'interdire, au moins jusqu'à ce que le consentement du sujet pût être requis[1]. Quoi qu'il en soit, il faut bien comprendre que l'intersexuation de naissance est moins une identité qu'une tragédie puisque, leur vie durant, opérés ou non, ces êtres humains resteront « des deux sexes » et surtout infertiles, et d'autant plus malheureux qu'on leur aura dissimulé la vérité[2].

Si les intersexués récusaient la chirurgie que leur avaient fait subir leurs parents dès leur naissance, les transgenres revendiquaient au contraire le droit à des « transitions » dès le plus jeune âge. Quand on sait que de nombreux enfants déclarent volontiers être d'un genre qui ne correspond pas à leur anatomie, les garçons se déguisant en filles et les filles en garçons – phénomène banal –, on ne peut qu'être révulsé à l'idée de leur distribuer des bloqueurs de puberté et autres hormones nocives, alors même que la plupart du temps rien ne permet de les classer d'emblée dans la catégorie des transsexuels, des « dysphoriques de genre » ou des transgenres avant qu'ils aient atteint au moins l'âge de la majorité sexuelle fixée par la loi à quinze ans. Or cette pratique devient de plus en plus courante, au point qu'elle est présentée à l'occasion par la presse comme une magnifique expérience nécessaire à l'épanouissement des enfants en souffrance.

1. « Faut-il opérer les enfants intersexués ? », *Le Monde* du 5 juillet 2019, p. 25.

2. Cf. le beau documentaire de Floriane Devigne, *Ni d'Ève ni d'Adam. Une histoire intersexe* (2018), qui plaide pour l'abolition des interventions chirurgicales.

C'est ainsi qu'en septembre 2020 un garçon de huit ans de nationalité française fut qualifié de petite fille transgenre par ses parents parce qu'il affirmait n'être pas né dans le corps qui était le sien et qu'il se disait prêt à se suicider si on l'obligeait à vivre selon un modèle de masculinité. Face à cette souffrance épouvantable, les parents décidèrent donc, avec l'appui du rectorat d'Aix-Marseille, de l'inscrire à l'école sous un nouveau prénom. Après plusieurs expertises médicales, l'enfant fut déclaré transgenre et son identité modifiée sur l'état civil. On lui administra les hormones nécessaires à sa transition. La presse relata alors « l'histoire émouvante de Lilie née dans un corps de petit garçon[1] », effaçant ainsi l'anatomie au profit d'une construction genrée, issue d'un imaginaire enfantin dont on sait qu'il est peuplé de mythes, de croyances, de fantasmes où les hommes et les femmes se déguisent en animaux, en dragons ou en chimères. D'une manière générale, toutes les histoires d'enfants atteints de « dysphorie de genre » sont présentées par les médias progressistes comme de magnifiques aventures au cours desquelles des parents héroïques affrontent courageusement une opinion publique hostile[2].

Reste qu'on ne voit pas comment on pourrait affirmer, d'un côté, et avec justesse, qu'un enfant de moins de quinze ans n'est jamais consentant à une relation sexuelle avec un adulte[3], et considérer, de l'autre, qu'il serait suffisamment mature – c'est-à-dire consentant – pour décider lui-même d'effectuer une telle « transition ». Et pourquoi faudrait-il interdire la chirurgie en bas âge chez les intersexués pour

1. *Terrafemina*, 11 septembre 2020.

2. Cf. le documentaire *Petite fille*, réalisé par Sébastien Lifshitz, Arte, 2 décembre 2020.

3. Cf. Vanessa Springora, *Le Consentement*, Paris, Grasset, 2020. L'auteur raconte comment l'écrivain Gabriel Matzneff exerça sur elle, lorsqu'elle était âgée de quatorze ans, une emprise sexuelle qui la rendait consentante à son propre anéantissement.

mieux l'autoriser quand un enfant non pubère affirme vouloir changer de sexe ? Voilà à quelles aberrations peut mener la dérive identitaire. Mais il y a pire encore, quand on sait que de nombreux enfants autistes, psychotiques ou « borderlines » ont été considérés comme transgenres dès l'âge de dix ans après avoir été conduits par leurs parents dans des cliniques spécialisées.

À ce propos, le Gender Identity Development Service (GIDS), fondé en 1989 et situé à l'hôpital de Charing Cross, dans le cadre de la prestigieuse Tavistock Clinic de Londres, connue pour avoir accueilli les plus grands noms de la psychanalyse des enfants – de John Bowlby à Donald Woods Winnicott –, a été dénoncé pour avoir « accompagné », depuis 2011, la transition d'enfants et de préadolescents qui affirmaient être nés dans un corps qui n'était pas le leur, pour ensuite changer d'avis. Dans un rapport rédigé en 2018, David Bell constatait ainsi que le nombre de demandes de transition chez les mineurs avait augmenté de façon vertigineuse entre 2010 et 2018 (plus de 200 %), sous l'influence des réseaux sociaux – notamment le « Transgender Heaven » – qui incitaient des adolescents en détresse à réclamer une transition susceptible de mettre fin à leurs angoisses : « Être transgenre, c'est la solution pour cesser de te sentir comme une merde. » David Bell accusait les médecins d'accélérer les transitions sans tenir compte des autres diagnostics possibles. Et il concluait que, dans ces conditions, aucun consentement éclairé ne pouvait être donné, ce qui lui valut d'être accusé de transphobie. Quant au directeur associé du service, Marcus Evans, membre du conseil de la Tavistock Clinic, il donna sa démission : « La peur d'être accusé de transphobie immobilise toute capacité à penser de façon critique. Il n'y a rien d'alarmant au fait que des milliers de jeunes filles et de nombreux jeunes garçons soient remplis de dégoût pour leur propre corps et veuillent en changer. Il n'est pas déraisonnable de se demander s'il pourrait y avoir de graves conséquences à long terme sur la santé mentale en permettant à un jeune enfant de prendre des décisions qui modifient son corps[1]. » En décembre 2020, suite à ce scandale, la Haute Cour de justice du Royaume-Uni prit enfin une sage décision en interdisant à l'avenir tout traitement de transition chez les enfants de moins de seize ans[2].

C'est à la philosophe Judith Butler que l'on doit la réflexion la plus politique sur la question *queer*[3]. S'appuyant sur la pensée française des années 1970 – Michel Foucault, Jacques Lacan, Jacques Derrida –, elle prônait, en 1990, un culte des états limites[4], affirmant que la différence sexuelle était toujours floue et que, par exemple, la cause transsexualiste pouvait être une manière de subvertir l'ordre établi et de refuser la norme biologique. Butler s'était elle-même sentie très tôt dans une situation sans frontières ou hors normes, à travers son identité de femme juive élevée dans le judaïsme mais critiquant de façon radicale la politique de l'État d'Israël. Pour penser cette question, elle développa l'idée, totalement étrangère aux auteurs dont elle s'inspirait – Lacan, Derrida, Foucault, etc. –, selon laquelle les comportements sexuels marginaux et « troublés » – transgenrisme, travestisme, transsexualisme, etc. – ne seraient rien d'autre que des manières de contester l'ordre dominant : familialiste, paternalocentriste, hétéronormé, etc. Cette position militante n'était pas rationnelle, mais elle était fondée sur un désir d'inverser la norme,

1. Lettre de Dany Nobus, 21 octobre 2020. Et « Governor of Tavistock Foundation Quits over Damning Report into Gender Identity Clinic », *The Guardian*, 23 février 2019.

2. *The Guardian*, 3 décembre 2020.

3. Judith Butler, *Trouble dans le genre. Pour un féminisme de la subversion* [1990], Paris, La Découverte, 2005.

4. Terme emprunté à la psychiatrie et à la psychanalyse, la notion de *borderline state* désigne des troubles de la personnalité qui sont à la frontière de la névrose et de la psychose. Cet emprunt montre que Judith Butler n'a jamais vraiment récusé le vocabulaire psychiatro-psychanalytique de son époque.

ce qui lui valut la détestation de bon nombre de féministes françaises qui la traitèrent de « différentialiste » et lui reprochèrent son attitude critique envers la laïcité républicaine et l'interdiction des signes religieux à l'école : Butler valorisait notamment le port du voile islamique comme un signe de révolte identitaire, niant le fait qu'une telle revendication pût être *d'abord* le stéréotype d'une soumission de la femme à un ordre religieux obscurantiste, viriliste ou hautement paternalocentriste[1]. Aussi bien défendait-elle un universel de la différence beaucoup plus qu'un culte anti-universaliste de la différence : sans se soucier le moins du monde des milliers de femmes qui risquent leur vie en refusant de porter ce qui demeure à leurs yeux un signe d'oppression majeure.

Dans cette perspective, elle s'intéressa alors, sur la lancée de Michel Foucault, à la question de la « vie précaire » ou « invivable », de la « survie », pour les minorités en tout genre : Palestiniens, apatrides, immigrés, exploités, déviants. D'où le tire d'une belle conférence – « Qu'est-ce qu'une vie bonne ? » – prononcée à Francfort le 11 septembre 2012 à l'occasion de la remise du prestigieux prix Adorno dont elle était la récipiendaire, à la suite de Pierre Boulez, Jürgen Habermas ou Jean-Luc Godard. Dès l'annonce de sa venue à Francfort, Judith Butler fit l'objet d'une cabale grotesque de la part de la communauté juive et de l'ambassadeur d'Israël à Berlin. Traitée de « dépravée » en tant qu'adepte de

1. C'est également la position de l'historienne Joan W. Scott qui considère que le modèle français de la laïcité (issu de la loi de 1905) a été « instrumentalisé » par ceux qui ont interdit le voile islamique à l'école d'une manière « raciste pour exclure une minorité. Et c'est, d'autre part, l'inégalité qui est au cœur même de nos États laïques, à commencer par l'inégalité entre les hommes et les femmes qui justifie les autres, raciales, religieuses » (entretien avec Marie Lemonnier, *L'Obs*, 7 septembre 2018). Cf. aussi *La Politique du voile* [2007], Paris, Éd. Amsterdam, 2017. Position pour le moins contestable puisqu'il n'y a rien de « raciste » dans le modèle français de la laïcité républicaine.

la *queer theory*, d'« antisémite ennemie d'Israël » pour sa défense du peuple palestinien, elle se vit en outre reprocher d'avoir prétendu que le Hamas et le Hezbollah appartenaient à la « gauche mondiale » et d'avoir participé aux actions du BDS (Boycott, désinvestissement, sanctions) visant les institutions israéliennes[1].

En réalité, ses détracteurs instrumentalisaient une phrase sortie de son contexte, par laquelle elle répondait à un interlocuteur qui l'interrogeait sur le caractère « anti-impérialiste » des deux organisations. Quant au BDS (mouvement avec lequel, pour ma part, je suis en complet désaccord), elle ne l'avait soutenu qu'à propos des actions visant l'implantation de colonies dans les territoires occupés. Butler fut ensuite injustement traînée dans la boue pour un ouvrage consacré à la critique du sionisme et dans lequel elle discutait longuement une phrase du philosophe Emmanuel Levinas[2]. À cette occasion, l'insulte tint lieu d'argument et c'est bien de cela qu'il s'agit, désormais, dans cette véritable guerre des identités qui traverse les sociétés démocratiques.

Il va de soi que les personnes transgenres ou intersexuées doivent avoir le droit, au même titre que toutes les autres « minorités » dites « sexuelles », de ne pas être discriminées, comme le souligne l'appel aux Nations unies de 2009 qui dénonce, à juste titre, la classification médicale en vigueur, laquelle les qualifie de « mentalement dérangées[3] ». Cependant, s'agissant de la théorie *queer* et de la politique qu'elle met en œuvre, il est indispensable de bien comprendre la nature d'un mouvement visant à extirper d'un savoir psychiatrique inconsistant des expériences diverses

1. *Frankfurter Allgemeine Zeitung* du 28 août 2012.

2. Judith Butler, *Vers la cohabitation. Judéité et critique du sionisme*, Paris, Fayard, 2013.

3. « Refusons la transphobie, respectons l'identité de genre ! » Appel à l'ONU, à l'OMS, aux États du monde, 1er avril 2009. J'ai signé cet appel avec Élisabeth Badinter, Michelle Perrot, et bien d'autres encore.

ayant pour enjeu le statut de la sexualité humaine : genre et sexe. À cet égard, la théorie *queer*, et les *queer studies*, posent le problème du passage d'une réflexion spéculative à une pratique politique concrète. Peut-on en effet, au nom de l'égalité des conditions, généraliser l'idée que tout être humain peut être biologiquement mâle et femelle, ce qui revient à faire de l'intersexualité (hermaphrodisme) autre chose qu'une anomalie de naissance, semblable à la transidentité qui n'en est pas une ? Peut-on, au nom de cette même égalité, assimiler la bisexualité psychique, universellement présente en chaque sujet, à une identité sociale à la fois « genrée » et biologiquement définie, avant de conclure à l'existence juridique d'un « sexe neutre » ou d'un « troisième sexe » ? Peut-on enfin déduire de ces problématiques une politique militante, dite « égalitaire », des différences identitaires ? Faudra-t-il inventer de nouvelles règles juridiques, non seulement pour définir les frontières du sexe et du genre, mais aussi pour offrir un cadre légal aux filiations et à la reproduction de l'espèce humaine issues de ces expériences de vie ?

Au terme du premier quart du XXIe siècle, il est désormais possible, pour toute personne en détresse identitaire, d'avoir recours à des interventions chirurgicales dispensées dans de vastes cliniques où sont associés les discours les plus simplistes et la technologie la plus performante : un mélange d'idéologie du bien-être, façon club de rencontres, et de croyances délirantes en la suprématie du corps sur l'intelligence. À Montréal, au cœur du Centre métropolitain de chirurgie (CMC), fleuron de l'hospitalisation privée de haut niveau, fondé en 1973, et doté de la plus haute accréditation médicale du Canada, on accueille toutes les personnes désireuses d'effectuer leur « transition ». Augmentation mammaire, rasage de la pomme d'Adam, mammectomie, vaginoplastie, phalloplastie, féminisation ou masculinisation faciales, hormonothérapie, vente d'objets sortis tout droit d'un catalogue médical qu'on croirait revu et corrigé par Krafft-Ebing[1] – fétiches, godemichés, appareils à comprimer les organes génitaux, tatouages, etc. –, le tout accompagné de thérapies multiples : tel est le protocole initiatique auquel sont volontairement soumises, et avec plusieurs options possibles, les personnes transgenres en attente d'une identité satisfaisante ou réversible.

Les « dysphoriques de genre » attendent parfois plusieurs mois avant de livrer leur corps et leur âme aux mains expertes de chirurgiens spécialisés en nettoyage de poils, reconstitution de glands à partir de peau prélevée sur le scrotum, fabrication d'urètres permettant d'uriner debout : « Au début, je ne réalisais pas [*sic*], je n'étais pas habitué. Les premières fois que je me suis vu dans le miroir, c'était comme si cela ne m'appartenait pas. On entend souvent les personnes trans dire : "J'aimerais me réveiller transitionné." Non ! On doit tout assimiler, digérer, processer[2]. »

Quant à la question des « familles transgenres », elle se pose désormais en termes juridiques : une femme transgenre pourra-t-elle un jour être reconnue légalement, par adoption, comme la mère de sa fille de six ans, alors qu'elle est, depuis la naissance de celle-ci, son père biologique ? Un exemple : en 2004, Raymond a épousé Nicole qui a accouché d'une fillette. Au fil des années, mécontent de son anatomie, Raymond a entamé sa transition pour devenir civilement une femme sous le prénom de Julie, sans pour autant avoir modifié ses organes génitaux. Avec l'accord de Nicole, il veut être la mère de sa fille. Mais plus encore, il conçoit un deuxième enfant (Victor), comme le lui permet son anatomie masculine.

1. Richard von Krafft-Ebing (1840-1902) : psychiatre autrichien, fondateur de la sexologie et auteur d'un célèbre ouvrage, *Psychopathia sexualis* [1886], Paris, Payot, 1969.

2. Raphaëlle Maruchitch, « Changer de sexe, un long parcours chirurgical », *Le Monde*, 28 mai 2019.

Aussi est-il à la fois le père biologique de ce garçon et sa mère sociale, épouse et époux de Nicole et potentiellement mère adoptive de sa première fille : « Des hommes enceints, écrit Serge Hefez, des hommes ou des femmes effectuant une transition après avoir mis au monde des enfants et devenant des “femmes pères” ou des “hommes mères”, des femmes procréant avec leur propre sperme… Le trouble qui bouleverse nos sociétés ne porte plus seulement sur les questions de genre et d’identité mais traverse aussi les notions fondatrices de l’engendrement et de la filiation[1]. »

Voilà de quoi agiter les esprits des opposants à toute transformation des modalités de procréation qui sont désormais convaincus que la planète sera un jour peuplée de monstres transgenres conçus sur les campus américains.

Disséminer le genre humain

En réalité, il n’y a aucune solution à de telles contradictions. Encore faut-il être bien conscient que l’apocalypse de la transidentité n’aura jamais lieu. Pour ces raisons, d’ailleurs, le mouvement *queer* est condamné à une surenchère identitaire, non seulement parce qu’il ne cesse de valoriser le vécu victimaire mais aussi parce qu’il ne peut agir qu’en promouvant une sorte de catéchisme appuyé sur cette avalanche de néologismes dont j’ai déjà parlé (hétéronormé, genré, cisgenré, agenré, *gay or straight*, etc.). Somme toute, il aura fini par réinventer les classifications de la psychiatrie. Accorder une telle prévalence au genre sur le sexe, au point de dissoudre la différence anatomique pour y revenir à l’aide d’un tour de passe-passe (l’intersexualité), cela conduit à multiplier à l’infini des identités, alors même que l’approche

1. Serge Hefez, « Familles en transition », *Libération*, 6 octobre 2020. J’ai modifié les prénoms.

de la spécificité humaine doit reposer sur le constat de l'existence universelle des trois grandes déterminations qui la façonnent : le biologique (corps, anatomie, sexe), le social (construction culturelle, religieuse, organisation familiale) et le psychique (représentation subjective, genre, orientation sexuelle), étant entendu qu'il n'existe qu'une seule espèce humaine, quelles que soient les différences internes à cette espèce.

Parmi les dérives constatées, à côté de celle qui consiste à déclarer « transgenres » des enfants prépubères et à vouloir être le père et la mère de ses propres enfants, il y a la volonté de leur appliquer la *queer theory on education*, dès la naissance. À cet égard, rien n'est plus ridicule que de prétendre dissimuler aux enfants leur sexe anatomique comme le font certains parents de la communauté LGBTQIA+ qui, croyant lutter contre les stéréotypes, expliquent à leurs rejetons qu'ils choisiront en temps voulu leur « genre » : « En quoi est-ce important, disent-ils, de savoir ce qu'il y a entre tes jambes ? » Et d'inventer un nouveau vocabulaire « neutre » en vertu duquel on utiliserait « iel » à la place de « il » ou « elle » afin de mettre en œuvre une « révolution pédagogique » fondée sur l'affirmation du sexe neutre. Quand on sait qu'en 2018 l'État de New York a rendu un jugement permettant à des parents de remplacer par quatre étoiles la mention du sexe sur le certificat de naissance de leurs enfants, les bras vous en tombent : par quelle ruse de l'histoire a-t-on pu invalider des décennies de combat progressiste visant à ne plus prendre les enfants pour des imbéciles en leur racontant des sornettes[1] ? Sans doute s'apprête-t-on à leur expliquer qu'ils

1. « Garçon ou fille, à l'enfant de choisir ! », *L'Obs*, 25-31 octobre 2018. Voir également Thierry Hoquet, *Sexus nullus, ou l'égalité*, Donnemarie-Dontilly, Éd. iXe, 2015. Du point de vue scientifique, la « biodiversité humaine » n'existe pas plus que la « race ». Il y a là une nouvelle invention propre à la politique des identités.

naissent dans les choux, les uns avec des salopettes roses, les autres avec des tutus bleus ?

C'est aussi dans cette perspective que la notion d'« espèce humaine » a été subrepticement mise en déroute avec l'apparition des *disability studies*, nouveau domaine de la rhétorique identitaire, né dans les années 1980, et portant sur le handicap. En vertu de ce nouveau paradigme – très généreux au départ –, il y aurait urgence, non seulement à étudier et à prendre en charge toutes les personnes atteintes d'incapacités (*disability*) – surdité, cécité, trisomie, nanisme, schizophrénie, autisme, etc. –, mais aussi à théoriser le handicap en tant qu'identité, afin, croit-on, de pouvoir lutter contre la « sous-représentation des personnes handicapées dans l'entreprise et à l'Université », comme cela fut le cas pour toutes les minorités discriminées[1].

En témoigne la grande enquête du psychologue américain Andrew Solomon consacrée à la question de la « biodiversité humaine » : *Far from the Tree : Parents, Children and the Search for Identity*[2]. Entre 1994 et 2012, Andrew Solomon a recueilli des témoignages auprès de 400 familles

1. Gary L. Albrecht, Jean-François Ravaud et Henri-Jacques Stiker, « L'émergence des *disability studies* : état des lieux et perspectives », *Sciences sociales et santé*, vol. 19, n° 4, décembre 2001. Le terme *disability* signifie l'incapacité et a été traduit en français par « handicap ». Toutes les politiques de la santé s'appuient désormais sur la notion de handicap, ce qui permet de liquider les approches pluridisciplinaires. Et notamment pour l'autisme qui devient une « chance pour la biodiversité humaine », tout en étant assimilé à une maladie neuro-développementale. À propos de ce réductionnisme, on lira avec intérêt Édith Sheffer, *Les Enfants d'Asperger. Le dossier noir des origines de l'autisme*, préface de Josef Schovanec, Paris, Flammarion, 2019 [*Asperger's Children : The Origins of Autism in Nazi Vienna*, New York, Norton, 2018].

2. Traduction littérale : *Loin de l'arbre : parents, enfants et la recherche d'une identité* [2012]. L'ouvrage d'Andrew Solomon a été traduit en français sous le titre *Les Enfants exceptionnels. La famille à l'épreuve de la différence*, Paris, Fayard, 2019.

américaines à la recherche de leur identité « verticale » (innée) et « horizontale » (acquise), et dont il dit qu'elles sont « loin de l'arbre », c'est-à-dire de l'arbre généalogique.

Aussi bien dresse-t-il, dans cet improbable best-seller, une liste à la manière de Georges Perec : autant d'histoires de vie et de souffrances. Définissant plusieurs catégories d'humains, il les regarde cohabiter comme le ferait un soigneur animalier sorti tout droit d'une ménagerie de verre : sourds, nains, trisomiques, autistes, schizophrènes, prodiges, transgenres, noirs, latinos, etc. À quoi s'ajoutent des polyhandicapés : hydrocéphales, infirmes moteurs cérébraux, aveugles, etc.

Solomon décrit avec minutie l'existence quotidienne de ces enfants et de leurs parents. Cependant, quand on lit cette étude – qui a donné lieu à un film documentaire à grand succès –, on prend vite conscience que l'auteur place sur le même plan l'orientation sexuelle (*queer*, transsexualisme), des pathologies génétiques (trisomie 21, achondroplasie, etc.), des situations sociales (enfants perturbés), la couleur de peau, les maladies mentales et enfin les handicaps majeurs. Solomon répond à l'objection en affirmant que toute différence n'est rien d'autre qu'une « identité socialement construite et subjectivement vécue comme une discrimination ».

Certes, le travail d'enquête qu'a réalisé Solomon est intéressant mais, au fil des pages, on éprouve un franc malaise quand l'auteur explique combien les parents de ces enfants sont heureux de les élever pour mieux se défaire des préjugés issus de la société dominante. Et puis on découvre bientôt la signification de son combat. À propos de la trisomie, il condamne le recours à l'avortement et fustige les 93 % de femmes qui font ce choix, suite à une amniocentèse, affirmant que le fœtus est déjà un être humain. En outre, de façon détournée, il préconise l'opération de réassignation chirurgicale chez les enfants transgenres non pubères afin de les doter d'une identité heureuse. Enfin, s'agissant des sourds, il déplore l'utilisation précoce des implants cochléaires parce que la langue des signes, caractéristique de l'identité sourde regardée comme une variante de l'espèce humaine, s'en trouve menacée. Ajoutons qu'il range dans la catégorie des « nains » (achondroplasie) toutes les personnes de petite taille, comme si elles relevaient d'une même communauté, rebaptisée « identitaire » ou « diversitaire »…

Qu'on ne s'y trompe pas ! L'auteur n'est pas un obscurantiste religieux mais un progressiste qui s'explique sur les raisons de son engagement militant en faveur d'une nouvelle humanité. Comme tout chercheur identitaire moderne, Solomon met en jeu dans ces enquêtes sa propre souffrance, ses défaillances, sa « personnalité borderline », à mi-chemin entre l'auto-analyse et la confession chrétienne. Dyslexique, issu d'un père juif et d'une mère habitée par la haine de soi juive, maltraité dans son enfance, homosexuel honteux, puis heureux, il a réussi à accéder à la paternité grâce aux merveilles de la gestation pour autrui. Convaincu, au moment de l'accouchement, que son enfant serait handicapé, il a fini par accepter qu'il soit « normal » [*sic*] : « Parfois, j'ai pensé que les parents héroïques de ce livre étaient fous, en s'asservissant à leur enfant étrange pendant leur vie entière […] J'ai été surpris de découvrir que mes recherches m'avaient construit une passerelle et que j'étais prêt à les rejoindre sur leur bateau[1]. » Ainsi, une fois de plus une approche généreuse de la condition humaine se sera délitée, sous la plume d'un chercheur, pour répondre à un idéal contraire à l'émancipation, notamment à propos de l'avortement ou de l'utilisation des progrès de la médecine dans le traitement de la surdité ou du nanisme. On ne dira jamais assez combien le monde merveilleux du bonheur identitaire ressemble à un cauchemar.

Enfin – et il fallait s'y attendre –, les manifestations du féminisme identitaire témoignent de ce que partout, désormais, les femmes lesbiennes les plus radicalisées dénoncent

1. *Ibid.*, p. 892.

les hommes gays, jugés aussi coupables de domination masculine que les « mâles dominants hétérosexuels ». En conséquence, elles en appellent à un séparatisme au terme duquel les hommes doivent, *en tant qu'hommes*, être exclus de la communauté humaine.

Ainsi, en France, Alice Coffin, journaliste et élue écologiste au Conseil de Paris en 2020, a-t-elle fait sensation en dénonçant un autre élu, Christophe Girard, adjoint à la culture de la mairie de Paris, l'accusant de complicité avec certains tenants de pratiques pédophiles, argument régulièrement utilisé par l'extrême droite contre les homosexuels. Faisant à rebours l'apologie d'un prétendu « génie lesbien », elle en est venue à faire des hommes les ennemis de l'humanité et à vouloir les « éliminer », et plus encore les « hommes blancs » : « À toutes, il nous faut des "cottes" de femmes, des *shieldmaiden* […], nom donné aux mythiques guerrières vikings. Des escouades et des brigades pour nous défendre. Il ne suffit pas de nous entraider, il faut, à notre tour, les éliminer. Les éliminer de nos esprits, de nos images, de nos représentations. Je ne lis plus les livres des hommes, je ne regarde plus leurs films, je n'écoute plus leurs musiques […]. Les productions des hommes sont le prolongement d'un système de domination. Elles *sont* le système. L'art est une extension de l'imaginaire masculin. Ils ont déjà infesté mon esprit. Je me préserve en les évitant […] Je me ferais un plaisir de titrer sur les hommes blancs, seigneurs, saigneurs et leurs méfaits […]. Qui de l'homme ou de l'humanité succombera en premier[1] ? »

Dans cette affaire, qui a défrayé la chronique, Coffin répétait sous forme de farce, et le plus sérieusement du monde, l'histoire d'une tragédie. Dans un pamphlet célèbre de la

1. Alice Coffin, *Le Génie lesbien*, Paris, Grasset, 2020, p. 39, 228, 230. Jamais Alice Coffin n'a été désavouée par son parti alors que de tels propos indiquent clairement qu'elle ne saurait prétendre représenter les électeurs de sexe masculin dans ses fonctions d'élue de la République.

littérature d'avant-garde, *SCUM Manifesto*[1], auto-édité aux États-Unis en 1967, Valerie Solanas, lesbienne enragée, violée par son père, victime de maltraitances diverses, s'était rendue célèbre en appelant l'humanité entière à éliminer l'argent des hommes, le patriarcat des pères et la totalité des organes génitaux masculins. Les femmes, disait-elle, n'ont plus besoin des hommes pour procréer, il faut maintenant sortir les couteaux et les émasculer. L'homme étant une femme manquée, ajoutait-elle encore, une « fausse couche ambulante, un avorton congénital », ce « Midas qui change en merde tout ce qu'il touche » peut fort bien être exterminé.

Ce grand geste d'appel au meurtre, qui s'en prenait à la psychanalyse, au sexisme, à la domination masculine, hétérosexuelle et homosexuelle, fut suivi d'un passage à l'acte. Après avoir rencontré Andy Warhol, star du pop art, pour le convaincre de produire une pièce de théâtre pornographique qu'elle avait écrite, Solanas tenta de l'assassiner de plusieurs balles de revolver avant de se rendre à la police. Atteint au poumon, à la rate, à l'estomac et au foie, l'artiste en réchappa de justesse et ne porta pas plainte. Après sa sortie de prison, déclarée schizophrène, Solanas continua à persécuter son idole détestée tout en assurant la promotion de son manifeste et de ses fantasmes contre les pénis en tout genre. Célébrée par plusieurs féministes, et notamment en France par Virginie Despentes, elle fut redécouverte en 1998 lors de la réédition de son manifeste dont la postface avait été confiée à Michel Houellebecq : « Pour ma part, disait-il, j'ai toujours considéré

1. Valerie Solanas, *SCUM Manifesto* [1967], trad. fr., Paris, Mille et une nuits, 1998 et 2005, avec une postface de Michel Houellebecq, réédité en 2021 avec cette fois une préface de Manon Garcia et une postface de Lauren Bastide (SCUM : *Society for Cutting up Men*, Société pour dépecer les hommes). Cf. l'excellent article d'Éric Loret, « L'homme couvert d'infâme », *Libération*, 28 mai 1998. Notons qu'Avital Ronell, élève de Jacques Derrida, a rédigé, en 2006, une belle préface à l'édition anglaise du *SCUM Manifesto*, chez Verso.

les féministes comme d'aimables connes. » Il poursuivait en affirmant que les différences entre l'homme et la femme sont d'ordre génétique et que le raisonnement de Solanas était donc conforme aux plus nobles aspirations du projet occidental : établir un absolu contrôle technologique sur la nature.

En lisant ces lignes, on se dit que vingt-trois ans plus tard les conditions sont sans doute réunies pour qu'une réédition du *Génie lesbien* d'Alice Coffin soit préfacée par Michel Houellebecq qui, par goût des antiphrases, pourrait jouer à faire semblant de soutenir le projet de cette nouvelle élue de la République : remplacer l'homme par la femme, les gays par les lesbiennes, les mêmes par les *queers*, et pour finir la liberté par la soumission.

Je ne suis ni blanc ni femme ni homme mais à moitié libanais

Le monde identitaire n'est pas seulement peuplé d'histoires poignantes ou dramatiques. Bien souvent on y découvre des éléments comiques dignes d'un grand théâtre de boulevard. C'est ainsi qu'en 2016 une véritable guerre de sécession s'est déroulée aux États-Unis à la suite de mesures antidiscriminatoires prises par Barack Obama : il s'agissait d'autoriser les personnes transgenres à accéder aux toilettes et aux vestiaires selon le sexe de leur convenance[1]. En réaction à cette décision, onze États américains – pour la plupart sudistes et conservateurs – refusèrent d'obtempérer. En conséquence, l'État de Caroline du Nord vota une loi contraignant les personnes transgenres à utiliser les toilettes correspondant à leur sexe de naissance. Quant aux plaignants des onze États, ils accusèrent l'administration centrale de vouloir transformer les lieux d'aisances en de gigantesques locaux d'expérimentation sociale.

1. *L'Express*, 26 mai 2016.

En France, aucune guerre des toilettes n'a eu lieu. Mais en 2018, à l'occasion de la marche des fiertés, lors de l'émission « Arrêt sur images », Arnaud Gauthier-Fawas, administrateur de l'Inter-LGBT, offensé d'avoir été présenté comme un *homme* par le journaliste Daniel Schneidermann, répliqua le plus sérieusement du monde : « Non monsieur, je ne sais pas ce qui vous fait dire que je suis un homme car je ne suis pas un homme. Si on commence comme ça, on va mal partir. » Cet homme, se réclamant d'une « identité offensée », portait une barbe et sa voix, comme sa musculature, ne donnait pas l'impression qu'il pût être autre chose que de sexe masculin : « Il ne faut pas confondre identité de genre et expression de genre, ajouta-t-il. Je suis non binaire, donc ni masculin, ni féminin. » Plutôt que d'éclater de rire, Schneidermann présenta ses excuses. Et c'est alors qu'un autre invité déplora que les personnes présentes sur le plateau fussent blanches de peau. Cette fois-ci, le présentateur commença d'en rire, affirmant que sans doute son interlocuteur prétendrait qu'il n'était pas blanc : « Non, je ne le suis pas, dit-il, car je suis à moitié libanais[1]. »

À la différence de l'anecdote libanaise que j'ai relatée au début de cet ouvrage, celle-ci m'a fait froid dans le dos : une telle affirmation abolit en effet l'idée même de sujet au sens du « Je suis je, voilà tout », comme si le fait de se déclarer « libanais » signifiait que l'on ne pouvait être ni blanc ni de sexe mâle.

Au terme de ce chapitre, on aura compris comment une conception réellement novatrice des études sur la sexualité – distinguant le genre et le sexe – a pu, en quelques décennies, se retourner en son contraire et amorcer un mouvement de régression normalisatrice. Tout commence par l'invention de nouveaux concepts puis par la création d'un vocabulaire adéquat. Une fois solidement établis, les concepts et les mots

1. Émission du 29 juin 2018.

se transforment en un catéchisme qui finit, au moment voulu, par justifier des passages à l'acte ou des intrusions dans la réalité. Ainsi passe-t-on, sans même s'en rendre compte, de la civilisation à la barbarie, du tragique au comique, de l'intelligence à la bêtise, de la vie au néant, et d'une critique légitime des normalités sociales à la reconduction d'un système totalisant.

3

Déconstruire la race

Paris 1952 : la race n'existe pas

En 1952, à la demande de l'Unesco[1], Claude Lévi-Strauss rédigea un texte programmatique, *Race et histoire*, dans lequel il se livrait à une réflexion époustouflante sur la notion de race. Non seulement il s'agissait là de lutter contre le préjugé racial, mais de dénoncer, au lendemain de la Seconde Guerre mondiale, les monstruosités auxquelles s'étaient livrées les nations européennes à travers l'affirmation d'une prétendue inégalité entre les races. Aussi bien prenait-il pour cible le nazisme, qui avait conduit des Européens à détruire leurs semblables, mais aussi le colonialisme qui avait érigé en dogme l'idée de l'infériorité des peuples non occidentaux. À la même époque, Hannah Arendt soulignait combien l'antisémitisme avait été la matrice du racisme : il avait servi de caution théorique à la conquête coloniale, ce qui avait eu pour effet de mondialiser l'antisémitisme au sein des empires coloniaux. Dans les territoires colonisés, les Juifs étaient fréquemment rendus coupables de toutes sortes de complots. Il suffisait par exemple que les Britanniques reprennent l'Égypte aux Français pour qu'ils fussent accusés d'être les organisateurs de tous ces conflits. Ainsi naquit, hors d'Europe, la thèse d'un complotisme international attribué à « l'impérialisme

1. Organisation des Nations unies pour l'éducation, la science et la culture, fondée le 16 novembre 1945.

des Rothschild[1] ». Comme on le voit, un lien profond s'était donc tissé, depuis la fin du XIXe siècle, entre ces trois entités : antisémitisme, racisme, colonialisme.

À cet égard, notons qu'il faut utiliser avec prudence le couple sionisme/ antisionisme. À l'origine, le sionisme fut un mouvement émancipateur forgé par des Juifs cherchant à fonder en Palestine un État susceptible d'intégrer en son sein des non-Juifs. Quant à l'antisionisme – en tant que mouvement d'opposition politique et idéologique au sionisme –, il mobilisa à l'époque de nombreux Juifs issus de la diaspora, comme Sigmund Freud et bien d'autres, opposés à la conquête d'une terre promise[2]. En conséquence, l'antisionisme était totalement étranger à quelque antisémitisme que ce soit. L'antisionisme contemporain rassemble, quant à lui, des mouvements divers, les uns franchement antisémites et les autres hostiles à la politique israélienne, voire à l'existence même de l'État d'Israël. Suspecter tout antisioniste d'être antisémite est donc un abus de langage, d'autant que le terme est souvent utilisé de façon rétrospective : c'est par cette désignation abusive, par exemple, que Freud a été traité d'« antisémite », non seulement par l'extrême droite israélienne, mais par des antifreudiens radicaux prétendant soutenir le sionisme. On trouve la trace de ce détournement du terme dans une bien étrange *Anthologie des propos contre les Juifs, le judaïsme et le sionisme*, publiée en 2007 par Paul-Éric Blanrue, antifreudien notoire, défenseur des négationnistes et de l'islamisme iranien. Celui-ci prétendait démasquer les véritables antisémites, dont l'histoire dite « officielle » aurait dissimulé les noms : les Juifs eux-mêmes et leurs alliés. À côté des noms de Goebbels et de Hitler, et sans faire allusion à l'extermination – pas

1. Hannah Arendt, *Sur l'antisémitisme* [1951], Paris, Seuil, coll. « Points Politique », 1984, p. 253.

2. Cf. Élisabeth Roudinesco, *Retour sur la question juive*, Paris, Albin Michel, 2009.

même à l'entrée « Wannsee » où il est question de la « Solution finale » –, Blanrue dressait la liste des vrais antisémites : Moïse, Isaïe, Spinoza, Lévi-Strauss, Clemenceau, Freud, Einstein, Stefan Zweig, Zola, Proust, Pierre Assouline, etc. Sous couvert de soutien au sionisme, l'auteur avait donc rédigé un brûlot qui n'était rien d'autre qu'une apologie masquée de l'antisémitisme[1]. Le Juif est identifié comme ayant le monde entier contre lui-même (contre soi), mais surtout comme étant lui-même l'artisan de cette haine qu'il se voue. Telle est, selon Blanrue, l'identité juive du Juif : soi-même comme un Juif, c'est-à-dire comme un antisémite.

Dans son discours de 1952, Lévi-Strauss commence par constater que les races ne sont que des couleurs de peau et que les différences entre celles-ci ne sauraient être autre chose qu'un problème de pigmentation. À ces différences quasi inexistantes il oppose de vraies différences – celles qui distinguent les cultures –, infinies et d'une grande richesse. Enfin, conformément à son élaboration des *Structures élémentaires de la parenté*[2], il réfute l'idée selon laquelle il y aurait des « stades » par lesquels l'humanité évoluerait depuis un âge dit « primitif » vers un autre qui serait synonyme de « civilisation ». Dans une telle perspective, affirme-t-il, il est impossible d'associer une notion biologique d'évolution – issue de Darwin – avec l'organisation des cultures et des sociétés qui définissent l'humanité. Car toutes les sociétés se caractérisent par le passage de la nature à la culture. En témoignent la prohibition de l'inceste, les manières de se nourrir en faisant

1. Paul-Éric Blanrue, *Le Monde contre soi. Anthologie des propos contre les Juifs, le judaïsme et le sionisme*, préface de Yann Moix, Paris, Éd. Blanche, 2007. Retiré de la circulation, le livre a été ensuite réédité par Alain Soral. À ce sujet, voir Élisabeth Roudinesco, « Se poser en victime d'un complot de l'extrême droite, le tour de force de Yann Moix », *Le Monde*, 1er septembre 2019.

2. Claude Lévi-Strauss, *Les Structures élémentaires de la parenté* [1949], Paris, Mouton, 1967.

cuire les aliments, et les différentes expressions religieuses et artistiques qui caractérisent l'humanité et n'existent pas dans le monde de l'animalité. Et du coup, Lévi-Strauss énonce ce qui est déjà le credo du structuralisme[1] : « Deux cultures élaborées par des hommes appartenant à la même race peuvent différer autant, ou davantage, que deux cultures relevant de groupes racialement éloignés[2]. »

Si les races n'existent pas, l'idée d'une prétendue infériorité de l'une par rapport à l'autre serait, en revanche, une construction universelle, propre à toute organisation sociale. Les humains ont en effet pour habitude, dès qu'ils se forment en groupe ou en communauté, de rejeter l'altérité au nom de leur propre supériorité culturelle : « Dans les grandes Antilles, écrit Lévi-Strauss, quelques années après la découverte de l'Amérique, pendant que les Espagnols envoyaient des commissions d'enquête pour rechercher si les indigènes possédaient ou non une âme, ces derniers s'employaient à immerger des Blancs prisonniers afin de vérifier par une surveillance prolongée si leur cadavre était, ou non, sujet à la putréfaction[3]. »

Si les races n'existent pas et si les différences sont culturelles et jamais « naturelles », comment expliquer que certaines cultures finissent par devenir dominantes ? À cette question Lévi-Strauss répond par ce qui, aujourd'hui, apparaît comme une évidence. Les sociétés évoluent en « diagonale »

1. Le structuralisme est un courant de pensée issu du *Cours de linguistique générale* de Ferdinand de Saussure (1916) qui, à l'origine, propose d'étudier la langue et les systèmes de pensée comme un dispositif dans lequel chaque élément (signe, symbole, mythe, etc.) se définit par les relations d'équivalence ou d'opposition qu'il entretient avec d'autres éléments, cet ensemble formant une « structure ». Ce courant sera critiqué pour son formalisme, son antihistoricisme et son dogmatisme.

2. Claude Lévi-Strauss, *Race et histoire* [1952], Paris, Gallimard, coll. « Folio Essais », 1987, p. 11.

3. *Ibid.*, p. 21.

mais certaines ont développé un potentiel technologique, fondé sur la pensée scientifique – les sociétés dites « occidentales » –, qui leur permet de dominer les autres et de mieux survivre en dépassant l'état de nature. D'où le fait que ces sociétés, devenues colonisatrices, doivent désormais protéger les autres sous peine, à force de domination, de s'anéantir elles-mêmes en détruisant l'humanité. Et c'est dans cette perspective que Lévi-Strauss avance une thèse à laquelle il demeurera fidèle tout au long de sa vie : toute forme d'occidentalisation intégrale du monde, sous l'effet du progrès vertigineux de la science, ne pourrait aboutir qu'à un désastre pour l'humanité entière. Aussi bien rejette-t-il, à juste titre, l'uniformisation du monde au profit du respect de chaque culture, le relativisme culturel étant la seule manière d'exprimer l'universalisme du genre humain.

« De près et de loin » : telle est la loi de l'humanité elle-même. Si tout le monde se ressemble, l'humanité se dissout dans le néant ; si chacun cesse de respecter l'altérité de l'autre en affirmant sa différence identitaire, l'humanité sombre dans la haine perpétuelle de l'autre. Les sociétés ne doivent donc ni se dissoudre dans un modèle unique (la mondialisation) ni se refermer dans des frontières carcérales (le nationalisme) : « ni trop près ni trop loin ». L'uniformisation du monde produit toujours la guerre et le communautarisme.

Comme on le comprend, par ces propos Lévi-Strauss ne se contente pas d'abolir l'idée de race, il fait du combat contre le racisme, le colonialisme et le nationalisme le principe même d'un mode de civilisation planétaire, fondé tout autant sur le respect des différences (relativisme) que sur l'universalisme du genre humain. Aussi s'inscrit-il dans la longue lignée des anticolonialistes français : de Clemenceau à Sartre, en passant par André Breton et les surréalistes. Mais, à la différence de ses prédécesseurs, il tente de donner un fondement structural et anthropologique, et pas seulement moral ou politique, à son engagement. Exilé de France en

1940, pour appartenance à la « race juive », il était devenu ethnologue en allant au contact des peuples autochtones, ses chers Indiens du continent brésilien : Nambikwara, Caduveo, Bororo, Tupi, Mundé. Il racontera ce grand périple mélancolique dans un livre célèbre publié en 1955 : *Tristes tropiques*.

Son intervention à l'Unesco vaudra à Claude Lévi-Strauss une polémique intense avec Roger Caillois, normalien, ancien du mouvement surréaliste et du Collège de sociologie, qui lui reprochera une « illusion à rebours », une rancœur envers sa propre culture. Antiraciste convaincu, Caillois considère en effet que l'Occident possède néanmoins une culture supérieure aux autres du fait de sa capacité à penser les autres et à avoir élaboré un savoir sur les civilisations. Au fond, il oppose à son contradicteur le fait que seule la pensée occidentale a été capable d'inventer l'anthropologie, la rationalité et, bien entendu, la science. Que ce soit chez Lévi-Strauss ou chez Caillois, la question de la race est donc dissoute au profit d'un débat sur la capacité des sociétés à produire un savoir sur elle-même et sur les autres[1]. Cette controverse n'aura pas opposé un progressiste à un réactionnaire, mais plutôt un évolutionniste à un structuraliste, lequel mettait en question l'idée même d'un progrès linéaire.

Dès 1952, Lévi-Strauss prenait acte en tout cas du fait que la notion de race devait être bannie des études anthropologiques, culturelles, sociales, philosophiques. Autrement dit, les théories qui s'étaient épanouies depuis la fin du XVIIIe siècle sur la prétendue infériorité biologique de certains peuples n'avaient plus aucun fondement, à ses yeux, dès lors qu'il était démontré que seules comptaient les différences culturelles. Aussi bien le « racisme scientifique », qui inscrivait la hiérarchie raciale dans la biologie, fut-elle disqualifiée à partir

1. Cf. Frédéric Keck, « Le sacrifice des insectes. Caillois entre Lévi-Strauss et Bataille », *Littérature*, no 170, 2013, p. 21-32.

des années 1950[1]. Mais pour autant, bien sûr, le racisme ne s'éteindra pas dans les différentes sociétés humaines. Dans les pays démocratiques, il sera réprimé par la loi, rejetant certains discours dans l'enfer de la condamnation judiciaire, voire de la folie. Quant au mot « race », il finira par être supprimé de la Constitution française tout en étant revendiqué par les *critical studies on race*.

Dans les années 1950, une autre mutation se fait jour, actualisant l'ancienne opposition entre « barbares » et « civilisés ». C'est elle qui permettra de justifier l'infériorité en s'appuyant sur l'idée que les différences culturelles comptent moins que celles qui sont liées au degré de civilisation : certaines sociétés seraient supérieures aux autres du fait de leur capacité scientifique ou rationnelle à penser le monde. D'où l'opposition entre culture et civilisation. À cet égard, la controverse entre Lévi-Strauss et Caillois est emblématique de ce débat. L'un appelle « domination » ce que l'autre nomme « supériorité ». Qu'il faille abolir toute idée de supériorité d'une culture sur une autre, cela va de soi, dit Lévi-Strauss, mais cela ne signifie pas que la rationalité scientifique doive s'effacer au profit de la simple constatation des différences culturelles. La preuve en est que tous les peuples aspirent à renverser les régimes de domination qui les oppriment sans pour autant vouloir renoncer aux bienfaits des progrès scientifiques et technologiques inventés par les sociétés occidentales dites « dominantes ».

Et dans cette perspective, évidemment, Claude Lévi-Strauss apporte une manière bien plus novatrice de comprendre les cultures que celle de son contradicteur. Il fond, en un même creuset, le projet du respect absolu du relativisme culturel et celui de penser le monde de façon rationnelle : il ne renonce donc pas à poser les bases d'une possible

1. Cf. Patrick Simon, « Pour lutter contre le racisme, il ne faut pas invisibiliser la question de la "race" », *Le Monde*, 12 juin 2019.

résolution des antagonismes, tandis qu'il appelle les sociétés dominantes, maîtresses du savoir scientifique, à protéger les anciennes cultures plutôt qu'à les dévaster. L'*universel* de la pensée scientifique n'est donc jamais séparable de la *différence culturelle.*

À l'origine, le mot « race » était utilisé tantôt pour désigner une lignée familiale nobiliaire – la « race » des Atrides, des Labdacides ou des descendants d'Abraham –, tantôt, à partir du milieu du XVIIIe siècle, pour définir une prétendue sous-catégorie de l'espèce humaine, calquée sur la description du monde animal : « La race des Nègres, disait Voltaire, est une espèce d'hommes différente de la nôtre, comme la race des épagneuls l'est des lévriers », ce qui ne l'empêchait pas, au nom de la même théorie, de juger sévèrement les mœurs de son pays et de dénoncer la colonisation : « Il faut convenir surtout que les peuples du Canada et les Cafres, qu'il nous a plu d'appeler sauvages, sont infiniment supérieurs aux nôtres. Le Huron, l'Algonquin, l'Illinois, le Cafre, le Hottentot, ont l'art de fabriquer eux-mêmes tout ce dont ils ont besoin [...]. Les peuplades d'Amérique et d'Afrique sont libres, et nos sauvages n'ont pas même d'idée de la liberté[1]. »

1. Voltaire, *Essai sur les mœurs et l'esprit des nations* [1756], édition électronique de l'Université du Québec (2002), réalisée à partir de l'édition originale. – Cafre : c'est ainsi que les marchands d'esclaves arabes désignaient les autochtones des pays s'étendant du comptoir mozambicain à la région du Cap, en Afrique du Sud. On appelle « science de l'homme » l'approche naturaliste des types humains, qui s'est développée de la fin du XVIIIe siècle jusqu'à la fin du XIXe. Cf. l'excellente thèse de doctorat d'histoire des sciences et de philosophie d'Antoine Lévêque, *L'Égalité des races en science et en philosophie (1750-1885)*, université Sorbonne-Paris-Cité. Préparée à l'université Paris-Diderot, sous la direction de Justin Smith, soutenue publiquement le 27 janvier 2017.

Colonialisme et anticolonialisme

Mais à partir du milieu du XIXe siècle, avec le développement de l'anthropologie physique, sur fond de darwinisme, d'évolutionnisme et de prétendues classifications scientifiques des peuples et des cultures, le mot « race » avait connu un grand essor : c'est ce qui permit d'établir des typologies fondées, non seulement sur des critères morphologiques (la couleur de peau), mais sur des hiérarchies, certaines « races » étant jugées supérieures à d'autres en fonction de l'état de la civilisation concernée. Les peuples furent alors classés selon une échelle de valeurs : physiologiques, psychologiques, etc. D'où des distinctions parfaitement arbitraires entre les « Aryens » et les « Sémites », entre les Asiatiques, les Noirs, les Amérindiens, les Indiens, avec, au sommet de la hiérarchie, les Blancs issus des sociétés occidentales : les Européens du Nord et du Sud, et, d'une manière générale, les Occidentaux. Ce sont ces thèses racialistes, de sinistre mémoire, qui furent à l'origine de l'extermination des Juifs (dits « Sémites ») par les nazis, lesquels se désignaient comme issus de la « race supérieure » des Aryens[1].

Par la suite, après l'abolition de l'esclavage en Europe et outre-Atlantique, ces catégories dites scientifiques furent largement utilisées pour justifier la conquête coloniale mise en œuvre par les États européens. Au point que le colonialisme, en tant que doctrine et idéologie légitimant cette vaste appropriation territoriale, fut d'emblée le vecteur de ces thèses racialistes. D'où un grand paradoxe puisque c'est au nom de

1. À propos de cette question et de la genèse du couple infernal des Aryens et des Sémites inventé de toutes pièces par les philologues allemands et français, cf. Maurice Olender, *Les Langues du paradis. Aryens et Sémites : un couple providentiel*, Paris, Gallimard / Seuil, coll. « Hautes études », 1989. J'ai commenté cet ouvrage dans *Retour sur la question juive*, *op. cit.*

la Déclaration des droits de l'homme et du citoyen (1789), et donc d'un idéal républicain, qu'Ernest Renan, Jules Ferry et bien d'autres avec eux se firent les apôtres d'une ségrégation meurtrière fondée sur la « mission civilisatrice de la France » : « Autant les conquêtes entre races égales doivent être blâmées, autant la régénérescence des races inférieures ou abâtardies par les races supérieures est dans l'ordre providentiel de l'humanité. » Et encore : « Les races supérieures ont un droit vis-à-vis des races inférieures, parce qu'il y a un devoir pour elles. Elles ont le devoir de civiliser les races inférieures[1]. »

C'est au cours du combat contre ces principes que s'affirma en France un mouvement contraire à celui qui avait justifié la conquête : l'anticolonialisme. De Georges Clemenceau à Jean-Paul Sartre en passant par Claude Lévi-Strauss, Maurice Blanchot, Jacques Derrida, Pierre Bourdieu et bien d'autres encore, nombre d'intellectuels et d'hommes politiques furent les meilleurs propagandistes de la lutte contre l'antisémitisme, le racisme et le colonialisme. En 1885, s'opposant à la conquête coloniale, Clemenceau eut des mots d'une grande dureté à l'encontre de Jules Ferry : « La conquête, c'est l'abus pur et simple de la force que donne la civilisation scientifique sur les civilisations rudimentaires, pour s'approprier l'homme, le torturer, en extraire toute la force qui est en lui au profit du prétendu civilisateur. Ce n'est pas le droit, c'en est la négation[2]. » Quant à Sartre, signataire du Manifeste des 121 pour le droit à l'insoumission dans la guerre d'Algérie (1960), il eut cette répartie magistrale dans sa préface aux *Damnés de la terre* : « Fanon parle à voix haute ; nous, les Européens,

1. Ernest Renan, cité par Olivier Le Cour Grandmaison, *La République impériale. Politique et racisme d'État*, Paris, Fayard, 2009, p. 7. Et Jules Ferry, « Discours devant la Chambre des députés », 28 juillet 1885.

2. Georges Clemenceau, « Discours à la Chambre des députés », 30 juillet 1885.

nous pouvons l'entendre : la preuve en est que vous tenez ce livre entre vos mains ; ne craint-il pas que les puissances coloniales tirent profit de sa sincérité ? Non. Il ne craint rien. Nos procédés sont périmés : ils peuvent retarder parfois l'émancipation, ils ne l'arrêteront pas. Et n'imaginons pas que nous pourrons rajuster nos méthodes : le néo-colonialisme, ce rêve paresseux des métropoles, c'est du vent[1]. »

Artisan de l'abolition de l'esclavage, Victor Schœlcher[2] ne s'opposa pas à l'aventure coloniale sur les continents non européens[3]. Et pas davantage Victor Hugo. Dans son discours du 18 mai 1879, en présence et en l'honneur de Schœlcher, il justifia, de façon lyrique, la conquête coloniale en Afrique, convaincu qu'elle apporterait à l'homme noir les lumières de la civilisation européenne : « La Méditerranée est un lac de civilisation ; ce n'est certes pas pour rien que la Méditerranée a sur l'un de ses bords le vieil univers et sur l'autre l'univers ignoré, c'est-à-dire d'un côté toute la civilisation et de l'autre toute la barbarie. » En outre, il affirme que l'Afrique n'aurait pas d'histoire : « Quelle terre que cette Afrique ! L'Asie a son histoire, l'Amérique a son histoire, l'Australie elle-même a son histoire ; l'Afrique n'a pas d'histoire. Une sorte de légende vaste et obscure l'enveloppe. Rome l'a touchée, pour la supprimer [...] Au dix-neuvième siècle, le Blanc a fait du Noir un homme ; au vingtième siècle,

1. Frantz Fanon, *Les Damnés de la terre* [1961], Paris, La Découverte, 2002, p. 21.

2. Victor Schœlcher (1804-1893) : homme politique et journaliste, artisan de l'abolition définitive de l'esclavage en France par un décret signé par le gouvernement provisoire de la Deuxième République, le 27 avril 1848. Le premier décret d'abolition de l'esclavage avait été voté par la Convention le 4 février 1794, avant d'être abrogé par Napoléon Bonaparte en 1802.

3. Le principe de la colonisation est bien antérieur aux conquêtes coloniales. Sans remonter jusqu'à la colonisation de la Gaule par les Romains, on peut souligner que c'est contre « le colonialisme britannique » que l'Irlande s'est battue pour son indépendance.

l'Europe fera de l'Afrique un monde. Refaire une Afrique nouvelle, rendre la vieille Afrique maniable à la civilisation, tel est le problème. L'Europe le résoudra[1]. »

Hugo n'adhéra jamais à la thèse de la supériorité d'une race sur une autre. Rien n'est donc plus absurde, comme on le fait aujourd'hui à longueur de blogs[2], que de le traiter de raciste. Et d'ailleurs, dans son premier roman, *Bug-Jargal*, écrit à l'âge de seize ans, et remanié en 1826, il racontait la révolte des esclaves de Saint-Domingue, le 23 août 1791, au cours de laquelle les Noirs avaient réclamé des droits égaux à ceux des citoyens blancs. La veille de l'événement, un grand prêtre, Boukman, avait proféré des incantations vaudoues en buvant le sang d'un porc égorgé et en exhortant ses troupes à chasser les hommes blancs[3]. En quelques jours, sous la houlette de Georges Biassou, les rebelles avaient brûlé les plantations et massacré un millier de colons avant de se retirer dans les forêts…

En choisissant de privilégier ce premier épisode de la révolte des Noirs de Saint-Domingue, Hugo se livrait à un féroce réquisitoire contre l'esclavage[4]. Étrange récit, en vérité,

1. Victor Hugo, « Discours sur l'Afrique », *Actes et paroles*, in *Œuvres complètes*, section « Politique », Paris, Laffont, coll. « Bouquins », 2002.

2. Notamment sur le site de *Mediapart*, blog du 22 avril 2019. Périodiquement, des appels sont lancés pour arracher des plaques de rue portant le nom de Victor Hugo. Et c'est vrai qu'Aimé Césaire lui-même s'est indigné à tort, à la fin de sa vie, contre les propos de Hugo.

3. Cf. C.L.R. James, *Les Jacobins noirs. Toussaint-Louverture et la révolution de Saint-Domingue*, Paris, Éd. Amsterdam, 2017. Traduction de l'anglais par Pierre Naville, revue par Nicolas Vieillescazes, préface de Laurent Dubois.

4. Victor Hugo, *Bug-Jargal* [1826], Paris, Gallimard, coll. « Folio Classique », 2017. Pour l'histoire de cette révolte, voir Aimé Césaire, *Toussaint-Louverture*, Paris, Présence africaine, 1961. Cf. également l'excellent article de Pierre Laforgue, « *Bug-Jargal*, ou de la difficulté d'écrire en "style blanc" », *Romantisme*, n° 69, 1990, p. 29-42. L'Unesco a fixé au 23 août la journée nationale du souvenir de la traite négrière et de son abolition.

qui n'est pas sans rappeler certains de ses romans ultérieurs : *L'Homme qui rit*, *Notre-Dame de Paris* ou *Quatrevingt-treize*. Dans ce texte romantique, Hugo met en scène deux frères ennemis irréconciliables, saisis chacun par la tragédie de l'histoire : un esclave sublime (Bug-Jargal), libéré de ses chaînes et devenu le chef de la révolte des siens, et un aristocrate esclavagiste (Léopold d'Auvernay), le narrateur, aux prises avec ses blessures, accompagné d'un chien boiteux et dont la fiancée (Marie) est aimée par l'ancien esclave. Le premier, chevaleresque et attaché aux idéaux de la monarchie française, est présenté par Hugo comme l'incarnation même de la noblesse d'Ancien Régime : « Ce Nègre comme il y a peu de Blancs. » Sa « race africaine » de guerrier le rend capable d'accéder à ce qu'il y a de plus haut dans l'ordre civilisationnel. Aussi passe-t-il son temps à condamner les violences exercées par ses propres troupes contre les maîtres esclavagistes, lesquels d'ailleurs sont déchus de leur appartenance à la noblesse.

Et du coup, dans ce récit, les rebelles hugoliens s'apparentent à des chouans : ils partagent avec eux le culte du trône et l'amour des forêts. Lorsque Marie est capturée par les révoltés, d'Auvernay se lance à leur poursuite. Mais il est sauvé par Bug qui le conduit près de sa fiancée avant de se livrer lui-même aux Blancs, lesquels le conduiront au poteau d'exécution. Au milieu de ce champ de bataille, Hugo introduit la figure du mulâtre nain Habibrah, bouffon de Biassou, auquel il prête des tirades shakespeariennes : « Crois-tu donc que pour être mulâtre, nain et difforme, je ne sois pas homme ? » Inutile de dire que ce roman inouï fut accueilli par les uns comme une apologie de la « négrophilie » et par les autres comme un brûlot « négrophobe »[1].

Écrivain du peuple, de la misère et des anormaux, Hugo n'était ni Ferry, ni Clemenceau, ni Lévi-Strauss, ni Sartre,

1. Voir Léon-François Hoffmann, « Victor Hugo, les Noirs et l'esclavage », *Francofonia*, vol. 16, nº 30, 1996, p. 47-90.

ni Fanon. Mais il n'était pas dupe des insuffisances de l'abolition puisque, le 19 mai 1848, il avait dit : « La proclamation de l'abolition de l'esclavage se fit à la Guadeloupe avec solennité. Le capitaine de vaisseau Layrle, gouverneur de la colonie, lut le décret de l'Assemblée du haut d'une estrade élevée au milieu de la place publique et entourée d'une foule immense. C'était par le plus beau soleil du monde. Au moment où le gouverneur proclamait l'égalité de la race blanche, de la race mulâtre et de la race noire, il n'y avait sur l'estrade que trois hommes, représentant pour ainsi dire les trois races : un blanc, le gouverneur ; un mulâtre qui lui tenait le parasol ; et un nègre qui lui portait son chapeau[1]. »

Au lendemain de la Seconde Guerre mondiale, la décolonisation des anciens territoires occupés s'annonça comme un événement inéluctable pour tous les pays impériaux. Ainsi le terme de « colonialisme », corollaire de celui de « racisme », commença-t-il à être combattu, non seulement par les peuples occidentaux opposés à l'oppression coloniale, mais aussi par les peuples colonisés aspirant à l'émancipation. Dans leur lutte, ceux-ci se réclamèrent à leur tour des Lumières et de la Déclaration des droits de l'homme et du citoyen. Dès lors, toutes les théories racialistes furent contestées, autant par les peuples en révolte contre la domination coloniale que par les représentants des sciences humaines formés dans les meilleures universités européennes et nord-américaines, qui abandonnèrent progressivement les anciennes classifications fondées sur la notion dite « naturelle » de race : « C'est à l'époque de la dénaturalisation de la science de l'homme, vers 1950, que l'anthropologie et l'ethnologie abandonnèrent le paradigme racialiste sous l'influence de la volonté politique

1. Victor Hugo, *Choses vues*, « sur l'égalité des races », Paris, Gallimard, coll. « Quarto », 2002.

de la communauté internationale[1]. » L'intitulé « sciences humaines » se substitua à l'ancienne « science humaine », tandis que les disciplines concernées – anthropologie, sociologie, etc. – se convertirent à l'idée que seule la culture permet de distinguer les sociétés. En conséquence, les théories racialistes devaient être bannies de toutes les études savantes.

C'est dans ce contexte que la contribution de Lévi-Strauss en faveur de la liquidation de la notion de race fut reçue comme un puissant appel à l'anticolonialisme, d'autant que le processus de décolonisation était déjà amorcé un peu partout dans le monde : sur le continent asiatique, aussi bien en Inde que dans l'ancienne Indochine, sur le continent africain et dans les pays du Maghreb.

Nègre je suis

Admirable poète et militant politique, Aimé Césaire avait forgé, vers 1934, avec son ami Léopold Sédar Senghor, le concept de négritude. Le premier était né aux Antilles, le second au Sénégal, et tous deux avaient poursuivi de brillantes études au lycée Louis-le-Grand. Aussi étaient-ils l'incarnation de ce que l'école républicaine française produisait de meilleur. Ils eurent un destin différent : Césaire, militant communiste jusqu'en 1956, deviendra maire de Fort-de-France, tandis que Senghor sera ministre sous un gouvernement gaulliste puis premier président du Sénégal indépendant de 1960 à 1980, et enfin élu à l'Académie française trois ans plus tard. Ensemble, ils auront participé à la création, en 1947, de la revue *Présence africaine* fondée par Alioune Diop, puis à la naissance d'une maison d'édition du même nom, et enfin

1. Cf. A. Lévêque, *L'Égalité des races en science et en philosophie*, *op. cit.*, p. 45.

au premier Congrès des écrivains et artistes noirs qui se tiendra à Paris, à la Sorbonne, en 1956.

En aucun cas la négritude ne renvoyait à leurs yeux à une assignation identitaire. En outre, l'emploi du mot « Nègre » – en lieu et place de « Noir » – était une manière d'inverser les stigmates en anoblissant un terme issu du discours raciste : « Puisque le mot Nègre définissait, sans qu'il fût besoin d'en dire plus, l'être noir aux yeux des Blancs, les Noirs le volèrent aux Blancs pour en contester le sens [...] Puisqu'on avait honte du mot Nègre, eh bien nous avons repris le mot Nègre[1]. »

Quant à la revue, elle était ouverte à tous les écrivains anticolonialistes, à commencer par Sartre, André Breton et les surréalistes. Pour Senghor, la négritude se définissait de façon positive, comme l'ensemble des valeurs culturelles, économiques, politiques, artistiques des peuples d'Afrique, des minorités noires d'Amérique, d'Asie, d'Europe et d'Océanie, qu'ils soient ou non des « sang-mêlé ». L'idée même de l'existence d'une « race pure » était exclue de la notion de négritude. Senghor valorisait l'idée qu'il fallait s'assimiler à une civilisation universelle si l'on voulait éviter d'être assimilé de force à une culture dominante. Et c'est par la langue française – celle donc du colonisateur – que la négritude pourrait devenir une culture nègre dotée de ses particularités et de son « métissage » propres. Les Occidentaux, dira-t-il en substance, tout comme l'homme nègre, apportent leur culture en partage, en participant à un universalisme. D'où cette affirmation saisissante : « L'émotion est nègre comme la raison est hellène[2]. »

1. René Depestre, « Itinéraire d'un langage de l'Afrique à la Caraïbe. Entretien avec Aimé Césaire », *Europe*, nº 612, 1980, p. 8-19.

2. Léopold Sédar Senghor, *Liberté*, t. I : *Négritude et humanisme*, Paris, Seuil, 1964, p. 202. Senghor sera attaqué de toutes parts pour avoir énoncé cette proposition, et notamment par Abdoulaye Wade, président de la république du Sénégal de 2000 à 2012. Wole Soyinka se

Quant à Césaire, il voyait dans la négritude un acte de négativité et non pas d'affirmation : rejet d'une image abjecte du Noir – façon Banania – fabriquée par la colonisation, refus aussi de l'assimilation qui faisait du Nègre une sorte de valet des Blancs, et enfin récusation absolue de toute forme de racisme antiblanc. En bref, la négritude – énoncée d'abord en langue française – visait, selon lui, à faire émerger une culture commune à tous les peuples victimes de ségrégation en raison de leur couleur de peau, qu'ils fussent les descendants de la traite négrière ou les héritiers noirs des empires coloniaux. La négritude selon Césaire se définissait ainsi comme un cri de douleur et de révolte surgi des cales obscures d'un navire esclavagiste. Mais elle ne devait en aucun cas se couper de la culture universelle, ni renoncer au latin, au grec, à Shakespeare, aux romantiques, etc. C'est pourquoi il récusait l'idée d'une culture métisse propre aux Antillais ou au monde caraïbe, ce qui ne signifie pas qu'il méprisait les métis, mais au contraire qu'il les incluait dans la grande histoire culturelle de la négritude.

À ses yeux, en effet, la culture métisse était d'abord d'ascendance africaine, dans la mesure où aucune culture ne peut être le résultat d'une juxtaposition de traits culturels. En ce sens, le concept césairien de négritude n'a aucune pertinence anthropologique et ne propose aucune perspective ontologique. Loin de désigner une couleur de peau, il renvoie à la nécessité d'une révolte propulsée par une langue fondamentale : celle des « Nègres littéraires » – ou Nègres de langage – accédant à cette part de l'universalité humaine dont ils ont été privés par l'esclavagisme, le racisme, la ségrégation,

---

moquera du mot : « Le tigre ne proclame pas sa tigritude, il bondit sur sa proie et la dévore », ce à quoi Léopold Sédar Senghor répondra : « Le zèbre ne peut se défaire de ses zébrures sans cesser d'être zèbre, de même que le Nègre ne peut se défaire de sa négritude sans cesser d'être nègre. »

la colonisation[1]. La négritude a donc une dimension mémorielle : elle se rattache à un récit des origines.

De son côté, Sartre, rédacteur en 1948 d'une longue préface à l'*Anthologie de la nouvelle poésie nègre et malgache*, ne se contentait pas de soutenir le combat en faveur de la négritude, il affirmait aussi que la poésie noire de langue française était la seule de son époque à pouvoir se dire révolutionnaire[2]. Il évoquait un « moment explosif », la densité des mots ressemblant à un jet de pierres expulsé d'un volcan et dirigé contre l'Europe et la colonisation.

Loin de toute compassion, Sartre comparait l'expérience vécue de la colonisation à celle, existentielle, de la période de l'Occupation, en rappelant que c'est au cœur même de la plus grande humiliation, et face à la cruauté de l'ennemi, que l'on conçoit ce que peut être la liberté : « Nous étions au bord de la connaissance la plus profonde que l'homme peut avoir de lui-même. Car le secret d'un homme, ce n'est pas son complexe d'Œdipe ou d'infériorité, c'est la limite même de sa liberté, c'est son pouvoir de résistance aux supplices et à la mort[3]. »

Aussi bien comparait-il le destin du Nègre à celui d'Orphée recherchant la femme aimée jusqu'au fond des enfers, et la négritude à un grand poème orphique : « La négritude, écrivait-il, c'est ce tam-tam lointain dans les rues nocturnes de Dakar, ce sont les cris vaudous sortis d'un soupirail haïtien, [...] mais c'est aussi ce poème de Césaire, baveux, sanglant,

1. Laurence Proteau, « Entre poétique et politique. Aimé Césaire et la "négritude" », *Sociétés contemporaines*, nº 44, décembre 2001, Presses de Sciences Po, p. 15-39.

2. Jean-Paul Sartre, « Orphée noir », préface à *Anthologie de la nouvelle poésie nègre et malgache de langue française*, textes réunis par Léopold Sédar Senghor, Paris, PUF, 1948. Repris dans *Situations III* [1949], Paris, Gallimard, 2013.

3. J.-P. Sartre, « La République du silence » [1944], in *Situations III*, *ibid.*

plein de glaires, qui se tord dans la poussière comme un ver coupé. » Enfin, il récusait la notion de race en affirmant qu'elle n'était qu'une couleur de peau à laquelle le Nègre ne pouvait jamais échapper, à la différence du Juif, pourtant aussi humilié que lui : « Puisqu'on l'opprime dans sa race et à cause d'elle, c'est d'abord de sa race qu'il lui faut prendre conscience [...] Or, il n'est pas ici d'échappatoire, ni de tricherie, ni de "passage de ligne" qu'il puisse envisager : un Juif, blanc parmi les Blancs, peut nier qu'il soit juif et se déclarer un homme parmi les hommes. Le Nègre ne peut nier qu'il soit nègre, ni réclamer pour lui cette abstraite humanité incolore : il est noir. Ainsi est-il acculé à l'authenticité : insulté, asservi, il se redresse, il ramasse le mot de "nègre" qu'on lui a jeté comme une pierre, il se revendique comme noir, en face du Blanc, dans la fierté[1]. » Enfin, Sartre considérait la négritude comme un moment dialectique récusant l'hypothèse de la supériorité du Blanc et conduisant à la société sans races. Et il ajoutait que l'unité finale réunissant tous les opprimés dans le même combat devait être précédée, aux colonies, par « ce que je nommerai le moment de la séparation ou de la négativité : ce racisme antiraciste est le seul chemin qui puisse mener à l'abolition des différences de race[2] ».

À son tour, dans son célèbre *Discours sur le colonialisme* (1950 et 1955), Césaire s'en prenait violemment à la barbarie coloniale en soutenant Lévi-Strauss contre Caillois et en reprenant l'idée selon laquelle le nazisme – théorie de la supériorité de la prétendue « race aryenne » – n'avait fait que répéter, contre les Européens, le crime que ceux-ci avaient

1. « Orphée noir », *ibid.* C'est le même mouvement d'inversion des stigmates qui a conduit les homosexuels à se revendiquer comme *gays* (joyeux) puis les « trans » comme *queers* (louches). Voir également Ozouf S. Amedegnato et Ibrahim Ouattara, « "Orphée noir" de Jean-Paul Sartre : une lecture programmatique de la négritude », *Revue d'études africaines*, avril 2019, p. 23-50.

2. « Orphée noir », *ibid.*, p. 301-302.

infligé aux colonisés, jugés racialement inférieurs : « Oui, disait-il, il vaudrait la peine d'étudier, cliniquement, dans le détail, les démarches d'Hitler et de l'hitlérisme et de révéler au très distingué, très humaniste, très chrétien bourgeois du XXe siècle qu'il porte en lui un Hitler qui s'ignore, qu'Hitler l'habite, qu'Hitler est son démon, que s'il le vitupère, c'est par manque de logique, et qu'au fond, ce qu'il ne pardonne pas à Hitler, ce n'est pas le crime en soi, le crime contre l'homme, ce n'est pas l'humiliation de l'homme en soi, c'est le crime contre l'homme blanc, c'est l'humiliation de l'homme blanc, et d'avoir appliqué à l'Europe des procédés colonialistes dont ne relevaient jusqu'ici que les Arabes d'Algérie, les coolies de l'Inde et les Nègres d'Afrique. » Et Césaire d'affirmer qu'aucune puissance occidentale n'était parvenue à résoudre les deux problèmes majeurs auxquels son existence même avait donné naissance : « le problème du prolétariat et le problème colonial[1] ».

En inscrivant de cette manière l'histoire de l'extermination des Juifs à l'intérieur de celle de la domination coloniale, issue elle-même de l'esclavagisme, Césaire, comme Lévi-Strauss, donnait un contenu logique et historique au long processus du colonialisme. Et du coup, il faisait de l'anticolonialisme un combat aussi important que celui qui était mené contre l'antisémitisme. Mais pour autant, il ne considérait pas le colonialisme comme une entreprise génocidaire semblable à celle du nazisme : les crimes perpétrés par le colonialisme ne visaient pas à exterminer des populations jugées inférieures mais à les exploiter en réprimant, par le sang, toute tentative d'insurrection. Il n'y eut dans le colonialisme ni entreprise

1. Aimé Césaire, *Discours sur le colonialisme* [1950 et 1955], suivi de *Discours sur la négritude* [1987], Paris, Présence africaine, 2018, p. 13-14. Une première version est parue en 1950, préfacée par Jacques Duclos, et une deuxième en 1955, avec des ajouts à propos de la conférence de Lévi-Strauss.

concertée d'extermination ni projet génocidaire sciemment mené à son terme.

Comme le soulignera Pierre Vidal-Naquet, anticolonialiste de la première heure, « assimiler peu ou prou le système colonial à une anticipation du IIIe Reich [...] est une entreprise idéologique frauduleuse [...] Ou alors, si les massacres coloniaux annoncent le nazisme, on ne voit pas pourquoi la répression sanglante de la révolte de Spartacus ou encore la Saint-Barthélemy ne l'auraient pas tout autant annoncé[1] ». Césaire ne soutint jamais de telles dérives pour la bonne raison que le combat qu'il menait avec les anticolonialistes visait d'abord à défaire l'idée de la prétendue infériorité des peuples colonisés, tout en affirmant que c'était au nom des mêmes théories racialistes que le crime colonial et le génocide des Juifs d'Europe avaient été perpétrés : les victimes avaient donc en commun, disait-il, une même histoire mémorielle.

Ce discours était d'autant plus fort qu'en mars 1946, élu jeune député, Césaire avait porté la loi sur la départementalisation des quatre « vieilles colonies » – Guadeloupe, Guyane, Martinique, Réunion –, étape fondamentale du processus de démantèlement de l'empire colonial français dont Charles de Gaulle, président du Comité français de la libération nationale, avait signé l'arrêt de mort dans son fameux discours de Brazzaville le 30 janvier 1944. Puisque l'Europe était en train de se libérer du joug du nazisme, il était temps désormais de libérer l'Europe et la France du fardeau du colonialisme : « Il n'y a pas une population, il n'y a pas un homme, dans le monde, qui, aujourd'hui, ne lève la tête, ne regarde au-delà du jour et n'interroge son destin. Parmi les puissances impériales, aucune puissance impériale plus que la France ne peut sentir cet appel-là. Aucune ne sent la nécessité de s'inspirer

1. Gilbert Meynier et Pierre Vidal-Naquet, compte rendu de l'ouvrage d'Olivier Le Cour Grandmaison, *Coloniser, exterminer. Sur la guerre et l'État colonial* (Paris, Fayard, 2005), in *Études coloniales*, 10 mai 2006.

plus profondément des leçons des événements pour engager, sur les chemins des temps nouveaux, les soixante millions d'hommes qui sont liés au sort de ces quarante-deux millions d'enfants. Aucune puissance, dis-je, plus que la France elle-même[1]. » Que de Gaulle ait compris à cette date que le colonialisme serait un jour vaincu ne résolvait pas la question essentielle : privé de cet empire colonial sur lequel elle s'était appuyée pour vaincre le nazisme, la France ne serait plus en mesure de conserver, dans le monde de demain, son statut de grande puissance économique, culturelle et politique.

Après 1945, en tout cas, aucune guerre coloniale ne serait plus jamais gagnée par les puissances occidentales. Si la perte de certaines colonies n'entraînait pas nécessairement la perte des autres, le désir de les conserver conduisit généralement, soit à un transfert de puissance, comme ce fut le cas pour la Grande-Bretagne qui, après avoir accordé son indépendance à l'Inde, n'eut de cesse que d'accroître son influence au Moyen-Orient, soit à un acharnement qui ne servirait à rien. Ainsi, après avoir été vaincue militairement en Indochine, à Diên Biên Phu, en mai 1954, la France voulut conserver l'Algérie au prix d'une guerre inutile, qui dura huit ans. Elle fut contrainte également de se séparer de toutes ses colonies africaines puis de recentrer sa politique sur la construction de l'Europe, tandis que les États-Unis prenaient le relais des anciennes politiques impériales pour s'enliser en Corée puis au Vietnam sans jamais venir à bout des régimes communistes, qui s'effondrèrent d'eux-mêmes à partir des années 1980[2].

Césaire savait que la départementalisation ne mettrait pas fin à la domination coloniale et qu'il ne suffisait pas de dissoudre le statut colonial pour reconnaître « l'altérité culturelle » des

1. Archives de l'INA.

2. Robert Gildea, *L'Esprit impérial. Passé colonial et politiques du présent* [2019], Paris, Éd. Passés composés, 2020, p. 111.

anciens colonisés, puisque celle-ci n'avait pas lieu d'être selon le principe de l'assimilation si cher à l'universalisme républicain. Et il pensait, à juste titre, qu'elle servait bien plus les avantages d'un néo-colonialisme français[1] que les intérêts des anciens colonisés. Ceux-là, Césaire voulait les enrôler sous la bannière de la négritude : « Nègre je suis, nègre je resterai », dira-t-il, en ajoutant qu'il se regardait comme un « Nègre fondamental[2] ». Mais il était conscient que la négritude n'aurait qu'un temps, qu'elle était liée au fait que « les Nègres », peuple vaincu et humilié, devaient désormais entrer à part entière dans les rangs des nations dites « civilisées ». Aussi bien savait-il que l'autonomie serait ultérieurement la seule voie susceptible d'apporter aux anciens colonisés la reconnaissance de leurs traditions culturelles. Cette autonomie déboucherait enfin sur la lutte en faveur de l'indépendance. Césaire le pensait aussi, mais il n'empêche qu'il soutenait la départementalisation. Et, en 1975, critiquant le dépeuplement de la Martinique sous l'effet du besoin de main-d'œuvre en France métropolitaine, et donc l'arrivée, en contrepartie, d'un nombre important de nouveaux colons, il dira : « Je redoute autant la recolonisation sournoise que le génocide rampant[3]. » Cette phrase lui sera reprochée maintes fois pour son prétendu « racisme ». Critique contestable, même si la formulation était maladroite : Césaire cherchait à attirer l'attention sur les méfaits d'un néo-colonialisme qui menaçait de dépeupler la Martinique de sa population martiniquaise.

En 1948, lors de la célébration du Centenaire de l'abolition de l'esclavage, Césaire avait rendu un vibrant hommage à Victor Schœlcher, soulignant que le décret de 1848 avait

1. Notamment celui des grandes familles békés (blancs créoles), détentrices des principales richesses des Antilles.

2. Aimé Césaire, *Nègre je suis, nègre je resterai. Entretiens avec Françoise Vergès*, Paris, Albin Michel, coll. « Itinéraires du savoir », 2005, p. 27.

3. Discours devant l'Assemblée nationale, 3 novembre 1977.

permis l'intégration du « Nègre » dans l'espèce humaine[1]. Jusqu'à cette date, en effet, celui-ci avait été assimilé à une bête de somme, à un bien meuble, à un non-sujet[2]. Mais, disait-il aussi, cela ne suffit pas. Et Césaire d'insister sur le fait qu'il ne fallait pas oublier le combat mené par les esclaves eux-mêmes contre leur propre servitude. Façon de rappeler que l'abolition n'avait pas seulement été octroyée par un homme des Lumières dévoué à la République, mais qu'elle avait été conquise aussi par les victimes de l'esclavage[3].

1. Cf. *Textes sur la commémoration du Centenaire de l'abolition de l'esclavage*, 27 avril 1948, prononcés à la Sorbonne. Césaire a rendu plusieurs fois hommage à Schœlcher, qu'il qualifiait de grand initiateur du discours de Brazzaville.

2. Promulgué par Louis XIV en 1685, après la mort de Jean-Baptiste Colbert (1619-1683) qui en était l'un des initiateurs, le Code noir définissait en soixante articles les règles de gestion des esclaves par les maîtres. Il était la conséquence d'une politique menée par Henri IV et Richelieu dans un monde dominé par l'esclavagisme. Les esclaves étaient définis comme des « êtres meubles » privés de tout droit, propriété de leurs maîtres qui devaient toutefois les baptiser, les instruire, les marier et les enterrer dans la religion catholique et les nourrir. Aucun mariage n'était toléré sans l'autorisation du maître, lequel ne devait pas marier un esclave sous la contrainte. Plusieurs articles du Code noir étaient consacrés au concubinage et au mariage entre maîtres et esclaves. Ainsi, au cœur du Code noir gisait une contradiction entre le fait de regarder un être humain comme un bien meuble et d'être obligé de le baptiser, de l'instruire ou de le marier. En cas de révolte, l'esclave subissait les pires tortures : coups de fouet, amputation de membres, décapitation, etc. Dans l'article premier figure aussi cette mention : « Enjoignons à tous nos officiers de chasser de nos îles tous les Juifs qui y ont établi leur résidence. »

3. Tous les peuples ont pratiqué l'esclavagisme, y compris les Africains et le monde arabo-islamique, et les trois grandes religions monothéistes en ont été les complices actives. Mais ce sont les « traites négrières » qui caractérisent la forme la plus massive de l'esclavagisme triangulaire (Europe, Afrique, Amérique). Quant à l'idée de l'abolition, elle a toujours existé. Mais c'est au XVIIIe siècle que le projet abolitionniste devint un courant idéologique dans les sociétés occidentales. La première abolition de l'esclavage des Noirs dans toutes les colonies françaises a été votée par la Convention le 4 février 1794.

Dans son *Discours sur le colonialisme*, Césaire change de ton pour dénoncer avec vigueur les destructions commises par tous les colonisateurs : les civilisations aztèques et incas anéanties, les économies traditionnelles éradiquées, les « nations nègres » massacrées, les rites et les cultures des Éthiopiens, des Bantous et des Malgaches rabaissés, etc. L'heure était au combat et au soutien aux peuples réunis à la grande conférence de Bandung, en Indonésie, en 1955. C'est à cette occasion que le « tiers monde[1] » fit son entrée sur la scène politique internationale, avec comme programme la condamnation de l'impérialisme, de l'apartheid et du colonialisme sous toutes leurs formes. S'y ajoutait une critique sévère de la politique coloniale de l'État d'Israël, qui privait les Palestiniens de leur terre d'origine.

Écrire vers l'Algérie

Très différent de Césaire, dont il avait été l'élève au lycée Schœlcher, Frantz Fanon, psychiatre d'origine martiniquaise, fut, lui aussi, l'un des grands artisans de l'engagement anticolonialiste. Né en 1925 à Fort-de-France, d'une mère alsacienne et d'un père travaillant pour l'administration coloniale, il était donc l'enfant d'un couple « sang-mêlé », marqué, disait-il, par le fait qu'il était le plus noir des huit enfants de sa famille. Hostile à la politique du maréchal Pétain, il rallia les Forces françaises libres de la région caraïbe. À l'âge de dix-neuf ans, il intégra l'Armée française de la Libération pour découvrir que le racisme était présent au sein de la

1. « Tiers monde » : terme inventé par Alfred Sauvy en 1952, en référence au tiers état, pour désigner les pays les plus défavorisés de la planète et qui n'appartenaient ni au monde occidental capitaliste développé, ni au bloc soviétique. Jugé dévalorisant, le terme a été remplacé par « pays en voie de développement ».

France résistante et antinazie. Par un curieux hasard, envoyé en Algérie, il fut décoré de la croix de guerre par le général Raoul Salan commandant en chef du 6e régiment des tirailleurs sénégalais.

En 1947, il entreprit des études de psychiatrie et rédigea alors un livre magistral, *Peaux noirs, masques blancs*[1], qui deviendra un classique, non seulement de l'anticolonialisme, mais aussi de l'histoire de l'approche psychanalytique des relations entre le colon et le colonisé. Dans cet ouvrage, il mobilisait à la fois la dialectique hégélienne, la phénoménologie sartrienne et la théorie lacanienne du stade du miroir pour analyser la situation du colonisé. Il soulignait que le Noir n'avait pas accès à la lutte pour la reconnaissance, laquelle suppose que l'on soit déjà blanc. Et du coup, il remarquait que le Noir veut être blanc, d'où son aliénation, et que l'Antillais, métis, se veut plus blanc que le Noir et donc plus près du Blanc qui le méprise et dont il cherche à se rapprocher. Mais plus encore, disait-il, le Noir a du mal à accéder à une identité, c'est-à-dire à une reconnaissance de soi, car l'Autre serait pour lui une instance blanche[2]. Et Fanon d'affirmer qu'il existerait une spécificité – ou hallucination spéculaire – qui conduirait à ce qu'un Noir ne sache pas de quelle couleur il est ; chez les Antillais, par exemple, à la question : « De quelle couleur es-tu ? », on obtenait la réponse : « Je suis sans couleur. » Et cela renvoyait, en symétrie, à l'évidence du discours raciste : « Maman, regarde, un Noir, j'ai peur ! » dit une fillette en croisant un Noir dans la rue[3]. Fanon bros-

1. Frantz Fanon, *Peau noire, masques blancs*, Paris, Seuil, 1952.

2. Cf. Jacques Lacan, « Le stade du miroir comme formateur de la fonction du Je telle qu'elle nous est révélée dans l'expérience psychanalytique » [1949], in *Écrits*, Paris, Seuil, 1966.

3. On pense ici à la remarque de Jean Genet, en exergue de sa pièce *Les Nègres* [1958] : « Mais qu'est-ce que c'est donc un Noir ? Et d'abord, c'est de quelle couleur ? » Il est discutable de voir en Fanon une sorte de Lacan structuraliste avant la lettre, comme le suggèrent des lacaniens

sait ainsi le portrait du colonisé, non pas en termes psychologiques ou comportementaux, mais de façon à mettre en relief l'histoire d'un devenir : celui du colonisé habité par la haine de soi. Et il en déduisait que l'homme noir ne pouvait s'émanciper de son aliénation que par une révolte qui le conduirait à accéder à une conscience de soi, seule façon de s'extraire de toute assignation identitaire fondée sur la race. Tel était le nouvel humanisme prôné par Fanon : la réintégration des peuples colonisés dans l'humanisme universel, un humanisme qui tiendrait compte des différences en humanisant l'humain dans toutes ses variantes. En conséquence, le Noir n'aurait plus besoin de porter un masque blanc pour camoufler une identité qui ne serait jamais la sienne.

L'ouvrage de Fanon était aussi une réponse cinglante au livre d'Octave Mannoni, *Psychologie de la colonisation*[1], paru en 1950, et qui se présentait comme une interprétation psychanalytique de la situation coloniale, la première du genre[2]. Né à Lamotte-Beuvron en 1899, l'auteur était le fils d'un directeur de colonie pénitentiaire. Après des études de lettres, il était devenu un pur représentant de la République impériale

---

postcoloniaux inspirés par Homi Bhabha dans sa préface à l'édition anglaise du livre de Fanon [1986], repris dans *Les Lieux de la culture. Une théorie postcoloniale* [1994], Paris, Payot, coll. « Petite Biblio Payot Essais », 2007. À cette date, Fanon donnait une lecture phénoménologique de la théorie de Lacan, lequel n'était pas encore structuraliste.

1. Octave Mannoni, *Prospéro et Caliban. Psychologie de la colonisation* [1950], Paris, Éd. universitaires, 1984, suivi de « The Decolonization of Myself » (p. 207-215). Ce livre a été réédité deux fois en français avec des préfaces différentes. Et publié deux fois en anglais (1956, 1964) avec des commentaires et des introductions nouvelles. Jamais un livre de ce genre n'aura suscité autant de controverses et de rééditions.

2. Dans cet essai, je ne traite ni la question des relations entre la psychanalyse et l'anthropologie, depuis la publication de *Totem et tabou*, ni celle de la genèse de l'ethnopsychiatrie et de l'ethnopsychanalyse. À ce sujet, voir la préface que j'ai rédigée pour la réédition du livre de Georges Devereux, *Psychothérapie d'un Indien des Plaines*, Paris, Fayard, 1998.

en occupant un poste de fonctionnaire, d'abord à la Réunion, puis à Tananarive. Anticolonialiste de la première heure, il resta dix-huit ans à Madagascar, de 1931 à 1949, en menant une double vie : administrateur colonial le jour, poète, écrivain et anticolonialiste la nuit. Lors d'un retour en France, en novembre 1945, il s'orienta vers la psychanalyse en recevant sa formation sur le divan de Jacques Lacan. Trois ans plus tard, il épousa une jeune psychanalyste belge, élève de Françoise Dolto. Sous le nom de Maud Mannoni, celle-ci deviendrait l'une des grandes figures de l'école psychanalytique française, proche des antipsychiatres anglais, mais aussi une ardente militante de la cause anticolonialiste, signataire du Manifeste des 121.

Dans son livre, Mannoni s'inspirait des trois personnages de *La Tempête* de Shakespeare – Prospero, le maître, Ariel, le valet, Caliban, le sauvage difforme – pour tenter de différencier la personnalité malgache de la personnalité coloniale européenne. Selon lui, la première serait caractérisée par un complexe de dépendance et une attitude de soumission envers un système religieux hiérarchique dans lequel les morts regroupés en une instance morale – un surmoi – détermineraient la conduite des vivants. Au contraire, la seconde se singulariserait par son individualisme et son émancipation à l'égard des coutumes et des religions. Aussi bien la colonisation aurait-elle tissé des liens entre ces deux systèmes de pensée, impossibles à réunir, mais elle aurait eu pour effet de créer chez les Malgaches un malaise : ils regarderaient le colonisateur blanc comme l'équivalent de l'ancêtre mort auquel ils demanderaient protection et sérénité. Mannoni affirmait que l'Européen blanc aurait tiré parti de ce complexe pour en déduire la thèse de l'infériorité du Noir. D'où cette sentence : « Le Nègre, c'est la peur que le Blanc a de lui-même. » Et Mannoni faisait de ce complexe de dépendance la conséquence d'un complexe d'Œdipe spécifiquement malgache : l'enfant malgache, ne pouvant se révolter contre le père puisque le pouvoir est incarné par l'ancêtre mort, aurait occupé d'emblée la position de soumission réclamée par un colonisateur soucieux de lui imposer sa volonté de puissance.

Avec de tels arguments, cet ouvrage – qui ne devait rien à l'insurrection des Malgaches (1947) contre l'oppression coloniale[1] – ne pouvait que blesser les partisans de la lutte anticoloniale, d'une part à cause de son psychologisme, qui laissait entendre que la situation coloniale dépendait d'une structure préétablie, et, de l'autre, parce qu'il réduisait à une théâtralité perverse la lutte à mort entre le bourreau et la victime. Césaire avait déjà méchamment éreinté l'ouvrage en traitant Mannoni de petit psychologue ayant trouvé dans la psychanalyse les moyens de justifier le colonialisme à coups d'arguments éculés, et voilà que maintenant Fanon, meilleur lecteur à cette époque de l'œuvre lacanienne que celui-là même qui fréquentait le divan du maître, le réduisait en cendres en lui reprochant un œdipianisme incompatible avec l'analyse de la subjectivité du colonisé.

À vrai dire, ces deux attaques étaient injustes et beaucoup trop virulentes. Malgré le soutien que lui apporta Francis Jeanson, Mannoni, collaborateur des *Temps modernes*, fut meurtri par ces critiques au point de renier son livre et de se prendre lui-même en effet pour le colonialiste qu'il n'avait jamais été. Au fil des années et des rééditions, l'ouvrage devint un classique dans le monde anglophone, précisément parce que, sous l'effet de son psychologisme, il finirait par être lu comme une contribution à la politique des identités – au point d'être annexé par les tenants des études postcoloniales et décoloniales[2].

1. Le soulèvement des Malgaches, accompagné de massacres de colons français, fut réprimé dans le sang par l'armée française.

2. Parmi les dizaines d'articles consacrés à ce livre, je renvoie à celui, très documenté, de François Vatin, « Octave Mannoni (1899-1989) et sa psychologie de la colonisation. Contextualisation et décontextualisation », *Revue du Mauss*, vol. 37, nº 1, 2011, p. 137-178.

Lorsque j'ai moi-même commencé mon analyse avec Octave Mannoni, en janvier 1972, six ans après mon retour d'Algérie, je lui parlai spontanément de ce livre devenu introuvable et dont j'avais connu l'existence par la lecture de celui de Fanon. Il refusa de m'en prêter un exemplaire. Il portait un jugement négatif sur ce livre et souscrivait avec une jouissance infinie à l'attaque de Fanon. Il fit alors allusion à un texte autocritique rédigé en 1966, « The Decolonization of Myself », dans lequel, devenu lacanien, il récusait sa position antérieure de « psychologue de la colonisation ». Et il me dit qu'il ne devait pas sa « décolonisation de lui-même » à son analyse mais au traumatisme consécutif à la lecture du livre de Fanon. Et il ajouta aussitôt qu'être un « Blanc chez les Nègres, c'est comme être un analyste chez les Blancs[1] ». Jamais il ne se remit de cette expérience qui l'avait dépossédé de sa double identité : être à la fois un administrateur colonial et un anticolonialiste. Et pourtant, c'est par un cheminement dialectique avec le texte de Fanon qu'il avait pu se « décoloniser » de la psychologie. Quant à Fanon, on sait désormais que le livre de Mannoni lui permit d'élaborer une « contre-psychologie » qui le mènerait à une nouvelle approche psychiatrique des troubles identitaires propres à la colonisation. Les deux textes sont ainsi réunis sous une même étoile.

En 1952, après la publication de *Peau noire, masques blancs*, Fanon croisa l'aventure de la psychothérapie institutionnelle en séjournant à l'hôpital de Saint-Alban auprès de François Tosquelles. C'est en ce lieu devenu mythique qu'avait été élaborée, sous l'occupation nazie, une nouvelle thérapeutique de la folie visant à transformer les relations entre les médecins et les aliénés dans le sens d'une

1. Cf. Élisabeth Roudinesco, « La décolonisation de soi : un souvenir d'analyse », *in* Anny Combrichon (dir.), *Psychanalyse et décolonisation. Hommage à Octave Mannoni*, Paris, L'Harmattan, 1999, p. 97-106.

plus grande autonomie accordée à la vie communautaire. À Saint-Alban s'étaient retrouvés, pêle-mêle, des militants communistes ou anarchistes, des résistants, des fous, des intellectuels de passage qui, tous, rêvaient d'une liberté retrouvée. Fort de cette expérience majeure, Fanon mit en œuvre une réforme radicale de l'institution asilaire quand, en 1953, il fut nommé médecin chef de l'hôpital psychiatrique de Blida, en Algérie. Il élabora alors les principes d'une social-thérapie, appuyée sur ce qu'il avait énoncé dans *Peau noire, masques blancs*, fondée sur l'approche organique et psychique du malade. Manière de s'opposer radicalement à la psychiatrie coloniale ségrégationniste et racialiste, qui regardait les « indigènes » comme des êtres pulsionnels, primitifs et infantiles, dénués de toute humanité et incapables d'accéder à la moindre rationalité.

Grand organisateur de l'institution psychiatrique en Algérie, Antoine Porot rappelait ainsi les caractéristiques de l'indigène dit « nord-africain et musulman » : « Pas d'émotivité, crédule et suggestible à l'extrême, entêtement tenace, puérilisme mental moins l'esprit curieux de l'enfant occidental, facilité des accidents et des réactions pithiatiques[1] », ou encore : « Les indigènes forment un bloc informe de primitifs profondément ignorants et crédules pour la plupart [...]

1. Figure majeure de l'école d'Alger, Antoine Porot (1876-1965) fondait son approche psychiatrique sur la théorie raciste du « primitivisme ». Cf. Frantz Fanon, *Écrits sur l'aliénation et la liberté*, textes réunis, introduits et présentés par Jean Khalfa et Robert Young, Paris, La Découverte, 2015, p. 343. Cette psychiatrie coloniale était conforme au code de l'indigénat, qui distinguait deux catégories de citoyens : les citoyens français (de souche métropolitaine) et les sujets français privés de la majeure partie de leurs libertés et de leurs droits politiques. Ils ne conservaient au plan civil que leur statut personnel, d'origine religieuse ou coutumière. Cf. Gilles Manceron, *Marianne et les colonies. Une introduction à l'histoire coloniale de la France*, Paris, La Découverte, 2003.

Hâbleur, menteur, voleur et fainéant, le nord-africain musulman se définit comme un débile hystérique, sujet, de surcroît, à des impulsions homicides imprévisibles[1]. »

Après le déclenchement de la guerre, Fanon s'engagea résolument dans les rangs du FLN. Il quitta l'hôpital de Blida, puis créa à Tunis, sous un faux nom, le Centre psychiatrique de jour de l'hôpital Charles-Nicolle. Toujours poursuivi par la police française et victime de tentatives d'assassinat, il fit ensuite la connaissance de Sartre qui soutenait tous les mouvements anticolonialistes. En septembre 1960, celui-ci avait d'ailleurs signé, comme Pierre Vidal-Naquet et bien d'autres encore, le Manifeste des 121 sur le droit à l'insoumission dans la guerre d'Algérie. Pensé et rédigé par Dionys Mascolo et Maurice Blanchot, cet appel prônait ouvertement la désobéissance civile, voire l'alliance avec le FNL contre l'armée française, tout en dénonçant le militarisme et l'utilisation de la torture. Chaque signataire savait ce qu'il risquait, et notamment les universitaires qui pouvaient être révoqués de leur poste du jour au lendemain. Parmi les victimes de la torture figuraient deux militants communistes : Henri Alleg et Maurice Audin. Né à Londres sous le nom de Harry Salem, de parents juifs russo-polonais, le premier avait été directeur du quotidien *Alger républicain*. Il était journaliste à *L'Humanité* quand il fut arrêté en 1957 par les parachutistes français puis torturé[2]. Toute sa vie, il milita pour la reconnaissance officielle de ces pratiques par l'État français, aux côtés de Gisèle Halimi, Madeleine Rebérioux, Laurent Schwartz et Germaine Tillion. Quant au second, mathématicien, il mourut assassiné durant la bataille d'Alger et il fallut attendre l'année 2018 pour que fût admise la responsabilité de l'armée dans ce crime.

1. Antoine Porot, « Notes de psychiatrie musulmane », *Annales médico-psychologiques*, vol. 74, nº 9, mai 1918, p. 377-384.
2. Henri Alleg, *La Question*, Paris, Minuit, 1958.

C'est en 1961 que Fanon publia *Les Damnés de la terre*[1]. La guerre tirait sur sa fin et la violence coloniale se déchaînait en Algérie. Reprenant la thèse de *Peau noire, masques blancs*, il soulignait à quel point l'univers du colonisé n'était plus conciliable avec celui du colon. Et il appelait l'ensemble du continent africain à engager un combat sans merci en faveur de l'indépendance. Tout en apportant son soutien à la lutte armée, Fanon récusait les actes terroristes et désespérés qu'il jugeait moins efficaces qu'une action militaire fondée sur le soulèvement des classes paysannes. Par ailleurs, malgré l'admiration qu'il portait à Césaire, il ne partageait pas ses positions sur la négritude, qu'il regardait comme un « courant culturel » ne permettant pas aux colonisés de s'émanciper politiquement.

Il pensait au contraire que, pour favoriser l'accès à l'indépendance, les peuples devaient se constituer en nations fondées sur des traditions ancestrales, voire, pour l'Algérie, sur l'arabisation et l'islam : « L'exemple du monde arabe, disait-il, pouvait être également proposé […] Le colonialisme a déployé dans ces régions les mêmes efforts pour ancrer dans l'esprit des indigènes que leur histoire d'avant la colonisation était une histoire dominée par la barbarie. La lutte de libération nationale s'est accompagnée d'un phénomène culturel connu sous le nom de réveil de l'islam. La passion mise par les auteurs arabes contemporains à rappeler à leur peuple les grandes pages de l'histoire arabe est une réponse aux mensonges de l'occupant[2]. »

Fanon était clairement du côté d'Hô Chi Minh et de Che Guevara, et à aucun moment il ne soutint une quelconque

1. Publié chez François Maspero, lui-même militant anticolonialiste, le livre sera interdit pour atteinte à la sûreté de l'État.

2. Frantz Fanon, *Les Damnés de la terre* [1961], Paris, La Découverte, 2002, p. 203. Le réveil de l'islam dont parle ici Fanon n'a pas grand-chose à voir avec l'islamisme politique de la fin du XXe siècle et du début du XXIe.

« révolution islamiste ». En témoigne d'ailleurs la lettre qu'il adressa à la veille de sa mort à son ami Ali Shariati, islamologue et sociologue, démocrate convaincu : « Le monde de l'islam a lutté contre l'Occident et le colonialisme. De ses deux anciens ennemis, il a subi de graves plaies sur son corps et son âme [...] Je souhaite que vos intellectuels authentiques puissent exploiter les immenses ressources culturelles et sociales cachées au fond des sociétés et des esprits musulmans, dans la perspective de l'émancipation et pour la fondation d'une autre humanité [...] et insuffler cet esprit dans le corps las de l'Orient musulman. [...] Néanmoins, je pense que ranimer l'esprit sectaire et religieux entraverait davantage cette unification nécessaire – déjà difficile à atteindre – et éloigne cette nation encore inexistante, qui est au mieux une "nation en devenir". » Et il ajoutait que le retour à l'islam « serait comme un repli sur soi et une dépersonnalisation[1] ». Telle est la critique la plus acérée que l'on puisse faire de la notion même d'identité régressive.

Treize ans après avoir défini la négritude dans la tradition hégélienne en évoquant la somptueuse esthétique de la poésie césairienne, Sartre, à la demande de Fanon[2], rédigea la préface des *Damnés de la terre*, l'un des réquisitoires les plus violents de toute l'histoire de l'anticolonialisme. Dans ce texte, il appelle le monde des « damnés » de la terre entière au soulèvement armé et dénonce les crimes commis par les États européens au nom de la civilisation : « Puisque les autres se font hommes contre nous, il apparaît que nous sommes les ennemis du genre humain ; l'élite révèle sa vraie nature : un gang. Nos chères valeurs perdent leurs ailes ; à les regarder

1. F. Fanon, *Écrits sur l'aliénation et la liberté*, *op. cit.*, p. 543-544.
2. Frantz Fanon, lettre à François Maspero du 7 avril 1961 : « Demandez à Sartre de me préfacer. Dites-lui que chaque fois que je me mets à ma table, je pense à lui. Lui qui a écrit des choses si importantes pour notre avenir » (*ibid.*, p. 560).

de près, on n'en trouvera pas une qui ne soit tachée de sang. S'il vous faut un exemple, rappelez-vous ces grands mots : que c'est généreux, la France. Généreux, nous ? Et Sétif ? Et ces huit années de guerre féroce qui ont coûté la vie à plus d'un million d'Algériens ? Et la gégène[1] ? »

Enfin, il écrivit cette phrase qui ne lui sera jamais pardonnée : « Abattre un Européen, c'est faire d'une pierre deux coups, supprimer en même temps un oppresseur et un opprimé : restent un homme mort et un homme libre ; le survivant, pour la première fois, sent un sol *national* sous la plante de ses pieds[2]. » Frantz Fanon eut juste le temps de lire ce texte qui allait bien au-delà de ses propres positions : il s'adressait aux colonisés en train de se libérer du joug des colonisateurs, tandis que Sartre réglait son compte au colonialisme européen. Atteint d'une leucémie, il mourut à Washington en décembre, à l'âge de trente-six ans. Entre-temps, le 17 octobre, sous la houlette du préfet Maurice Papon, la police parisienne avait réprimé dans le sang une manifestation pacifique d'Algériens organisée par le FNL[3].

Considéré comme l'une des œuvres majeures de l'historiographie anticolonialiste, ce livre, comme la plupart des textes de Fanon, tomba dans l'oubli pendant une trentaine d'années, tant en Algérie qu'en France. Et il fallut attendre le renouveau des études sur le colonialisme et la décolonisation pour redécouvrir à quel point Fanon avait su penser la structure même de la situation coloniale. Je fus témoin de cet oubli lorsque en 1966, jeune professeur de français au lycée technique de

1. *Ibid.*, p. 33.

2. *Ibid.*, p. 29. Sartre achève sa préface en septembre 1961.

3. Jean-Luc Einaudi, *La Bataille de Paris, 17 octobre 1961*, Paris, Seuil, 1991. 200 Algériens, sans doute, furent noyés ou massacrés au cours de ces « ratonnades ». Sartre fait allusion à la manifestation du 8 mai 1945 durant laquelle, à Sétif, le jour même de la célébration de la défaite du nazisme, l'armée française se livra à un massacre en règle des indépendantistes et des nationalistes algériens.

Boumerdès, où l'on formait de futurs ingénieurs spécialisés dans les hydrocarbures, je décidai de mettre *Les Damnés de la terre* au programme de mon enseignement : je pus en effet constater que mes élèves algériens ne connaissaient même pas le nom de l'auteur de ce grand livre. Surtout ne plus évoquer le passé ! La guerre, si pesante dans leur mémoire, n'était pour eux qu'une suite de massacres, et ils souhaitaient maintenant se consacrer aux classiques de la littérature française – et certainement pas à la poésie de Césaire ou aux imprécations de Sartre contre la colonisation. Fanon ne faisait pas partie de leur patrimoine mémoriel, pas plus d'ailleurs que l'œuvre de Kateb Yacine[1], le plus talentueux des écrivains algériens.

En 1966, Kateb Yacine avait déclaré que la langue française « était le butin de guerre des Algériens ». Elle l'était à tel point qu'il récusait le terme de « francophonie » : « L'usage de la langue française, disait-il, ne signifie pas qu'on soit l'agent d'une puissance étrangère, et j'écris en français pour dire aux Français que je ne suis pas français. » Et c'est dans cette langue du colonisateur – celle de Césaire – qu'il avait rédigé *Nedjma*, avant même le déclenchement de la guerre d'indépendance[2]. Ce roman racontait l'histoire de quatre jeunes hommes amoureux de Nedjma, fille d'un Algérien et d'une Française. Mais, à travers cette figure féminine transformée en chimère, l'auteur mettait en scène l'épopée du peuple algérien en quête d'une identité propre. Aussi bien s'agissait-il d'une sorte d'autobiographie fondatrice d'une nation à venir, l'Algérie, qui ne pouvait plus être française. Au fil d'une narration déconstruite, Yacine mêlait des fragments romanesques empruntés autant à la tradition littéraire arabe qu'au Nouveau Roman ou à Faulkner.

1. J'ai relaté cet épisode de ma vie dans le livre de Catherine Simon, *Algérie, les années pieds-rouges*, Paris, La Découverte, 2011. Le lycée s'appelle aujourd'hui Institut algérien du pétrole.

2. Kateb Yacine, *Nedjma*, Paris, Seuil, 1956.

Quoi qu'il en soit, ce qui unissait tous ces combattants de la décolonisation – Césaire, Senghor, Fanon et bien d'autres encore –, c'était une même référence à la France de 1789 et à la Résistance antinazie. Tous avaient le souci de s'appuyer sur les artisans de l'antiracisme et de l'anticolonialisme français sans exclure les Blancs de leurs combats. Aucun d'entre eux ne se mettait en scène comme bien des « identitaires » installés dans une « race » ou une « ethnie », aucun d'entre eux ne pensait que le racisme était l'affaire exclusive des Noirs, ni l'antisémitisme celle des Juifs. En ce sens, ils étaient conscients que le racisme est un phénomène aussi universel que l'aspiration à la liberté. Et cette universalité suppose toujours l'existence d'un racisme et d'un antisémitisme généralisés : celui des Noirs contre les Blancs, des Blancs contre les Noirs, des deux contre les « mulâtres », des Juifs contre d'autres Juifs, des antisémites contre les Juifs ou contre « certains Juifs »[1], etc. Fanon s'est toujours souvenu de la phrase d'un de ses professeurs qu'il faisait sienne : « Quand vous entendez dire du mal des Juifs, dressez l'oreille, on parle de vous[2]. »

À cet égard d'ailleurs, notons que Césaire fut le premier Martiniquais à restituer aux Juifs une place de choix dans sa genèse de la culture antillaise. Installés en Martinique en tant que colons depuis le XVIIe siècle, les membres de la communauté juive de l'île n'avaient pas été contraints de vivre en ghetto. Ils pratiquaient le commerce du cacao et

1. En ce sens il est absurde d'affirmer, comme le fait le sociologue Éric Fassin sur son compte Twitter du 10 octobre 2018, que « le racisme anti-Blancs n'existe pas ». Et encore plus absurde de dire qu'il n'existe pas « pour les sciences sociales », ce qui revient à dissuader les chercheurs d'étudier cette question.

2. F. Fanon, *Peau noire, masques blancs*, *op. cit.*, p. 98. Reprise à la une du journal *L'Humanité*, 18 février 2019, accompagnée d'une photographie de Simone Veil, dans le cadre d'un appel à la mobilisation contre la multiplication des actes antisémites lors des manifestations des Gilets jaunes.

de l'indigo et ils possédaient des esclaves. Les plus riches fréquentaient les Békés, les plus pauvres se mêlaient aux métis. Tous furent victimes de l'antijudaïsme puis de l'antisémitisme des autorités françaises, de 1940 à 1943, quand s'appliquèrent les lois du gouvernement de Vichy : ils furent dénoncés, persécutés, expulsés, avant d'être réhabilités à la Libération. Après l'indépendance de l'Algérie, de nombreux Juifs sépharades émigrèrent aux Antilles – et plus encore en Martinique – pour y trouver du travail dans le petit commerce : bijouterie, appareils ménagers. Par la suite, le conflit israélo-palestinien eut pour conséquence de raviver l'antisémitisme des Martiniquais favorables au peuple palestinien persécuté par les Israéliens, et d'attiser le racisme de la communauté juive envers les Antillais[1].

Jamais Césaire ne séparait la lutte contre le racisme et le colonialisme du combat contre l'antisémitisme. Dans son poème épique *Cahier d'un retour au pays natal*, il rendait hommage à toutes les victimes de toutes les persécutions : « L'homme-famine, l'homme-insulte, l'homme-torture, on pouvait à n'importe quel moment le saisir, le rouer de coups, le tuer – parfaitement le tuer – sans avoir de compte à rendre à personne, sans avoir d'excuses à présenter à personne : un homme-juif, homme-pogrom, un chiot, un mendigot. » En 1956, célébrant la mémoire de l'abbé Grégoire, abolitionniste de la première heure, il souligna qu'il était passé « du ghetto juif à la case de l'esclave ». Quarante ans plus tard, il ajouta : « Le nègre est aussi le Juif, l'étranger, l'amérindien, l'analphabète, l'intouchable, celui qui est différent, celui qui par son existence est menacé, exclu, marginalisé, sacrifié[2]. » Enfin, malgré son soutien indéfectible à la cause palestinienne et sa critique féroce de

1. William F.S. Miles, « La créolité et les Juifs de la Martinique », *Pouvoirs dans la Caraïbe*, n° 16, 2010.

2. Aimé Césaire, *Cahier d'un retour au pays natal* [1939 et 1947], Paris, Présence africaine, 1983, p. 20.

la politique israélienne, il ne céda jamais, pas plus que Fanon, aux sirènes de l'antisémitisme.

En 1968, la veuve de Fanon ne semblait pas se soucier de l'importance fondamentale du lien qui unissait le combat contre le racisme et le colonialisme à la lutte contre l'antisémitisme. N'ayant pas apprécié le soutien apporté par Sartre à l'État d'Israël lors de la guerre des Six Jours, et surtout son refus d'identifier celui-ci au « camp impérialiste », elle exigea de Maspero le retrait de la préface des *Damnés de la terre*. Mortifié, l'éditeur, très attaché à la cause palestinienne et surtout à la liberté d'expression, trouva une solution ingénieuse en insérant, dans chaque exemplaire, une magnifique affiche pliée, présentant le texte de Sartre sous forme de poster portant comme titre : « "Frantz Fanon, fils de la violence", par Jean-Paul Sartre ». Par la suite, la préface fut réintégrée définitivement dans le texte[1]. Triomphe de la vérité sur l'étroitesse d'esprit.

Comment ne pas songer ici à André Schwarz-Bart, résistant, juif et sioniste, torturé par les nazis et dont la famille avait été exterminée dans les camps de la mort ? Auteur d'un livre admirable, *Le Dernier des Justes*[2], dans lequel il retraçait mille ans d'une longue lignée de Justes, les Lévy, depuis le Moyen Âge jusqu'à Auschwitz, il fut néanmoins conspué par la critique française, et notamment par des écrivains juifs, qui le trouvaient « christique », voire plagiaire. Lauréat du prix Goncourt en 1959, il connaîtra à travers ce livre un succès planétaire. Avec sa femme Simone, écrivaine guadeloupéenne, il s'engagea dans la lutte anticoloniale, s'associant ainsi au destin des Noirs comme à celui des Juifs.

Ensemble, installés à Pointe-à-Pitre, ils travaillèrent à un cycle sur la mémoire de l'esclavage et, en 1972, André

1. Lettre de Jean Khalfa, 16 septembre 2020. Voir aussi le numéro spécial des *Temps modernes* intitulé « Le conflit israélo-arabe », juillet 1967.

2. André Schwarz-Bart, *Le Dernier des Justes* [1959], Paris, Seuil, coll. « Points », 1996.

Schwarz-Bart publia un superbe récit, *La Mulâtresse Solitude*[1], qui ne rencontra aucun succès. Et pourtant, il s'agissait là d'un texte qui aurait pu figurer dans la collection des « Vies parallèles » initiée par Foucault quelques années plus tard : « Ce fut affreux, stupide, injuste, dira Simone Schwarz-Bart en 2020, des Antillais ont osé prétendre qu'un homme blanc ne pouvait écrire sur les Noirs ! Des intellectuels proches des indépendantistes n'ont pas supporté que le grand livre de résistance à l'esclavage fût écrit par un Juif, et moi je me suis sentie trahie par les miens [...] L'héroïne de son histoire est revendiquée par toute la Guadeloupe [...] Le petit Juif André Schwarz-Bart fait bel et bien partie du patrimoine antillais[2]. »

Appuyé sur une importante documentation, le roman s'inspirait de la vie d'une jeune fille métisse, Solitude, et de celle de sa mère, Bayangumay, née dans l'Ouest africain vers 1750 et arrachée à sa famille, vingt ans plus tard, par des négriers qui l'avaient conduite en Guadeloupe pour qu'elle y fût vendue à des colons. Violée à la fin du trajet, Bayangumay avait mis au monde une fille, Rosalie, qui avait pris plus tard le nom de « Solitude ». Pourvue d'un charme étrange, cette jeune esclave, aux yeux vairons, surnommée « Deux Âmes », servit de « cocotte » (poupée vivante) aux filles de ses maîtres blancs, tandis que sa mère l'abandonnait pour rejoindre les Nègres marrons[3]. Au fil des années, haïssant sa condition, elle s'était transformée en une « zombi-corne », réduite à l'animalité.

1. André Schwarz-Bart, *La Mulâtresse Solitude* [1972], Paris, Seuil, coll. « Points Roman », 1996.

2. Simone Schwarz-Bart (entretien avec Annick Cojean), *Le Monde*, 11-12 octobre 2020. Cf. également l'excellent article de Francine Kaufmann, « L'œuvre juive et l'œuvre noire d'André Schwarz-Bart », *Pardès*, nº 44, 2008, p. 135-148.

3. Nom donné aux esclaves fugitifs que leurs maîtres faisaient poursuivre par des chiens.

L'abolition de l'esclavage, décrétée par la Convention en février 1794, et étendue à toutes les colonies, entraîna la Guadeloupe dans une guerre contre les Anglais qui avaient reconquis l'île. En mai 1895, les troupes de la Convention débarquèrent, intégrant des Noirs libres dans leurs rangs. Mais, après la défaite des Anglais, les Noirs furent contraints de retourner dans les plantations. Au milieu de cette période troublée, Solitude rencontra l'amour et fit partie des derniers rebelles massacrés par les Français, lors du rétablissement de l'esclavage en 1802. Enceinte, elle fut exécutée le lendemain du jour de sa délivrance.

Oscillant entre un état mélancolique qui la ramenait à son destin et un état d'exaltation qui la poussait vers la liberté, Solitude évoluait, sous la plume de Schwarz-Bart, entre défaite et fureur, dans un décor rousseauiste, et toujours à la recherche d'une identité introuvable. Et l'auteur achevait son livre sur le supplice des Nègres de marronnage, « tels des fantômes errant parmi les ruines humiliées du ghetto de Varsovie ». Ainsi ce livre rendait-il hommage autant à la mémoire du dernier des Justes qu'à celle de l'héroïque mulâtresse qu'il exhumait de l'oubli, cette femme dont la statue serait bientôt érigée dans un jardin parisien qui portait déjà son nom. Là se trouvait autrefois celle du général Dumas, le « comte noir », mulâtre et héros de la Révolution française, père de l'écrivain dont les cendres reposent au Panthéon. Détruite par les nazis en 1942, elle est aujourd'hui remplacée par un monument représentant des fers d'esclaves brisés. Peut-être faudrait-il songer à la réhabiliter plutôt que de s'obstiner à déboulonner celle de Schœlcher ou de perdre son temps ou sa crédibilité en traitant Victor Hugo de raciste[1] ?

1. C'est ce que réclame Claude Ribbe, président de l'Association des amis du général Dumas, dans le *JDD* du 4 juillet 2020.

Identités métisses

Césaire avait vivement encouragé Schwarz-Bart à associer la mémoire juive et la mémoire noire. Mais il vécut assez longtemps pour être confronté, venant des siens, à une critique de la négritude et des positions politiques qu'il avait prises. En février 1987, lors de la première Conférence hémisphérique des peuples noirs de la diaspora, organisée par l'Université internationale de Floride à Miami, il dut s'expliquer devant un parterre de chercheurs qui, tout en lui rendant hommage, revendiquaient déjà un discours postcolonial beaucoup plus identitaire. Certes, Césaire en avait été le promoteur puisqu'il dénonçait depuis toujours la brutalité avec laquelle le colonialisme avait détruit les anciennes civilisations au nom d'une « mission civilisatrice ». Jamais, pourtant, il n'avait revendiqué, comme le faisait cette nouvelle génération issue des campus américains, l'idée qu'une assignation identitaire raciale ou ethnique pût être une réponse à la barbarie impérialiste. Or, lors de cette rencontre, le débat porta sur la question de l'« ethnicité » (*ethnicity*), terme qui commençait à s'imposer dans toutes les études sur la colonialité (*postcolonial studies*) en relation d'ailleurs avec les études de genre (*gender studies*). Tout en saluant la vivacité de ces approches, Césaire récusa le mot *ethnicity* en accueillant celui d'*identity*. Mais il affirmait la nécessité de maintenir sa signification universelle : l'identité, disait-il, est le noyau propre de la singularité humaine, de l'homme immergé dans une culture et non pas dans une race. Hommage, sans le dire, à Claude Lévi-Strauss. Il ne faut pas que le mot nous égare, car la négritude, affirmait-il, n'a rien à voir avec un ordre biologique ou ethnique[1].

1. Aimé Césaire, « Discours sur la négritude », Miami, 26 février 1987, *in* Id., *Discours sur le colonialisme*, *op. cit.*, p. 79-92.

Cependant, la véritable mise en pièces de l'œuvre et de la personne de Césaire ne sera pas le fait de chercheurs américains mais de ses compatriotes antillais qui lui devaient tout pourtant, notamment Raphaël Confiant, auteur en 1993 d'un véritable brûlot présenté comme un éloge : *Aimé Césaire. Une traversée paradoxale du siècle*[1]. Usant d'une conceptualité psychanalytique assez sommaire, Confiant prétendait exhumer « l'inconscient césairien ». Le poète aurait, selon lui, refoulé son identité de « mulâtre » en se voulant plus nègre qu'il n'était. D'où l'invention, souligne Confiant, du concept de négritude fondé sur l'idée que la « noirceur » serait un signe de pureté ethnique supérieur au statut de métis. Et, du même coup, Confiant affirmait que Césaire aurait préféré la langue dans laquelle son père l'avait éduqué – le français – à celle de sa mère, analphabète, qui ne parlait que le créole[2]. En bref, Césaire se serait donc rendu coupable, à travers l'invention de la négritude, de se poser en héritier de la langue et de la culture des colonisateurs : Hugo, Rimbaud, les surréalistes, etc. Il aurait donc infériorisé sa vraie langue maternelle – le créole – pour mieux s'intégrer à la société coloniale. Et c'est pour cette raison qu'il aurait cherché à maintenir les Antilles dans le giron de l'empire français, plutôt que de militer en faveur des indépendantistes…

1. Raphaël Confiant, *Aimé Césaire. Une traversée paradoxale du siècle*. [1993], Paris, Écriture, 2006.

2. Les créoles sont des langues dont la structure grammaticale est proche de celle des langues africaines et dont le lexique est pour l'essentiel d'origine européenne, mais non exclusivement, puisqu'il subsiste un certain nombre de mots africains, selon le créole considéré. Le statut des langues créoles dans le monde est généralement infériorisé au plan social, culturel et politique, au prétexte qu'elles sont le résultat d'un mélange. Pourtant, le français, l'anglais, le portugais, etc., sont également le fruit de mélanges anciens. Le français est une langue romane issue du latin mâtiné d'influences gauloises et surtout franciques ; l'anglais est le résultat d'un mélange de l'ancien germanique, du latin, du normand et du français.

Déterminé à aller plus loin encore dans l'analyse œdipienne de l'identité antillaise et créole, Confiant se prétendit lui-même le « fils du père », tout en reconnaissant être son meurtrier symbolique. À l'occasion de cet extravagant aveu, Confiant précisait que tout en refoulant sa créolité maternelle, Césaire se serait, à l'occasion de retrouvailles avec l'Afrique noire, immergé dans une sorte de symbiose maternelle. Il se serait libéré des « carcans formels » de la poésie dite « européenne » : « Peut-on utiliser impunément une langue, en l'occurrence le français, qui, si l'on s'en tient aux théories psychanalytiques elles-mêmes, charrie en elle l'inconscient collectif du peuple qui l'a créée ? En un mot, Orphée noir peut-il dialoguer en français avec son Eurydice africaine[1] ? » On ne dira jamais assez combien il est déplacé d'utiliser ce genre de psychologisation de la question coloniale : on doit d'ailleurs à Fanon d'en avoir récusé le principe en s'opposant à Mannoni.

En réalité, derrière ce jargon freudo-jungien se cachait une querelle identitaire autrement plus complexe. C'est au grand poète Édouard Glissant, né quinze ans après Césaire et signataire du Manifeste des 121, que l'on doit la notion d'« antillanité[2] ». Soucieux de sortir de la grande épopée césairienne de la négritude, sans avoir à tuer ni Césaire, ni Sartre, ni son

1. R. Confiant, *Aimé Césaire. Une traversée paradoxale du siècle*, *op. cit.*, p. 129. Confiant n'est pas le seul à se livrer à des interprétations psychanalytiques de l'« antillanité » et de la « créolité ». Il existe en effet une vulgate selon laquelle Césaire aurait refusé le principe même du métissage, commun à tous les Antillais, sous l'effet d'une identification inconsciente et ambivalente à son père, symbole d'une « occidentalité blanche », et d'une fusion avec sa mère incarnant l'insularité créole. Il n'aurait donc jamais réussi ni à « tuer le père » ni à accepter sa mère, et se serait tourné vers la négritude pour échapper à son complexe d'Œdipe. Cf. Lilyan Kesteloot, « Aimé Césaire et le refus du métissage », *Éthiopiques*, numéro spécial d'hommage à Aimé Césaire, 2e semestre 2009.

2. Édouard Glissant, *Le Discours antillais* [1981], Paris, Gallimard, coll. « Folio Essais », 1997.

père, ni sa mère, Glissant pensait que la culture antillaise ne devait pas être rapportée à l'identité noire et que la négritude ne pouvait donc pas prétendre l'englober. En bref, il reprochait à ce concept d'éliminer l'idée même d'une identité plurielle. Et il considérait que le monde insulaire des Caraïbes, avec ses archipels, son découpage géographique et son métissage généralisé, appelait une abolition pure et simple de la notion même d'assignation identitaire.

S'inspirant de Gilles Deleuze pour tenter de convertir le « monolithisme » de la négritude en une vision déracinée de l'identité subjective, il prenait ses distances avec la philosophie sartrienne en s'appuyant sur une nouvelle génération de philosophes critiques. L'identité, disait-il, ne saurait être que « rhizomatique » et ancrée dans une pluralité, une altérité, un mélange permanents. À la négritude césairienne, jugée trop univoque, trop ontologique, trop paternalocentriste, il opposait donc la condition antillaise, illustration d'un « tout-monde ». Le « Nous-sommes-antillais-autres-que-nous-mêmes » devait donc succéder au « Je-suis-nègre » vécu comme le cri d'une révolte contraignant les « non-noirs-non-blancs » à s'identifier à une seule couleur : « Tant qu'on n'aura pas accepté l'idée, pas seulement en son concept, mais par l'imaginaire des humanités, que la totalité-monde est un rhizome dans lequel tous ont besoin de tous, il est évident qu'il y aura des cultures qui seront menacées. Ce que je dis, c'est que ce n'est ni par la force, ni par le concept qu'on protégera ces cultures, mais par l'imaginaire de la totalité-monde, c'est-à-dire par la nécessité vécue de ce fait : que toutes les cultures ont besoin de toutes les cultures[1]. »

1. Édouard Glissant, *Introduction à une poétique du divers* [1995], Paris, Gallimard, 1996, p. 133. Et Gilles Deleuze et Félix Guattari, *Capitalisme et schizophrénie*, t. II : *Mille plateaux*, Paris, Minuit, 1980. S'opposant au dogme de l'autorité hiérarchique, les auteurs appellent « rhizome » (ou « racine polymorphe ») une structure évoluant de façon horizontale. Ils critiquent aussi bien l'œdipianisme freudien que les concepts lacaniens de

L'antillanité selon Glissant ouvrait la voie à la constitution d'une nouvelle histoire mémorielle qui ne serait plus écrite explicitement par les colonisateurs, les missionnaires, les esclavagistes, voire par les anticolonialistes – Clemenceau, Lévi-Strauss, Sartre, Césaire, etc. –, mais par les victimes elles-mêmes redevenues visibles : les absents de l'histoire. Cependant, pour qu'une telle démarche fût possible, encore fallait-il constituer une historiographie adéquate. Le recours à cette antillanité débouchait aussi sur l'invention d'une nouvelle manière d'écrire qui pût rendre compte du vaste métissage antillais où se mêlaient des survivants des Amérindiens, des descendants des Africains, des migrants venus de Syrie, de l'Inde, du Japon, du Liban et des pays latino-américains, sans compter les Békés : un véritable patchwork identitaire. Une seule communauté restait à l'écart de ce projet de créolité, celle des Juifs martiniquais.

Autant le concept de négritude avait été forgé sur une inversion des stigmates, permettant aux colonisés de s'approprier la langue des colonisateurs – et plus encore la langue fondamentale de la poésie –, autant l'antillanité s'accompagnait d'une tentative de régénération d'une langue créole qui ne soit issue ni de la négritude, ni de la blanchitude, ni de l'indianité.

D'où la revendication identitaire mise en acte en 1989 dans *Éloge de la créolité* par Patrick Chamoiseau, Raphaël Confiant et Jean Bernabé : « Ni Européens, ni Africains, ni Asiatiques, nous nous proclamons créoles. Cela sera pour nous une attitude intérieure, mieux : une vigilance, ou mieux encore, une sorte d'enveloppe mentale au mitan de laquelle se bâtira notre monde en pleine conscience du monde[1]. » Certes,

---

« signifiant » et de « nom-du-père », pour développer une théorie de la multiplicité subjective. Comme Jacques Derrida et Michel Foucault, Deleuze est l'un des philosophes les plus cités par les penseurs des études postcoloniales francophones, anglophones et hispanophones.

1. Jean Bernabé, Patrick Chamoiseau et Raphaël Confiant, *Éloge de la créolité*, Paris, Gallimard, 1989. Et Raphaël Confiant, « La créolité contre

on peut voir dans ce projet de créolisation, publié l'année même de la célébration du Bicentenaire de la Révolution, une manière de liquidation de l'aventure ancienne de la négritude, considérée par les héritiers de Césaire comme une sorte de vieillerie paternaliste, liée à une politique de départementalisation qui ne permettait pas de couper le cordon ombilical reliant les îles à la métropole.

Mais on peut tout aussi bien considérer que le culte du rhizome, du chaos déconstruit à l'infini, renvoyait aussi à la recherche d'un identitarisme de l'errance autrement plus redoutable que celui que l'on prétendait combattre : il supposait l'abolition de toute identité au profit d'une identité sans nom – une identité de l'identité, analogue au *queer*. Car, à trop vouloir encourager la créolisation du monde, on risque d'entamer la nécessaire diversité des cultures : le fameux « ni trop près ni trop loin » si bien conceptualisé par Claude Lévi-Strauss.

Je dirais volontiers ici qu'il n'y a pas d'antidote aux névroses identitaires. La seule solution à ces névroses indéfiniment déconstruites serait le renoncement à l'effacement des différences autant qu'à la revalorisation arbitraire d'un ordre viriliste et unifié déjà à l'agonie. Or ce ne fut pas le cas.

En témoigne cette déclaration stupéfiante de Raphaël Confiant qui, en 2005, rattachait la colonisation à la Révolution de 1789 : « En coupant la tête à leur roi et en abolissant définitivement le système monarchique, en proclamant la Déclaration universelle des droits de l'homme et du citoyen, en affichant à la face du monde entier les idéaux de liberté et d'égalité de tous les hommes, les Français ont coupé

l'enfermement identitaire », *Multitudes*, n° 22, 2005, p. 179-185. Cf. également l'excellente synthèse de Philippe Chanson, « Identité et altérité chez Édouard Glissant et Patrick Chamoiseau, scripteurs visionnaires de la parole créole », pour la Franklin College Conference on Caribbean Literature and Culture, « The Caribbean Unbound », 13-16 avril 2005 (sur *Potomitan*, « site de promotion des cultures et des langues créoles »).

l'herbe sous le pied à toute revendication de rupture d'avec la métropole chez leurs sujets des "Isles d'Amérique" et de la Guyane. » Et il ajoutait que Césaire était le digne successeur de Toussaint Louverture puisqu'il avait préféré la départementalisation à l'indépendance. Enfin, il reprochait à la Révolution française et à ses idéaux universels et démocratiques d'être à l'origine de l'incapacité des Antillais à penser leur réalité propre[1].

Autrement dit, Confiant attribuait l'échec du mouvement indépendantiste, non seulement à Césaire et à la négritude, mais également à l'universalisme républicain qui, en coupant la tête du roi, n'aurait pas permis aux Antillais de sortir de leur inféodation au colonisateur. Aussi bien refusait-il de voir que c'était au nom de ces idéaux de liberté et d'égalité que les anticolonialistes avaient mené leurs luttes contre la politique coloniale qui s'en réclamait aussi. Faudrait-il réinstaller en France la monarchie pour mettre fin à une telle névrose ? En réalité, après une progression spectaculaire, le mouvement indépendantiste ne parvint pas à s'imposer dans les départements d'outre-mer où régnaient misère, racisme et inégalités.

Inutile de préciser qu'avec de tels jugements Confiant faisait fi des débats qui s'étaient développés en France à propos de l'abolition de l'esclavage, avant même la réunion des états généraux de 1789. Il négligeait délibérément le rôle tenu par les généraux blancs, noirs et métis qui y avaient contribué, et notamment celui du général Alexandre Dumas et de Toussaint Louverture. Il oubliait la création en 1788, par Jacques-Pierre Brissot, de la Société des amis des Noirs, qui prônait l'interdiction immédiate de la traite des Noirs en exigeant l'abolition de l'esclavage, ainsi que les déclarations du duc de La Rochefoucault-Liancourt qui envisageait d'étendre aux

1. R. Confiant, « La créolité contre l'enfermement identitaire », art. cit., p. 185.

esclaves le principe de l'égalité devant la loi. Il se moquait des débats de 1789 et des déclarations de Mirabeau qui réclamait que fût constituée, à Saint-Domingue, une Assemblée souveraine, annonçant qu'un jour les colonies seraient des États indépendants : « Contre toute justice, écrit Bailly dans ses *Mémoires*, les gens de couleur ont été exclus des élections, puisque les nègres sont des esclaves et ne sont pas des hommes dans les colonies. Mais M. Garat ne dissimule pas que cette grande opération de justice et d'humanité, la cessation de l'esclavage, la *motion du siècle*, doit être préparée longtemps avant d'être accomplie[1]. » En réalité, Confiant rejetait la Révolution française de la même façon qu'il rejetait Césaire en se voulant plus royaliste que la monarchie française esclavagiste. Autant dire qu'il insultait l'ensemble du mouvement anticolonialiste français.

Après avoir voulu couper la tête de Césaire et proclamé les mérites de l'Ancien Régime, Raphaël Confiant apporta, en 2006, son soutien à l'humoriste Dieudonné M'Bala M'Bala qui, après avoir combattu le racisme et été le partenaire d'Élie Semoun, s'était rapproché du Front national et des négationnistes. En janvier 2005, Dieudonné avait pourtant qualifié de « pornographie mémorielle » la célébration du 60e anniversaire de la libération des camps d'extermination nazis, et, en juin 2005, il s'était rendu en Martinique pour assister à un spectacle au cours duquel il avait été agressé par quatre membres de la Ligue de défense juive[2]. En le recevant, Aimé Césaire lui avait rappelé que « nos spécificités alimentent

1. *Mémoires de Bailly*, t. I, Paris, 1821, p. 281. Bailly rapporte ici les propos de Dominique Joseph Garat (1749-1833), avocat, futur député de la Gironde. Jean Sylvain Bailly (1736-1793) : mathématicien, député du tiers aux états généraux, maire de Paris, guillotiné pour n'avoir pas déposé à charge contre Marie-Antoinette.

2. La Ligue de défense juive est la branche française, créée en 2000, de la Jewish Defense League, organisation d'extrême droite fondée par Meir Kahane (1932-1990) aux États-Unis en 1968.

l'universel et non le particularisme et le communautarisme[1] ». En novembre 2006, Dieudonné s'était ensuite affiché à la fête Bleu-blanc-rouge aux côtés de Jean-Marie Le Pen en soulignant qu'il était, comme lui, la victime d'une diabolisation extrême. Toujours obsédé par la question de l'identité métisse, Confiant justifia cette rencontre en prétendant que Dieudonné était victime du racisme sans être soutenu par les Juifs. Aussi était-il excusable de fréquenter Le Pen puisqu'il devait supporter une double souffrance : « L'une liée à sa personne, à son être métis (père africain, mère blanche) ; l'autre liée à ces gens qu'il est interdit de nommer [...] et que dans ce papier je désignerai donc sous le vocable d'Innommables. » Et bien entendu, pour ne pas nommer les Juifs, Confiant se réclamait de Fanon et de Césaire. Et il ajoutait : « Quand un Euro-Américain me fait une leçon de démocratie, de tolérance et de droits de l'homme, j'ai deux réactions : d'abord, je suis admiratif devant un culot aussi monstre. Après avoir génocidé les Amérindiens, esclavagisé les Nègres, chambre-à-gazé les Innommables, gégénisé les Algériens, napalmisé les Vietnamiens et j'en passe, voici que ça se pose en modèle de vertu ! Chapeau les mecs. Par contre, quand un Innommable, après tout ce qu'il a subi de l'Occident, vient me tenir le même discours et se pose à moi en civilisé et en Occidental, là je n'ai plus qu'une seule réaction. Comme Dieudonné, je me fâche tout net[2]. »

Cette intervention lui valut aussitôt une belle réplique de Jacky Dahomay[3] : « La faute impardonnable de Raphaël

1. On trouve la vidéo de cette rencontre du 3 juin 2005 sur Internet.

2. Le texte intégral de Confiant a été diffusé sur Internet sous le titre « La faute (pardonnable) de Dieudonné ».

3. Professeur de philosophie au lycée Baimbridge (Guadeloupe) et auteur de nombreux articles sur l'esclavage, membre du Haut Conseil à l'intégration de 2002 à 2008 : « Il y a une mémoire qui libère et une mémoire qui emprisonne », dira-t-il le 22 mai 2015 dans un entretien au journal *Libération.*

Confiant est de vouloir réduire tout être humain à une identité par lui substantialisée, ce que Sartre nommait la *chosification* de l'autre lorsqu'il pensait à la question juive. Il ne comprend pas que l'histoire du peuple juif est partie intégrante de l'Occident tout comme une bonne partie de l'histoire des Antilles, d'ailleurs. En ce sens, Confiant n'est pas moins *occidental* que Finkielkraut, ne serait-ce que pour ses théories de la nation, très *allemandes*, élaborées en Occident. Il a du mal à comprendre qu'il n'y a pas un être-juif, immuable et éternel, ni non plus un *être-martiniquais.* Qu'il y a des Juifs critiques de la politique d'Israël, des Juifs ayant combattu contre le colonialisme et le racisme tout comme des Français blancs, aussi[1]. » On ne saurait mieux montrer combien les classifications identitaires mènent à l'impasse, prises qu'elles sont entre psychologie des races et interprétations tribales.

Quant aux écrivains de la créolité, si riches qu'aient été leurs œuvres dans la quête de l'idiome introuvable, il faut bien constater qu'ils auront choisi la langue française pour lui donner l'ampleur qu'elle méritait. C'est donc en langue française qu'un roman aussi magnifique que *Texaco*[2] sera lu, et à juste titre, comme l'un des grands récits fondateurs de la souffrance antillaise, une œuvre mémorielle. De son côté, Césaire regardera toujours la créolité comme un département de la négritude, et il n'avait probablement pas entièrement tort puisque les créolitaires forgèrent eux-mêmes le néologisme de « mulâtritude », comme s'il fallait concurrencer la sonorité somptueuse de l'épopée nègre qui avait commencé à se faire entendre dans l'entre-deux-guerres.

1. Jacky Dahomay, « L'Innommable Raphaël Confiant ? », *Le Monde*, 2 décembre 2006 ; « Ce qu'il faut penser de Dieudonné par Jacky Dahomay, philosophe antillais », blog de Jean-Charles Houel, 28 janvier 2014 ; Raphaël Confiant, « Les Noirs, du malaise à la colère », *Le Monde*, 8 décembre 2006.

2. Patrick Chamoiseau, *Texaco*, Paris, Gallimard, 1992. Le roman reçut le prix Goncourt.

Pour résumer, on dira que Glissant défendait une identité archipélisée (antillanité), quand ses héritiers revendiquent une insularité – à chacun son « créole » –, c'est-à-dire une assignation identitaire plus restreinte encore[1].

1. Entretien avec Bernard Cerquiglini, 2 juillet 2020.

4

Postcolonialités

« Sartre est-il encore en vie ? »

Entre l'époque césairienne et sartrienne de la négritude et sa mise en cause par un projet d'antillanité puis de créolisation du monde, un nouveau pas avait été franchi dans la lutte anticolonialiste. Les empires coloniaux s'étaient effondrés, les guerres coloniales, les batailles indépendantistes, les mouvements d'autonomisation ou de départementalisation avaient triomphé partout dans le monde : Inde, Algérie, Afrique, Madagascar, Vietnam, Antilles, Guyane, etc. C'est pourquoi en 1992 l'historien Daniel Rivet en appelait à un renouveau de l'histoire de la colonisation en déclarant que le temps des colonies et l'épreuve de la décolonisation avaient passé au point qu'il fallait désormais penser le passé autrement : « On est enfin sorti de la dialectique de la célébration et de la condamnation du fait colonial qui a si longtemps et si profondément biaisé l'écriture de son histoire [...] Notre passé colonial s'est suffisamment éloigné pour que nous établissions enfin avec lui un rapport débarrassé du complexe d'arrogance ou du réflexe de culpabilité[1]. » Sans doute formulait-il tout à la fois un diagnostic juste et un vœu pieux. Car si la période des combats anticoloniaux et indépendantistes avait en effet pris fin, d'autres problématiques

1. Daniel Rivet, « Le fait colonial et nous. Histoire d'un éloignement », *Vingtième siècle*, n° 33, 1992, p. 129-130 et 138.

surgissaient au cœur même des anciens empires et d'autres acteurs entraient en scène : ceux qui cherchaient à traquer l'esprit de colonialité – conscient et inconscient[1] – partout où il était présent, c'est-à-dire à l'intérieur même des démocraties, et partout où se pratiquait l'apartheid, politique violemment répressive qui consistait à séparer les Blancs, les Noirs, les métissés, les colorés : la lutte menée par Nelson Mandela en Afrique du Sud était l'incarnation de ce grand combat en faveur de la liberté.

Une ère nouvelle s'ouvrait donc avec les études dites « postcoloniales » appelées à explorer une autre réalité : celle des pays occidentaux confrontés à une immigration venue des anciennes colonies et donc à un supposé *colonialisme interne* à leurs propres institutions et vécu comme tel par ceux qui s'en sentaient les victimes[2]. Bien sûr, ces nouvelles approches congédièrent le mot « Nègre » anobli par Césaire après avoir été arraché à l'infamie des traites négrières. Il retourna à la cale pour ne plus être utilisé que comme une injure raciste[3]. Par ailleurs, en excluant les Juifs de la nouvelle donne anticolonialiste, les tenants de l'approche nouvelle rompaient le

1. D'où la place considérable occupée par la psychanalyse dans cette affaire, comme dans toutes les études de genre.

2. À ne pas confondre avec le « néo-colonialisme » qui vise la manière dont les anciennes puissances coloniales maintiennent leur domination (économique ou culturelle) sur les anciennes colonies ayant accédé à l'indépendance.

3. Au point que, depuis plusieurs années, les personnes qui utilisent ce terme à la radio ou à la télévision, fût-ce pour citer les œuvres de Césaire, Genet ou Dany Laferrière, sont traitées de racistes. En 2020, comble du ridicule, les héritiers d'Agatha Christie décidèrent de retirer de la vente son célèbre roman *Dix petits nègres* [*Ten Little Niggers*]. Le titre, jugé offensant, était tiré d'une comptine. Il fallut aussi supprimer le mot « nègre » (cité 74 fois) du corps du texte (décision du 26 août 2020). Pourquoi ne pas exiger le changement de titre du livre de Césaire *Nègre je suis, nègre je resterai* ? Et que faire avec la célèbre pièce de Jean Genet *Les Nègres* ?

pacte qui avait uni, pendant tant d'années, le combat contre l'antisémitisme au combat contre le racisme, non seulement aux Antilles mais en France[1]. Le séparatisme des identités s'affirmait à mesure que grandissaient les revendications propres à la postcolonialité.

Dans ce contexte, c'est à Jacques Derrida que l'on doit la plus forte mise en cause de la dérive identitaire de la créolité. Lors d'un colloque organisé en 1992 par Édouard Glissant et David Wills, à Baton Rouge, dans le cadre de l'université d'État de Louisiane, il prononça une conférence magistrale, « Le monolinguisme de l'autre », dans laquelle il revendiquait le droit de s'approprier la langue française en tant qu'elle était sa seule langue maternelle parce que, justement, elle n'était pas la sienne : « Je n'ai qu'une langue, ce n'est pas la mienne [...] Je suis monolingue. Mon monolinguisme demeure, et je l'appelle ma demeure[2]. » Dans une envolée lyrique, il se définissait lui-même comme Juif franco-maghrébin, affirmant que la langue française n'appartenait ni à l'État français, ni aux Français mais plutôt à tous ceux qui parlaient le français. Et il évoquait son statut de Juif algérien exilé en France en 1949, élève au lycée Louis-le-Grand, normalien et agrégé de philosophie, devenu français puis contraint ensuite de retourner dans ce pays qu'il aimait pour y effectuer son service militaire dans le camp des colonialistes. Rien à voir avec l'itinéraire de Sartre ou de Césaire.

1. Avec la Ligue internationale contre le racisme et l'antisémitisme (la LICRA), fondée en 1927, et SOS Racisme, en 1984.

2. Jacques Derrida, *Le Monolinguisme de l'autre, ou la Prothèse d'origine*, Paris, Galilée, 1996. – Un an plus tard, le 6 novembre 1993, il dialoguera avec Édouard Glissant sur le même thème sous l'égide du Parlement international des écrivains réuni à Strasbourg par Christian Salmon en vue de créer une structure internationale susceptible d'intervenir en faveur des écrivains victimes de persécutions dans leur pays avec, au bureau exécutif, Adonis, Édouard Glissant, Pierre Bourdieu, Salman Rushdie, etc.

Né à El-Biar en 1930, Derrida avait été privé de sa citoyenneté française sous le régime de Vichy qui, en 1940, avait aboli le décret Crémieux[1]. Aussi était-il devenu un sujet atteint d'un « trouble de l'identité » et privé de ses droits. Il ne connaissait pas le ladino[2] et, en tant que Juif privilégié par le décret, il avait appartenu au camp des colons. La communauté juive d'Algérie avait été trois fois « dissociée » : de la langue et de la culture arabo-berbères, de la langue et de la culture françaises, et enfin de la mémoire juive. Et comme sujet déchu par Vichy, Derrida s'était retrouvé dans « l'autre camp », celui des colonisés : pire encore, sans aucun camp puisqu'il n'était plus rien, pas même un indigène. Sa seule patrie était son monolinguisme, sa langue française, la seule à travers laquelle il pût exister[3].

Ce faisant, Derrida contribuait donc à déconstruire toute forme d'identitarisme par lequel un sujet pût se réclamer d'une langue qui lui aurait appartenu en propre. Il critiquait implicitement l'idée même de vouloir rattacher une identité à une langue « archipélique » (le créole). Il refusait aussi le principe selon lequel une langue serait la propriété d'un peuple. Pas de « nationalisme linguistique » : une langue, disait-il, est la signature de celui qui l'invente sans être pour autant sa propriété. Et il allait même jusqu'à affirmer que la langue comme « langue de l'autre » impose sa loi et relève de la culture et non pas de la nature. Toute culture est donc « originairement coloniale […] Toute culture s'institue par

1. Du nom d'Adolphe Crémieux qui, en 1870, avait attribué la citoyenneté française aux « Israélites indigènes » d'Algérie, lesquels, jusqu'à cette date, en étaient exclus.

2. Langue judéo-romane dérivée du vieux castillan et de l'hébreu, équivalent du yiddish pour les Juifs ashkénazes.

3. J. Derrida, *Le Monolinguisme de l'autre*, *op. cit.*, p. 91. Et Marc Crépon, « Ce qu'on demande aux langues (autour du *Monolinguisme de l'autre*) », *Raisons politiques*, n° 2, 2001, p. 27-40.

l'imposition unilatérale de quelque "politique" de la langue[1] ». En conséquence, l'identité culturelle ne renvoie jamais à une quelconque appartenance[2].

Derrida n'abordait pas la question du colonialisme de la même manière que Lévi-Strauss, Césaire et Fanon, et il ne concevait pas un instant qu'une revendication « créolitaire » pût contribuer à une critique du colonialisme. Pas plus qu'il ne soutenait une quelconque assignation identitaire. Comme Albert Camus, il avait imaginé que l'Algérie pourrait devenir un jour à la fois française et musulmane, juive et algérienne, anticolonialiste. Il aurait voulu qu'elle pût ainsi sauver la France de son épopée impériale, ce qui lui sera d'ailleurs maintes fois reproché. Il avait rêvé depuis toujours d'une universalité fondée sur la réconciliation des communautés. Et sans être philosophiquement ni politiquement sartrien, il avait reconnu sa dette envers Sartre : chaque fois qu'il le pouvait, il célébrait Sartre, sa pensée, sa figure, son personnage, incontournable dans la lutte anticolonialiste[3].

En 1986, avec d'autres écrivains – Susan Sontag, Kateb Yacine, Maurice Blanchot –, Derrida rendit un vibrant hommage à Nelson Mandela en soulignant à quel point celui-ci « forçait l'admiration », non seulement par sa capacité à ne jamais céder à l'adversité, mais aussi pour sa passion politique et son art de ne pas séparer son engagement en faveur du droit de celui en faveur de la culture et de l'histoire. À l'évidence, il voyait en Mandela cette figure souveraine dont il avait rêvé pour l'Algérie, ce pays si cher à son cœur : un homme sachant retourner contre les adeptes de l'apartheid le modèle démocratique anglais. Ce que Césaire avait réussi avec la négritude, Mandela le réalisait à l'échelle de son pays : « À tous

1. J. Derrida, *Le Monolinguisme de l'autre*, *op. cit.*, p. 68.

2. Cf. Jacques Derrida, *L'Autre Cap*, Paris, Minuit, 1991.

3. Notamment dans une lettre à Pierre Nora du 27 avril 1961. Cf. Benoît Peeters, *Derrida*, Paris, Flammarion, 2010, p. 151.

les sens de ce terme, Mandela reste donc, disait-il, un homme de loi. Il en a toujours appelé au droit même si, en apparence, il lui a fallu s'opposer à telle ou telle légalité déterminée, et même si certains juges ont fait de lui à un moment donné un hors-la-loi[1]. »

En avril 1993, un an après avoir déconstruit l'idée de créolité, Derrida changea de registre à l'occasion d'une conférence prononcée à l'université de Californie dans le cadre d'un colloque consacré au marxisme et surtout à son dépérissement et à la fin du communisme réel. Et c'est encore à l'apartheid qu'il pensait puisqu'il dédiait sa conférence à un militant communiste d'Afrique du Sud, Chris Hani, qui venait d'être assassiné par un immigrant polonais d'extrême droite, Janusz Walus, travaillant pour le compte de Clive Derby-Lewis, membre du Parti national afrikaner. Dans *Spectres de Marx*, l'un de ses plus beaux livres[2], il mobilisait l'œuvre freudienne, et notamment le concept de refoulement, pour montrer que la société occidentale était d'autant plus hantée par la « spectralité » de Marx qu'elle ne cessait d'annoncer sa mort et la fin du communisme.

Cette conférence se déroulait à la suite du succès planétaire remporté par les thèses du philosophe et économiste américain Francis Fukuyama qui, dès 1989, avait annoncé que l'universalisation de la démocratie libérale occidentale était désormais acquise comme la forme la plus accomplie de tout gouvernement humain. En bref, Fukuyama reprenait à son compte l'enseignement hégélien d'Alexandre Kojève sur la fin de l'histoire. Aussi fut-il aussitôt critiqué sur son

1. Jacques Derrida, « Admiration de Nelson Mandela », *in* Id., *Psyché*, t. I : *Inventions de l'autre*, Paris, Galilée, 1987, p. 454.

2. Jacques Derrida, *Spectres de Marx*, Paris, Galilée, 1993. Voir aussi Élisabeth Roudinesco, « Jacques Derrida : spectres de Marx, spectres de Freud », in *Un jour Derrida*, actes du colloque (Paris, Centre Pompidou, 21 novembre 2005), coordonné par Daniel Bougnoux et Peter Sloterdijk, Paris, Éd. de la Bibliothèque publique d'information, 2006.

utilisation du concept d'historicité. Mais c'est surtout son maître, Samuel Huntington, qui lui opposa une autre vision de l'avenir. Dans le monde postcommuniste, aucune « fin de l'histoire » n'aura lieu, disait-il, mais plutôt un choc (*clash*) des civilisations, c'est-à-dire de plusieurs civilisations entre elles : occidentale, slavo-orthodoxe, hindoue, africaine, islamique, japonaise, confucéenne. Loin d'en appeler à la guerre (*war*), il soulignait au contraire que, pour l'éviter, le monde occidental devait prendre conscience du fait que la modernisation des civilisations ne passait pas forcément par leur « occidentalisation » mais par la reconnaissance réciproque de leur nécessaire diversité[1]. L'expression « choc des civilisations » allait bientôt faire fortune, non pas pour ce qu'en avait dit Huntington mais pour mettre en scène une organisation binaire du monde : occidentalisme contre islamisme.

C'est dans ce contexte, mais selon une tout autre perspective, que Derrida intervenait, lui aussi, sur cette triple question : la fin de l'histoire est-elle concevable ? Comment penser l'imprévisible ? Qu'est-ce que l'Europe ? *Spectres de Marx* proposait aussi de réfléchir au nouvel ordre du monde après la chute des régimes communistes, à la perspective d'une possible révolution à venir qui serait issue de ce nouvel ordre, à comprendre ce que portait une époque qui ne parvenait pas à penser son avenir. Derrida associait à cet acte de terreur – l'assassinat de Chris Hani – trois grandes « scènes » de la culture occidentale : celle où Hamlet se confronte au spectre de son père qui revient, à contretemps, pour réclamer vengeance et confier à son fils la mission de sauver le « monde du déshonneur » ; celle de la publication du *Manifeste du*

1. Francis Fukuyama, *La Fin de l'histoire et le dernier homme* [1992], Paris, Flammarion, coll. « Champs », 2009. Samuel Huntington, *Le Choc des civilisations* [1996], Paris, Odile Jacob, 2000. Les deux livres sont tirés de deux articles. Cf. également Jean Birnbaum, *La Religion des faibles. Ce que le djihadisme dit de nous*, Paris, Seuil, 2018, p. 138-139.

Parti communiste qui contient la fameuse phrase de Marx et Engels : « Un spectre hante l'Europe : le spectre du communisme » ; celle enfin du nouvel ordre mondial, fondé sur la toute-puissance de la marchandise, un ordre « en phase maniaque », incapable de faire le deuil de ce qu'il prétend avoir mis à mort. Bien entendu, par son propos, Derrida rendait hommage à Paul Valéry qui, en 1919, s'était livré à une vaste réflexion sur le devenir de l'Europe au lendemain de la Première Guerre mondiale. Selon Valéry, l'homme européen, tel Hamlet, avait pris conscience que toute civilisation, même l'européenne, était mortelle. Aussi fallait-il désormais faire face aux spectres qui menaçaient de la détruire. L'impératif de l'Européen était le même que celui du héros de Shakespeare : devant la crise des valeurs, il fallait sauver l'esprit, au risque de faire basculer l'Europe dans une barbarie plus grande ; ainsi chancelle Hamlet entre deux abîmes, celui de l'ordre et celui du désordre[1].

En 1999, Derrida, venu d'un monde européen en crise, rencontra Nelson Mandela, le non-Européen le plus parfaitement occidentalisé et alors âgé de plus de quatre-vingts ans. Il fut impressionné par cet homme sage et enthousiaste qui avait su, durant ses années de prison, instituer une sorte d'Université permanente destinée à instruire les militants. Mandela lui demanda si Sartre était encore en vie[2].

C'est par le biais d'une confrontation avec l'apartheid et à travers une réflexion sur la langue, le discours, les spectres, les revenants, que Derrida reprenait le flambeau de la lutte anticolonialiste à une époque où le colonialisme avait été vaincu politiquement sans pour autant disparaître en tant qu'idéologie. Et c'est à ce moment que, depuis le sud de l'Afrique, lui

1. Paul Valéry, *Essais quasi politiques* [1919], *in* Id., *Œuvres*, Paris, Gallimard, coll. « Bibliothèque de la Pléiade », 1957, t. I, p. 993.

2. Jacques Derrida et Élisabeth Roudinesco, *De quoi demain… Dialogue*, Paris, Fayard / Galilée, 2001, p. 168.

fut renvoyé le nom de Sartre, un nom sacralisé qui incarnait l'histoire même de l'anticolonialisme. Était-il encore vivant ? Était-il un spectre ? Qui d'autre pouvait lui succéder ?

Descartes, mâle blanc colonialiste

De même que l'abolition par la science de la notion de race n'avait pas mis fin au racisme et à l'antisémitisme, de même la fin de l'épopée coloniale ne signifiait pas l'éradication de l'esprit du colonialisme. En ce sens, Derrida nourrissait les thèses des tenants des études postcoloniales puisqu'il s'agissait pour lui de mettre en évidence l'existence d'un nouvel esprit colonial. Et pour cela, il avait entrepris de passer du structuralisme classique au poststructuralisme en décentrant ses figures symboliques : la loi, le signifiant, l'origine, l'appartenance identitaire.

Inventé en 1967, le terme de « déconstruction », fort mal compris par nombre de commentateurs, renvoyait, dans sa définition première, à un travail de critique et de décentrement : un travail de la pensée inconsciente (« ça se déconstruit ») qui consistait à défaire, sans jamais le détruire, un système de pensée hégémonique. On comprend alors pourquoi le mot fera fortune dans les diverses *studies* des universités américaines. Dans tous les cas de figure, il s'agissait de critiquer, de décoloniser, de désaliéner, de mettre en cause les identités fixes et le primat d'une oppression : des hommes sur les femmes, du sexe sur le genre, des dominants sur les subalternes, des Blancs sur les Noirs, etc. Et cette conceptualité visait à reconstruire les sciences humaines et sociales en prenant en compte l'invisible : les sans-voix, les minorités, les exclus, les anormaux, etc. Ce mouvement de rénovation était au fond identique à celui qui avait vu naître la « science humaine » des décombres de la prétendue « science de la race ».

Nous avons rappelé plus haut comment la nouvelle « politique des identités » (*identity politics*) s'était imposée outre-Atlantique, à travers le multiculturalisme, en effectuant une synthèse entre le genre, le sexe, la race, l'ethnicité et la subjectivité. Celle-ci consistait à privilégier l'appartenance à la communauté plutôt que de promouvoir le combat en faveur de l'égalité citoyenne universelle : d'où une progressive dérive identitaire. Au départ, le projet était pourtant magnifique. Il émanait en effet d'un collectif de femmes noires, héritières de Rosa Parks, du mouvement des droits civiques et du Black Power, désireuses de rejoindre, en tant que féministes, l'ensemble des autres mouvements de libération des minorités opprimées[1].

Et c'est dans ce nouveau cadre identitaire qu'une jonction s'était produite entre le poststructuralisme, la postcolonialité, les études de genre, la théorie *queer* et l'ensemble des luttes menées par toutes les minorités contre un ordre ancestral dit « patriarcal » ou « occidentalocentré ». Une convergence – ou une intersectionnalité[2] – devenait donc possible, voire souhaitable, et susceptible de réunir en un même combat les exclus de la « normalité sexuelle » et les damnés de la colonialité. Ces nouvelles *studies* prenaient la suite de toutes les autres dont on a vu qu'elles se développaient dans des

1. Jules Falquet (trad.), « Le Combahee River Collective, pionnier du féminisme noir [avril 1977] », *Les Cahiers du CEDREF*, n° 14, 2006, p. 69-104. – Rosa McCauley Parks (1913-2005) : figure emblématique de la lutte contre la ségrégation raciale, proche de Martin Luther King. J'ai conservé pour ma part un souvenir ému de ma participation à la grande Marche des droits civiques de Washington du 28 août 1963, lors de mon premier voyage aux États-Unis. J'étais hébergée par une famille d'intellectuels juifs antiracistes. Cette marche était organisée par Bayard Rustin, conseiller de Martin Luther King, qui fut ensuite l'objet d'une double discrimination à la fois comme noir et comme homosexuel.

2. Terme inventé en 1989 par Kimberlé Crenshaw, pour conceptualiser une idée issue du *black feminism* américain.

secteurs de pointe des universités américaines : les *African American studies*, *Latino / Hispanic / Chicano studies*, *Asian American studies*, *Native American studies*, etc.

C'est à partir de cette réalité que le terme de « postcolonialisme[1] » commença à s'imposer, durant les années 1980-1990, au cœur des campus du monde anglophone, sous la forme des *postcolonial studies*, avec l'arrivée d'étudiants issus des anciens empires : Inde et Pakistan. Ils venaient se former dans les meilleures universités nord-américaines, australiennes et britanniques. Stigmatisés en raison de leurs origines, ils se montrèrent soucieux d'en découdre brillamment avec les vestiges d'une domination dont ils se sentaient toujours les victimes, alors même qu'ils en étaient devenus les meilleurs représentants : « Il est en effet remarquable, écrit Thomas Brisson, que ce ne sont pas tant des individus les plus enracinés dans leur tradition d'origine qu'ont émané les mises en question les plus radicales, mais bien d'intellectuels occidentalisés, passés par les écoles et les langues européennes, voire installés dans les universités d'Europe ou d'Amérique du Nord [...] Se dessine par là un paradoxe qui veut que, dans un contexte de décentrement du monde, ce soient des intellectuels installés au cœur même de l'Occident qui aient produit les critiques les plus acérées à son encontre[2]. »

Bien entendu, le multiculturalisme qui caractérise la société nord-américaine, fondée sur le principe du *melting-pot*, se prêtait parfaitement au développement de telles approches qui

1. Le mot *post* ne signifie pas qu'on a affaire à un « après » : il n'y a pas de diachronie dans la notion de « postcolonialisme » mais plutôt un « au-delà » structurel du colonialisme. Voir *infra*.

2. Thomas Brisson, « Pour une sociologie des critiques postcoloniales », *Sociétés contemporaines*, nº 93, 2014, p. 89-109. Cf. également Paul Gilroy, *Mélancolie postcoloniale* [2004], Paris, Éd. B42, 2020. Sociologue britannique, Gilroy a reçu en 2019 le prestigieux prix Holberg : « De l'Atlantique noir à la mélancolie postcoloniale » (entretien de Paul Gilroy avec Jim Cohen et Jade Lindgaard), *Mouvements*, nº 51, 2007, p. 90-101.

d'ailleurs, au départ, furent d'une grande richesse, contrairement à ce que ne cessent d'affirmer certains polémistes français – de droite et de gauche – convaincus de la supériorité de leur modèle[1].

On sait en effet à quel point la logique ethnoraciale fut toujours d'une importance cruciale sur ce continent dont l'histoire se confond avec un long processus de colonisations multiples et où l'abolition de l'esclavage n'a été obtenue qu'à la suite d'une guerre civile meurtrière dont la mémoire est toujours présente dans la littérature, la politique et le cinéma hollywoodien[2].

En témoigne d'ailleurs le fait qu'officiellement la population américaine est recensée à partir de cinq groupes distincts : les Américains autochtones (*Native Americans*), les Euro-Américains (*European Americans*), les Afro-Américains (*African Americans*), les Asiatiques-Américains (*Asian Americans*) et les Latino-Américains (*Latin Americans*). Dans cette perspective, on ne s'étonnera pas que la notion d'appartenance ethnique soit demeurée présente dans toutes les statistiques américaines, au même titre que l'appartenance religieuse.

Et c'est, bien sûr, cette hyper-ethnicisation – ou cet hyper-séparatisme – qui aura conduit aux dérives identitaires. Remarquons qu'elle encourage autant le racisme que l'antiracisme

1. Alain Mabanckou et Dominic Thomas, « Pourquoi a-t-on si peur en France des études postcoloniales ? », *L'Express*, 20 janvier 2020, en réponse à une violente tribune de Pierre-André Taguieff et Laurent Bouvet, convaincus que les artisans des études postcoloniales seraient des « bonimenteurs en quête de respectabilité académique » (*L'Express*, 26 décembre 2019). Ils oubliaient de dire que ces prétendus « bonimenteurs » sont tous des enseignants diplômés, exerçant dans les meilleures universités du monde occidental et que, bien souvent, ils se réclament de maîtres prestigieux issus du monde académique français, dont les œuvres sont traduites dans toutes les langues : Foucault, Bourdieu, Derrida, etc.

2. La guerre de Sécession (1861-1865) avait opposé les États de l'Union (le Nord) aux Confédérés (onze États du Sud).

puisqu'elle alimente à la fois les intérêts des adeptes de la ségrégation et du suprémacisme (de la race blanche) et les revendications de discrimination positive (*affirmative action* et *political correctness*) selon lesquelles il faut corriger les inégalités ethniques (mises en évidence par ces classifications) par des politiques de compensation, de repentance ou de réparation des offenses passées. Dans cette perspective, on ne saurait s'étonner que les combats menés par les minorités sexuelles (LGBTQ+) aient rejoint ceux des minorités ethniques[1].

Les études dites postcoloniales classiques ont toujours eu pour objet de mettre à jour des dynamiques survenues *après* la période coloniale. Au contraire, les études postcoloniales (en un mot) proposaient de déconstruire les restes de l'idéologie colonialiste propre aux États anciennement colonisateurs pour leur imposer une nouvelle représentation de la subjectivité de ceux qu'elles considèrent comme étant encore et toujours « colonisés ». Ces études ne cherchaient donc pas à retrouver l'existence d'identités refoulées en vue de les réactualiser, mais plutôt à décrire des identités multiples, individuelles ou collectives, qui se construisent et se défont au profit d'autres identités toujours hybrides. D'où un immense sentiment de vertige : comment décrire et analyser ce qui est défini comme un fluide permanent et qui échappe ontologiquement à toute analyse rationnelle ? Comment saisir les métamorphoses d'un caméléon ? Les études postcoloniales reposent sur un antihistoricisme qui fait que l'objet étudié s'évanouit à mesure qu'on croit le saisir.

Si les études postcoloniales se limitaient au monde anglophone, un autre courant dit « décolonial » prit aussitôt le

1. Cf. Éliane Elmaleh, « Les politiques identitaires dans les universités américaines », *L'Homme et la société*, n° 149, 2003, p. 57-74. Et Denis Lacorne, *La Crise de l'identité américaine. Du melting-pot au multiculturalisme*, Paris, Fayard, 1997.

relais dans le monde latino-américain. Il visait à critiquer la modernité dite occidentale, ses mœurs et ses modes de vie, ainsi que son système économique dit néo-libéral et regardé comme un nouveau colonialisme[1]. Défaire la « centralité »

1. Des centaines d'articles et des dizaines d'ouvrages ont été publiés sur cette question et sur la réception de la notion de postcolonialité et de décolonialité dans le champ des humanités et des sciences sociales. Je retiens ici quelques titres parmi les plus représentatifs : Sophie Bessis, *L'Occident et les autres. Histoire d'une suprématie*, Paris, La Découverte, 2001. Neil Lazarus (dir.), *Penser le postcolonial. Une introduction critique*, Paris, Éd. Amsterdam, 2006. Marie-Claude Smouts (dir.), *La Situation postcoloniale. Les « postcolonial studies » dans le débat français*, préface de Georges Balandier, Paris, Presses de Sciences Po, 2007. Jean-François Bayart, *Les Études postcoloniales. Un carnaval académique*, Paris, Karthala, 2010. Thomas Brisson, *Décentrer l'Occident. Les intellectuels postcoloniaux chinois, arabes et indiens, et la critique de la modernité*, Paris, La Découverte, 2018. Romain Bertrand, « La mise en cause(s) du "fait colonial" », *Politique africaine*, nº 102, 2006, p. 28-49. Anne Berger (propos recueillis par Grégoire Leménager et Laurence Marie), « Traversées de frontières : postcolonialité et études de "genre" en Amérique », *Labyrinthe*, nº 24, 2006. Béatrice Collignon, « Notes sur les fondements des *postcolonial studies* », *ÉchoGéo*, nº 1, 2007, p. 1-9. Yves Lacoste, « Le postcolonial et ses acceptions contradictoires dans trois récents recueils d'articles », *Hérodote*, nº 128, 2008, p. 143-155. Les enseignements postcoloniaux existent dans toutes les universités françaises, comme les études de genre, mais ils sont minoritaires, contrairement à ce qu'affirment les polémistes alarmés par la terreur d'une invasion barbare. Entre 2014 et 2019, 665 thèses ont été consacrées à ce sujet sur un ensemble de 40 453. Et parmi elles, figurent les thèses qui critiquent les dérives (source : Agence bibliographique de l'enseignement supérieur). L'Université française n'est donc pas « ravagée » par un « islamo-gauchisme » racisé et généralisé, issu des campus américains, ce qui n'empêche pas certains polémistes, toujours les mêmes, de vouloir créer des comités destinés à surveiller des enseignements, voire à recommander l'ouverture d'enquêtes parlementaires. Cf. à ce sujet le communiqué de la conférence des présidents de l'Université en réponse au ministre de l'Éducation nationale, Jean-Michel Blanquer, au lendemain de l'assassinat à l'arme blanche du professeur Samuel Paty par un islamiste tchétchène : « Non, les universités ne sont pas des lieux où se construirait une idéologie qui mène

de l'Occident sous toutes ses formes, et donc de l'Europe, en tant qu'elle serait la matrice originelle de l'occidentalisme : tel était le programme critique proposé par les tenants de ce mouvement de pensée dont certains désignaient comme « épistémicide » la prétendue élimination par l'Occident de toute autre forme de connaissance que la sienne. D'autres s'en prenaient à Descartes, lequel devint sous leur plume le fondateur d'une « mystification », puisque le « je » du « Je pense donc je suis » serait nécessairement celui d'un « mâle blanc » colonialiste[1].

Les deux courants – postcolonial et décolonial – affirmaient s'inspirer autant de la déconstruction derridienne que des thèses de Michel Foucault sur les minorités ou de celles de Deleuze et Guattari sur les réalités rhizomatiques, de Frantz Fanon sur le racisme, ou encore d'Edward Said sur l'altérité orientaliste, alors même que ces penseurs n'avaient jamais été les adeptes de la moindre dérive identitaire[2]. Tous se récla-

---

au pire […] La recherche n'est pas responsable des maux de la société, elle les analyse. Elle est par essence un lieu de débat et de construction de l'esprit crique » (communiqué du 23 octobre 2020). Cf. également Soazig Le Nevé, « Les sciences sociales dans le viseur du politique », *Le Monde*, 3 décembre 2020.

1. Cours de Fatima Khemilat, « Épistémicides. L'impérialisme m'a TueR [*sic*] », repris sur YouTube (2015). L'auteure est chargée d'enseignement à l'EHESS, ancienne doctorante de Sciences Po Aix-en-Provence et auteure de nombreux articles sur cette question. Cf. également les très nombreux articles et ouvrages de Boaventura de Sousa Santos (Portugal), Aníbal Quijano (Pérou), Enrique Dussel (Mexique), Ramón Grosfoguel (Porto Rico). Tous ces chercheurs ont été accueillis par les universités nord-américaines et tous se sont « mondialisés ».

2. On a donné le nom de *French Theory* à un corpus issu des principaux penseurs français des années 1970 – de Foucault à Derrida en passant par Lacan, Simone de Beauvoir ou Jean-François Lyotard –, ce qui a permis ensuite à des polémistes de droite, d'extrême droite ou même parfois gauchistes d'affirmer qu'ils étaient des imposteurs obscurantistes responsables de dérives identitaires. On dira plutôt qu'il s'agit là d'un effet de la mondialisation de certaines pensées critiques, réélaborées dans de

maient de la pensée freudienne ou postfreudienne de manière positive ou négative. C'est ainsi que des théories sophistiquées, élaborées dans le sérail des plus grandes universités du monde occidental, finiront par nourrir des mouvements politiques identitaires et insurrectionnels (postmarxistes et postcommunistes).

J'ai un jour demandé à Jacques Derrida ce qu'il pensait des dérives qui se réclamaient de son œuvre. Il me répondit que ce n'était pas à lui de faire la police dans les textes de ceux qui s'inspiraient de sa pensée. Contrairement à Lacan, il savait qu'aucun penseur ne peut maîtriser les lectures interprétatives suscitées par son œuvre. Aussi bien affirmait-il avec justesse que, pour être fidèle à un héritage, encore fallait-il lui être infidèle.

Flaubert et Kuchuk Hanem

C'est aussi au contact de l'œuvre et de l'enseignement d'Edward Said que les postcoloniaux et les décoloniaux purent effectuer leurs reconversions identitaires. Né en 1935 dans la Palestine mandataire, Said était, comme Derrida, un sujet en exil sans pour autant pouvoir se rattacher à un monolinguisme. Issu d'une famille bourgeoise, il avait été élevé par une mère née à Nazareth mais devenue libanaise et par un père palestino-américain. Durant toute son enfance, il parle trois langues : le français, l'anglais, l'arabe. Pourtant il ne sut jamais d'où sa mère tenait son anglais, ni quelle était sa nationalité. Il n'ignorait pas, cependant, que son prénom lui avait été donné en hommage au prince de Galles connu pour son élégance vestimentaire : « J'ai gardé toute

---

prestigieuses universités américaines. Cf. Razmig Keucheyan, « Le moment américain. Sur la mondialisation des pensées critiques », *Revue française d'études américaines*, n° 126, 2010, p. 21-32.

ma vie cette incertitude vis-à-vis de mes nombreuses identités […] et un souvenir précis de cette envie désespérée que nous soyons tous arabes ou tous européens et américains ou tous chrétiens orthodoxes ou tous musulmans ou tous égyptiens[1]. » Et comment répondre à cette interpellation : « Tu es américain. Comment se fait-il que tu sois né à Jérusalem ? Tu es arabe, en fait, mais quel genre d'Arabe es-tu ? Un protestant[2] ? » En réalité, il vivait déjà au Caire, même si, jusqu'en 1947, ses parents retournaient régulièrement en Palestine. À l'école, il fréquentait des élèves arméniens, juifs, coptes mais surtout des enfants anglais, fils de professeurs et de diplomates. Il poursuivit ensuite ses études au collège Victoria, où il subit des brimades de la part d'un surveillant sinistre et brutal qui deviendra célèbre au cinéma sous les traits d'Omar Sharif.

Deux ans après la création de l'État d'Israël, vécue par les Palestiniens comme la disparition de leur pays et de leur identité, Said fut expédié par ses parents aux États-Unis. Au terme de brillantes études à Harvard, il deviendra professeur de littérature comparée en soutenant une thèse sur Joseph Conrad[3]. Ce choix n'était pas anodin. Né polonais dans l'Empire russe, capitaine au long cours et aventurier des océans lointains, parlant plusieurs langues, Conrad avait toujours été en quête d'une impossible identité avant de devenir écrivain. Il écrivit ses romans dans la langue de son pays d'adoption : la Grande-Bretagne. Avant même de publier *Lord Jim*, prototype moderne de l'autobiographie déconstruite qui annonçait une révolution dans la narration subjective, il avait fait paraître une longue nouvelle, *Au cœur*

1. Edward Said, *À contre-voie. Mémoires* [1999], Paris, Le Serpent à plumes, 2002, p. 24.
2. *Ibid.*, p. 25.
3. Edward Said, *Joseph Conrad and the Fiction of Autobiography*, Cambridge (Mass.), Harvard University Press, 1966.

des ténèbres[1], dont le personnage principal, Kurtz, incarnait à lui tout seul la violence du monde colonial. Trafiquant d'ivoire immergé dans la sauvagerie du bassin du Congo, mélancolique et agonisant, Kurtz règne sur des autochtones et exécute ses ennemis pour mieux conserver leurs têtes plantées sur des poteaux entourant sa maison. Dans les deux livres, Conrad introduisit un double du personnage, Charles Marlow, le narrateur.

En étudiant l'un des auteurs les plus subversifs de la littérature de la fin du XIXe siècle et du début du XXe, Said inventa ainsi une lecture, non pas déconstructive, mais en « contrepoint » ou « contrapuntique », comme il le théorisera plus tard. Grand mélomane, il empruntait ce terme à une technique selon laquelle les mélodies se superposent sans qu'aucune d'elles ne soit considérée comme dominante. Aussi bien partait-il du principe que la grandeur d'une œuvre suppose qu'elle puisse être interprétée de manière infinie selon le contexte et l'époque. Que ce soit le théâtre de Shakespeare, l'art romanesque des classiques ou la littérature de la modernité – de Proust à Joyce –, tous ces textes ont en commun d'engendrer une complexité qui suscite autant de lectures polyphoniques possibles que de lecteurs dont les identités divergent.

Toute lecture renvoie donc à une position subjective. Dans cette perspective, Said faisait de Conrad un vagabond génial qui, devenu écrivain dans une langue étrangère à la sienne, ne parvint jamais à se départir d'un sentiment d'aliénation envers son pays d'adoption, au point de vivre en permanence entre deux mondes. Et il en déduisait que le personnage de Kurtz, hanté par ses propres ténèbres et ses pulsions mortifères, se montrait incapable d'imaginer une autre Afrique que celle de la colonisation. En effet, Kurtz ne perçoit pas la présence d'un monde qui pourtant lui résiste. Pur représentant

1. Joseph Conrad, *Au cœur des ténèbres* [1899], Paris, Flammarion, 1993 ; *Lord Jim* [1900], Paris, Gallimard, coll. « Folio », 1982.

d'un système impérial qu'il a pris en horreur, il traverse donc un rêve dont les figures sont destinées à disparaître[1].

En 1967, avec la guerre des Six Jours, Said – déjà enseignant à la prestigieuse université Columbia[2] et citoyen américain de longue date – eut la révélation de l'importance de son identité arabe. Il se rendit alors en Jordanie pour y rencontrer des amis impliqués dans la lutte en faveur de la cause palestinienne. Par la suite, il devint membre du Conseil national palestinien en soutenant le principe de la création d'un État binational et en militant avec son ami Daniel Barenboim à un rapprochement entre de jeunes musiciens palestiniens et israéliens. Au fond, comme Derrida, il souhaitait la réunion de toutes les communautés en un seul État : la séparation entre les peuples, disait-il, n'est une solution à aucun des problèmes qui les divisent.

Ce tournant fut à l'origine de la publication de son livre majeur, *L'Orientalisme*, marqué par les principes de lecture déjà élaborés pour son approche de l'œuvre de Conrad. Publié en anglais en 1978, *L'Orientalisme*[3] est un chef-d'œuvre d'érudition et on comprend, en le lisant, pourquoi il eut un tel retentissement. Traduit en quarante langues et maintes fois réédité, il devint en quelques années la bible des études postcoloniales en étant lu, bien souvent, en sens contraire de ce qu'il énonçait. Mais, après tout, Said lui-même avait théorisé l'idée de la lecture polyphonique. En passant en revue toute l'aventure occidentale de l'orientalisme – mouvement littéraire et artistique –, Said affirmait que l'Orient, au sens générique du terme, plutôt que géographique, était une sorte de construction fictive à travers laquelle le discours occidental

1. Voir Alexis Tadié, « Edward Said et Joseph Conrad : la critique de l'illusion coloniale », *Tumultes*, nº 35, 2010, p. 67-80.

2. Il deviendra professeur titulaire en 1977.

3. Edward Said, *L'Orientalisme. L'Orient créé par l'Occident*, préface de Tzvetan Todorov, Paris, Seuil, 1980 ; réédité en 1997 avec une postface de l'auteur, puis en poche dans la collection « Points Essais » en 2015.

cherchait à cerner une altérité qui lui échappait[1]. L'orientalisme en tant que mouvement de pensée témoignait à ses yeux du rêve éveillé collectif de l'Europe à propos de l'Orient, un rêve qui cautionnait un rapport d'inégalité identitaire entre le voyageur occidental et les populations visitées.

Alors que les différentes *studies* portent essentiellement sur *l'autre* interne à soi-même (homosexuel, anormal, *queer*, Blanc, Noir, métis, etc.), Said analysait le discours qu'une société tient sur une autre société : *l'autre extérieur*, et, en l'occurrence, l'Oriental. Parmi les Orientaux, il choisissait l'homme du Proche et du Moyen-Orient, arabe et musulman, et, parmi les discours tenus de l'extérieur, il privilégiait ceux qui étaient issus des deux empires coloniaux – la France et la Grande-Bretagne – auxquels il ajoutait celui de l'impérialisme américain qui leur avait succédé après le démantèlement du colonialisme : « Toutes les parties du monde qui furent colonisées, écrivait-il, sont maintenant liées aux États-Unis par un vaste réseau d'intérêts, tout comme la prolifération de sous-spécialités universitaires sépare (et cependant met en rapport) toutes les anciennes disciplines philologiques créées en Europe, telles que l'orientalisme. Le "spécialiste en aires culturelles" [...] revendique la compétence d'un expert régional, mise au service du gouvernement ou des affaires, ou de l'un et des autres[2]. »

Aussi bien Said prenait-il pour objet d'étude l'orientalisme des XIXe et XXe siècles et il entendait sous ce terme une discipline et un style de pensée fondés sur l'hypothèse qu'il existerait un *Orient* opposé à un *Occident*, l'un dominé et l'autre dominateur. L'Orient aurait donc été « orientalisé » par le discours occidental afin que les Occidentaux et les Orientaux puissent s'assurer d'une « identité », les uns face aux autres,

1. C'est-à-dire l'Orient au sens de l'Orient arabe ou monde arabe ou monde arabo-islamique dont les limites géographiques sont variables.
2. E. Said, *L'Orientalisme*, *op. cit.* (coll. « Points »), p. 475.

cette identité fût-elle falsifiée ou illusoire. Le danger attaché à cette démarche était bien sûr de faire du mouvement orientaliste un simple auxiliaire du colonialisme.

Mais le livre allait bien au-delà du projet initial et ne se contentait pas de faire exploser l'essentialisme du regard occidental sur l'Orient. Sous la plume de Said, et en trois parties, étaient analysés tous les grands textes consacrés à la « question d'Orient », de Silvestre de Sacy à Louis Massignon, en passant par T.E. Lawrence, Chateaubriand, Baudelaire, Hugo, sans compter l'épisode de l'expédition d'Égypte conduite par Bonaparte (1798-1801).

Dans la dernière partie de l'ouvrage, consacrée à la création de l'État d'Israël puis à l'entrée en scène de l'impérialisme américain, Said remarquait que l'Arabe s'était substitué au Juif dans les représentations occidentales de l'Orient, phase ultime de l'orientalisme. L'Arabe était ainsi conçu comme une ombre qui suit le Juif, disait-il en substance, en ajoutant qu'ils étaient classés l'un et l'autre comme des « Sémites ». Et pour montrer la similitude entre la haine de l'Arabe et celle du Juif, il citait une lettre de Chaïm Weizmann de 1918 en soulignant combien ses propos auraient pu être appliqués aux Juifs par les antisémites. Celui-ci reprenait en effet la vulgate classique selon laquelle l'Arabe serait un fourbe, un traître, un arrogant[1].

Parmi les pages les plus discutables, on retiendra celles que Said consacre à Gustave Flaubert, à son œuvre « orientale » et surtout à sa rencontre avec Kuchuk Hanem, la célèbre danseuse reléguée à Esneh sur les bords du Nil. C'est là que le gouvernement égyptien déportait les prostituées pour faire d'elles des attractions touristiques. Fasciné par les bordels, Flaubert, alors âgé de vingt-sept ans, était en quête de sensations charnelles nouvelles. Aussi fit-il de cette somptueuse courtisane qu'il aimait l'incarnation de la féminité orientale en

1. *Ibid.*, p. 501.

tant qu'elle serait l'essence la plus accomplie de la puissance sexuelle de la femme en général. Non pas l'altérité dominée, mais plutôt la souveraineté conquérante : « Impériale bougresse, tétonneuse, viandée, avec des narines fendues, des yeux démesurés, des genoux magnifiques [...] Je l'ai sucée avec rage, son corps était en sueur [...] En contemplant dormir cette belle créature [...] je pensais à mes nuits de bordel à Paris [...] Nous nous sommes dit là beaucoup de choses tendres, nous nous serrâmes vers la fin d'une façon triste et amoureuse[1]. »

Fin connaisseur de l'œuvre flaubertienne, Said soulignait à juste titre que l'auteur s'était inspiré de ce voyage en Orient, et plus tard d'ailleurs de son périple en Tunisie, pour créer les personnages de Salomé puis de Salammbô. Pourtant, il n'hésitait pas à faire de la fameuse scène avec Kuchuk Hanem, non seulement le prototype du rapport de force entre l'Orient et l'Occident, mais aussi celui de la domination masculine du colonisateur sur la femme orientale : « Celle-ci ne parle jamais d'elle-même, elle ne fait jamais montre de ses émotions, de sa présence ou de son histoire. C'est *lui* qui parle pour elle et qui la représente. Or il est étranger, il est relativement riche, il est un homme, et ces faits historiques de domination lui permettent non seulement de posséder physiquement Kuchuk Hanem, mais de parler pour elle et de dire à ses lecteurs en quoi elle est “typiquement orientale”. Ma thèse est que la situation de force entre Flaubert et Kuchuk Hanem n'est pas un exemple isolé : elle peut très bien servir de prototype aux rapports de force entre l'Orient et l'Occident et au discours sur l'Orient que celui-ci a permis[2]. »

À l'évidence, Said se trompait, sinon sur le prototype, du moins sur Flaubert. Loin d'être le représentant d'un

1. Gustave Flaubert, « Lettre à Louis Bouilhet », 13 mars 1850, *in* Id., *Correspondance*, Paris, Gallimard, coll. « Folio », 2018, p. 126-127.
2. E. Said, *L'Orientalisme*, *op. cit.* (coll. « Points »), p. 36.

quelconque colonialisme, l'auteur de *Salammbô*, certes fasciné par l'Orient, ne regardait jamais l'Oriental comme un barbare qu'il faudrait soumettre aux bienfaits de la civilisation des Lumières. Révolté contre la société bourgeoise, il n'eut de cesse que de dénoncer son hypocrisie, ses idées reçues, sa bêtise, sa morale. Il n'aimait ni la monarchie ni la démocratie de masse, qui conduisait à une uniformisation de la pensée, et il n'était attiré par les splendeurs du monde antique – et donc de l'Orient – que parce qu'il y relevait une esthétique de la violence conforme à sa vision d'un art littéraire qui devait s'éloigner du romantisme. Attaqué en justice en 1857 pour « offense à la morale publique », il avait fait d'Emma Bovary une femme rebelle préférant le suicide à la médiocrité. Et il soutenait avec vigueur la cause de la littérature contre les censeurs et les pouvoirs institutionnels[1].

Jamais Flaubert ne défendit une nation, une culture ou une religion contre une autre, jamais il n'adhéra à la moindre épopée coloniale. En outre, au long de ses différents périples orientaux, il se démarquait toujours de la façon dont l'Europe se représentait l'Ottoman, l'Oriental ou l'Arabe[2], au point d'affirmer qu'il n'était pas plus moderne qu'ancien, pas plus chinois que français. Aussi détestait-il tout ancrage dans une terre, fût-elle marquée au rouge, au noir ou au bleu. « Je suis le frère en Dieu de tout ce qui vit, disait-il volontiers, de la girafe et du crocodile comme de l'homme, et le concitoyen de tout ce qui habite le grand hôtel garni de l'Univers[3]. »

1. Fabienne Dupray, « *Madame Bovary* et les juges. Enjeux d'un procès littéraire », *Histoire de la justice*, n° 17, 2007, p. 227-245.

2. Selon le vocabulaire de l'époque.

3. Lettre à Louise Colet du 26 août 1846. Cf. l'excellente thèse de Hassen Bkhairia, *L'Inscription littéraire de l'histoire chez Flaubert, des œuvres de jeunesse à « Salammbô »*, soutenue à l'université de Bordeaux en 2012. Voir aussi le site du Centre Flaubert de Rouen. Et également Francis Lacoste, « L'Orient de Flaubert », *Romantisme*, 119, 2003, p. 73-84.

À l'évidence, Said était lui-même un pur produit de la configuration orientaliste qu'il décrivait. Lui aussi était un orientaliste aussi talentueux que les auteurs dont il étudiait les œuvres. Et c'est pourquoi son livre, très marqué par la lecture des textes de Flaubert, Conrad, Freud, Foucault et bien d'autres, ressemblait à l'autoanalyse d'un homme « occidentalisé » puis « orientalisé », toujours partagé entre un discours qualifié de « colonial » et un autre, muet, incapable à ses yeux d'inventer un autre orientalisme que celui qui avait été fabriqué par l'Occident, c'est-à-dire par lui-même. Jamais Said ne définit ce qu'aurait été un Orient réinventé par les Orientaux eux-mêmes[1].

Téhéran 1979 : un rêve de croisade

Cette situation attribuée à Flaubert, ce « rapport de force entre celui qui parle et celle qui ne parle pas », sera retenue par les héritiers de Said : ils en feront le point de départ d'une nouvelle avancée des études postcoloniales puis décoloniales. Le prototype flaubertien de la domination « colonialo-patriarcalo-masculine » deviendra ainsi le fer de lance d'un combat tout à fait simplifié : les dominants d'un côté, masculinisés, les dominés de l'autre, féminisés ou encore « subalternisés ». Le tout assorti d'une prolifération de néologismes

1. Cf. Guy Harpigny, compte rendu du livre de Said, *Revue théologique de Louvain*, fasc. 3, 1981, p. 357-361. Et J. Birnbaum, *La Religion des faibles*, *op. cit.*, p. 62. Henry Laurens, historien du monde arabe, reproche à juste titre à Said son refus d'accepter l'idée de conflit entre l'Occident et l'Orient, et d'en rester à la représentation d'une binarité figée. Cf. « Dans l'Orient arabe toujours plus compliqué », leçon inaugurale au Collège de France, 11 mars 2004, publiée dans *Le Monde* du 12 mars 2004 ; et *Orientales*, t. I : *Autour de l'expédition d'Égypte*, Paris, CNRS Éditions, 2004. Notons que, comme Michel Foucault, Jacques Derrida et bien d'autres, Edward Said a été copieusement insulté tout au long de sa carrière.

qualifiant des sous-catégories humaines – genrées, non genrées, ethniques, hybrides – déclinées selon la différence des sexes et la construction sociale ou coloniale : bigenre, agenre, cisgenre, gay, bisexuel, transgenre, intersexué, hétéronormé, hétéropatriarcal, arabe, lesbien, racisé, intersectionnalisé, subalterne, etc. Dans la même perspective, on utilisera le néologisme « raciser » qui, à l'origine, servait à définir une attitude discriminatoire fondée sur des critères raciaux. Mais ensuite, à travers un processus de dérive, l'adjectif « racisé » finira par désigner positivement un clan soucieux de ne pas se mélanger à une population blanche, l'idée étant que cette mise à l'écart permettrait aux victimes muettes de s'exprimer sans avoir à redouter qu'un Flaubert ne vînt parler à leur place.

L'emploi de ce terme ouvrait la voie à une mise en cause inacceptable de l'idée d'indivisibilité de la République : en France, en effet, il est interdit de classer les personnes en fonction de leur origine ou de leur couleur de peau. Nul n'a le droit, par exemple, de choisir d'être soigné par un médecin noir plutôt que blanc, et de même par une femme plutôt que par un homme et réciproquement. Rester dans « l'entre-soi » afin de se protéger de l'agression raciste : telle serait donc la spirale infernale de toute quête identitaire qui ne peut aboutir qu'à un enfermement victimaire. J'ai déjà souligné à quel point ces dénominations ressemblaient à celles du fameux *DSM*, ce grand manuel des classifications psychiatriques post-modernes, plus proche de la liste à la Perec que d'un travail scientifique[1].

Et puisque les *studies* se multipliaient, il fallut étendre le champ des études identitaires. Parmi elles, les *postcolonial Middle Ages*, divisées en plusieurs tendances, et qui

1. Laurent Dubreuil a fort bien noté cette dérive dans *La Dictature des identités*, Paris, Gallimard, 2019. Voir également, du même auteur, « Alter, inter : académisme et *postcolonial studies* », *Labyrinthe*, nº 24, 2006, p. 47-61.

préconisaient de « décoloniser » le Moyen Âge, lequel aurait été traité par les historiens médiévistes occidentaux comme une altérité inférieure, au même titre qu'un « continent noir » soumis à l'impérialisme européen[1]. À quoi s'ajoutaient les *porn studies*, ou études féministes alternatives sur la pornographie transformée en pratique libératrice, voire genrée, de la sexualité des femmes, à l'écart de toute forme d'oppression masculine. Dans la même perspective, se développeront les *critical race studies*, ou études critiques sur la race, qui reprendront à leur compte la notion de race pour en faire l'équivalent de la notion de classe. Ainsi, pour les sociologues spécialistes de ce champ identitaire, la race deviendra un concept désignant une relation de pouvoir détachée de toute idée de races (au pluriel) : autant dire un enfermement dans un passé sans présent ni avenir[2].

En symétrie, les *whiteness studies*, ou études de blanchité, largement inspirées par la psychanalyse postfreudienne, se développeront dans les universités américaines à partir des années 1990. Alors que le terme « blancheur » renvoyait à une simple propriété chromatique, celui de blanchité (ou blanchitude) invitait à réfléchir à la manière dont un sujet dit « blanc » pouvait être perçu comme blanc et s'investir d'un pouvoir de domination conforme à une idéologie racialiste toujours présente dans les sociétés postcoloniales. Autant dire que de telles études stigmatiseront les Blancs « en tant que blancs » jugés coupables d'utiliser un prétendu « privilège blanc » afin de mieux refouler leur subjectivité *forcément* raciste. L'étude de la blanchité aura donc pour objectif de faire avouer à chaque

1. CF. Marion Uhlig, « Quand *postcolonial* et *global* riment avec “médiéval”. Sur quelques approches théoriques anglo-saxonnes », *Perspectives médiévales*, n° 35, 2014.

2. Sonya Faure, « Faut-il utiliser le mot “race” ? », *Libération*, 25 septembre 2020. Cf. également Maurice Olender, *Race sans histoire*, Paris, Seuil, coll. « Points Essais », 2009.

Blanc son racisme inconscient[1] en l'obligeant à désigner le Noir par sa noirceur plutôt que d'ignorer sa couleur au nom d'une pseudo-égalité dite universaliste, tandis que les études critiques de la race feront réapparaître, quoi qu'on en dise, le bon vieux « catalogue banania »…

La notion de « race » ainsi reconceptualisée fera donc retour dans des corpus discursifs d'inspiration antiraciste. Les artisans de ces études auront pour point commun, au cœur même des départements de sciences sociales et des humanités, de livrer une lutte sans merci contre un « ennemi intime », c'est-à-dire contre une disposition d'esprit inconsciente qui ferait que le dominé intérioriserait les stéréotypes du dominant : il serait la proie d'un démon intérieur nommé Europe ou Occident. Aussi voudront-ils combattre tantôt la haine de soi résultant de cette intériorisation, tantôt les ravages produits dans le psychisme inconscient des dominants par les restes de l'époque coloniale[2].

Pour explorer les différentes facettes de cette nouvelle configuration, ils auront recours à une rhétorique protéiforme qui, sous couvert d'une modernité héritée des « maîtres » (Derrida, Said, Foucault, Fanon, etc.), les conduira à la fabrication d'un vocabulaire de « l'entre-soi » et de l'aveu prophétique, une sorte de « parler obscur » ou de « jargon prophétique[3] »,

1. Robin DiAngelo, *Fragilité blanche. Ce racisme que les Blancs ne voient pas* [2019], Paris, Les Arènes, 2020.

2. C'est la thèse centrale développée par le psychologue indien Ashis Nandy, qui s'inspire de la conceptualité psychanalytique : *L'Ennemi intime. Perte de soi et retour à soi sous le colonialisme* [1983], Paris, Fayard, 2007. On y trouve une thématique très proche de celle d'Octave Mannoni. La version française est préfacée par Charles Malamoud et Pierre Legendre, lequel voit dans le colonialisme une violence qui rejaillit sur la condition des vainqueurs, « victimes camouflées à un stade avancé de décomposition psychologique ».

3. J'emprunte ce terme à Montaigne : « Le parler obscur, ambigu et fantastique du jargon prophétique. »

permettant à chacun de mettre en avant sa « positionalité » subjective : race, origine, genre, vécu victimaire, généalogie, orientation sexuelle, etc. Ce « parler obscur » aura pour caractéristique d'exprimer des propositions tellement alambiquées qu'elles disent tout et son contraire, et qu'aucune étude critique ne pourra jamais les réfuter. Manière de rendre impossible le débat contradictoire en dehors du sérail. Je dirais volontiers que l'obscurité dont il s'agit dans ce parler obscur est inversement proportionnelle à la profondeur et à la pertinence de la pensée.

Ajoutons à la liste de ces *studies* les assignations identitaires religieuses qui deviendront d'autant plus puissantes qu'un an après la parution de l'ouvrage de Said un islam politique et radical fera irruption sur la scène mondiale en prétendant substituer un nouvel universalisme à l'ancienne domination impériale : « Sa première percée, écrit Robert Gildea, fut la révolution iranienne de 1979, et la deuxième la guerre menée par l'Union soviétique en Afghanistan entre 1979 et 1989[1]. »

Les grands pays démocratiques avaient espéré que la chute du communisme aurait pour conséquence, non seulement le triomphe des droits de l'homme dans les anciens empires coloniaux, mais aussi la victoire des Lumières sur l'obscurantisme religieux, et donc de la démocratie libérale comme s'apprêtait à le prophétiser Francis Fukuyama. Et voilà que l'islamisme politique, déclinaison identitaire de l'islam[2], venait raviver un idéal anti-occidental chez les peuples anciennement colonisés : un véritable messianisme qui, pourquoi pas, promettait de devenir le « grand décolonisateur » de la planète entière.

Envoyé spécial du *Corriere della sera* à Téhéran, Michel Foucault rencontra des insurgés qui ne parlaient que de

1. Robert Gildea, *L'Esprit impérial. Passé colonial et politiques du présent* [2019], Paris, Éd. Passés composés, 2020, p. 245.

2. Consistant à se définir de façon binaire comme musulman ou non-musulman.

« gouvernement islamique », de haine de l'Occident, prêts à mourir pour le Prophète. Et il s'interrogea sur la signification qu'il fallait donner à cet événement, le surgissement en plein XXe siècle d'une rébellion spirituelle d'une puissance inouïe, comparable à celles qui avaient inspiré les croisades en Occident. Certes, Foucault avait rencontré l'ayatollah Khomeyni à Neauphle-le-Château, alors qu'il était en exil, menacé par la dictature du Chah. Mais il ne pensait pas un instant que la rébellion islamique déboucherait sur la formation d'un courant politique, en quoi il se trompait lourdement[1]. Néanmoins, à aucun moment il ne fut « converti à l'islamisme » par Khomeyni, comme on ne cessera de le lui reprocher, notamment Franz-Olivier Giesbert et Alain Minc[2].

Partout, dans le monde, éclateront alors des guerres dites de « civilisation », nourries par ce nouveau rêve messianique et meurtrier qui culminera avec la destruction, le 11 septembre 2001, des tours du World Trade Center.

C'est dans ce contexte qu'en février 1989, l'année même de sa mort, Khomeyni, guide spirituel du monde chiite, prononça une fatwa contre *Les Versets sataniques*, roman publié un an auparavant par l'écrivain britannique d'origine indienne

1. Cette rencontre est relatée par Paul Veyne, *Foucault, sa pensée, sa personne*, Paris, Albin Michel, 2008. Expulsé d'Irak, Khomeyni a résidé en France entre le 6 octobre 1978 et le 1er février 1979. Raymond Aron, de son côté, pensait à tort que Khomeyni deviendrait l'allié de l'URSS.

2. Michel Foucault, « À quoi rêvent les Iraniens » [1978] et « Une poudrière appelée islam » [1979], in *Dits et écrits*, t. III : *1976-1979*, Paris, Gallimard, 1994, p. 688-698 et 759-762. Giesbert prétendait rappeler « les bêtises » de Foucault (*Le Point*, 5 décembre 2003). Quant à Minc, il n'hésitait pas à le traiter « d'avocat du khomeynisme iranien, solidaire en théorie de ses exactions » (*Le Monde*, 7 novembre, 2001). Voir, à ce sujet, l'excellente mise au point de Julien Cavagnis, « Michel Foucault et le soulèvement iranien de 1978. Retour sur la notion de "spiritualité politique" », *Cahiers philosophiques*, nº 130, 2012, p. 51-71. Voir également Jean Birnbaum, *Un silence religieux. La gauche face au djihadisme*, Paris, Seuil, 2016.

Salman Rushdie[1]. Ce beau livre parlait du déracinement de l'immigré, déchiré entre sa culture d'origine et celle de son pays d'accueil, et il décrivait pas à pas les métamorphoses identitaires, les cauchemars, les hallucinations, les rêves et les souffrances de deux personnages confrontés autant aux préjugés racistes qu'à l'obscurantisme religieux : à la foi, au fanatisme, aux brutalités policières, à la mort et au thème du pardon. Le titre était tiré d'un épisode de la vie de Mahomet : entouré de notables polythéistes à La Mecque, alors qu'il s'apprêtait à fonder un nouveau monothéisme, le prophète aurait énoncé des « versets sataniques » autorisant d'autres divinités que le seul Dieu, avant de se rétracter. Le fait même de parler de cet événement appelait la condamnation de son auteur. Quant au livre, il fut dès lors considéré par ses ennemis islamistes comme « l'incarnation des complots sataniques de l'Arrogance Mondiale et des colonisateurs sionistes qui transparaissent sous les manches de cet apostat ».

Pendant dix ans, l'écrivain et tous ses éditeurs furent menacés de mort dans le monde entier, tandis que le livre était interdit dans de nombreux pays. Soutenu par une majorité d'intellectuels dont beaucoup étaient issus du monde arabo-islamique, Salman Rushdie, nouveau Voltaire, dut vivre pendant dix ans sous protection policière, changeant une soixantaine de fois de domicile. La fatwa fut approuvée par des millions de musulmans, non seulement au Pakistan, en Turquie, dans les pays du Maghreb et du Moyen-Orient, mais aussi par une partie des adeptes du postcolonialisme qui voulaient voir dans le blasphème la manifestation d'un racisme colonialiste reconverti en haine de l'islam. Eux aussi hurlaient au scandale et à l'islamophobie en brandissant des menaces dignes du discours de l'Inquisition. Parmi les dirigeants des pays démocratiques, Margaret Thatcher, Jacques Chirac et

1. Salman Rushdie, *Les Versets sataniques* [1988], Paris, Christian Bourgois, 1989.

Jimmy Carter refusèrent, par des déclarations publiques, de soutenir Rushdie en affirmant que ses propos outranciers manquaient de « tact » et de « compassion » envers la foi musulmane. Plus courageuse, la reine Elizabeth II lui décerna le titre de « chevalier ».

L'essor de cet islam identitaire qui s'abattait sur un écrivain talentueux, progressiste et antiraciste eut évidemment des répercussions sur les immigrants du monde occidental, qui purent désormais s'identifier à cette contre-révolution obscurantiste, liberticide et criminelle. Et, bien entendu, il en eut aussi sur les départements universitaires où se développaient les *studies* prenant pour objet d'étude les minorités issues des anciens empires : Moyen-Orient, Maghreb, Pakistan, Inde, etc. Seraient-elles, ces minorités, tentées par cette contre-révolution identitaire, au risque de se perdre dans la quête régressive d'un passé fantasmé – un « retour à soi » illusoire –, ou choisiraient-elles au contraire de s'adapter à un mode de vie « occidental », qui ne serait plus ressenti comme hostile à leur religion mais comme une mise à distance de ce fanatisme criminel qu'elle portait en elle ? Toujours est-il que plus le monde se mondialisait au rythme de l'économie globalisée et plus les artisans des politiques identitaires cherchaient à prendre une revanche postcoloniale sur les catégories de cette pensée « occidentale » dont ils étaient les purs produits : parfois au risque de se noyer, eux aussi, dans l'adhésion à l'islamisme radical.

L'identité subalterne

Donner la parole à Kuchuk Hanem. Tel était le programme des *subaltern studies* popularisées dans le monde académique anglophone par des historiens indiens érudits et formés dans les universités occidentales. Le terme avait été forgé par Antonio Gramsci entre 1926 et 1937, durant ses années de prison, pour désigner un individu, voire un groupe, échappant à toute identité de classe, marginalisé et soumis à une subordination, à la fois psychique et culturelle[1]. Il pensait aux esclaves de l'Antiquité, aux paysans des régions périphériques et au sous-prolétariat, pour lesquels, disait-il, les historiens devaient constituer des archives et des monographies[2]. Repris par l'historien bengali Ranajit Guha, le terme fut interprété de manière différente dans le cadre d'une formidable opération historiographique consistant à faire de « l'histoire par en bas », c'est-à-dire à donner la parole aux invisibles, aux sans-grades, aux damnés de la terre qui sont les plus discriminés en raison de leur sexe, de leur race, de leur caste : en un mot aux « sous-autres[3] ». Pour ses initiateurs, cette approche devait permettre de dépasser le clivage classique entre une histoire pensée par les dominants (l'ordre colonial) et une histoire recréée par les nouvelles classes bourgeoises issues de la décolonisation.

1. Les *Cahiers de prison* sont édités en cinq volumes chez Gallimard, coll. « Bibliothèque de philosophie ».

2. Riccardo Ciavolella, « L'émancipation des subalternes par la "culture populaire". La pensée gramscienne et l'anthropologie pour appréhender l'Italie de l'après-guerre et le tiers monde en voie de décolonisation (1948-1960) », *Mélanges de l'École française de Rome. Italie et Méditerranée modernes et contemporaines*, nº 128, 2016 (en ligne).

3. Le projet des *subaltern studies* s'est concrétisé par la publication d'une série de onze volumes entre 1982 et 2000 regroupant un total de quelque cinquante contributeurs. Les dix premiers volumes ont été édités à Delhi par Oxford University Press et le dernier à New York par Columbia University Press, Gayatri Chakravorty Spivak ayant rejoint l'équipe en 1985. Bien entendu, comme dans tous les mouvements d'avant-garde, les acteurs de cet énorme projet entrèrent en conflit les uns avec les autres. C'est au cœur des plus grandes universités américaines – Harvard, Columbia, Cornell, etc. – qu'ils s'affrontèrent et qu'ils croisèrent les penseurs venus de France ou d'Amérique latine. Cf. T. Brisson, *Décentrer l'Occident*, *op. cit.* L'historien anglais Robert J.C. Young, spécialiste de Fanon, a été l'un des premiers à caractériser la théorie postcolonialiste comme un domaine d'étude : *White Mythologies : Writing History and the West*, Londres, Routledge, 1990.

Ainsi les *subaltern studies* voulaient-elles donner la parole à *l'autre* dans son dénuement le plus absolu : aux groupes sans conscience de classe ni idéologie. Après un périple qui le mènera de Calcutta à Paris, puis à Manchester et à Londres, Guha devint le chef de file d'un vaste programme subalterniste qui réunira, au fil des années, des chercheurs soucieux d'effectuer une synthèse entre toutes les approches issues des différentes *studies* : études de genre (*queers* et transgenres), études postcoloniales, décoloniales[1], etc.

Cette entreprise connut un immense succès international et on comprend pourquoi. Il s'agissait de dévoiler une *autre histoire*, celle-là même qui avait été occultée par les grands récits nationaux enseignés à toutes les générations du monde occidental, colonisateurs et colonisés. Il fallait réhabiliter une histoire souterraine en critiquant ce récit des origines, fondé sur l'apologie des conquêtes impériales, sur la prétendue valeur inégalée des nationalismes européens, sur « nos ancêtres les Gaulois », tous ces récits qui faisaient fi des massacres, des violences et des crimes perpétrés pendant des siècles contre les peuples de couleur, contre les pauvres, contre les discriminés, contre les exploités. Pour contrer l'infamie de ces récits glorieux, il fallait, disaient les tenants des *subaltern studies*, construire un mémorial en l'honneur des victimes afin qu'elles accèdent enfin à la « parole ». Et, du même coup, les subalternistes s'opposaient autant aux historiens marxistes classiques qu'aux tenants d'une historiographie nationaliste et hagiographique centrée sur les héros de l'indépendance : Gandhi ou Nehru, en Inde[2], par exemple.

1. Outre ceux de Thomas Brisson, on peut aussi consulter différents travaux : Jacques Pouchepadass, « Les *subaltern studies* ou la critique postcoloniale de la modernité », *L'Homme*, nº 156, 2000, p. 161-186. Et Isabelle Merle, « Les *subaltern studies*. Retour sur les principes fondateurs d'un projet historiographique de l'Inde coloniale », *Genèses*, nº 56, 2004, p. 131-147.

2. Cf. T. Brisson, *Décentrer l'Occident*, *op. cit.*, p. 222.

En bref, les subalternistes se réclamaient peu ou prou du célèbre adage africain : « Tant que les lions n'auront pas leurs propres historiens, les histoires de chasse ne proclameront que la gloire des chasseurs[1]. »

En réalité, l'approche dite subalterniste ne faisait qu'actualiser une tendance historiographique déjà présente chez de nombreux historiens très éloignés de toute forme d'engagement identitaire mais qui avaient ouvert la voie à la « micro-histoire », à la science du vécu et du ressenti, en bref à un récit des expériences subjectives. C'était le cas de Carlo Ginzburg qui, en 1976, avait publié en Italie un ouvrage majeur dans lequel il se réclamait justement de Gramsci : *Le Fromage et les vers. L'univers d'un meunier du* XVI*e siècle*[2]. L'historien racontait l'histoire d'un meunier du Frioul, Domenico Scandella dit Menocchio, totalement inconnu et dont il avait retrouvé la trace en explorant certaines archives. L'homme avait été traîné deux fois de suite devant les tribunaux avant d'être brûlé vif pour hérésie sur ordre du Saint-Office. Les dossiers livraient un tableau inouï de ses sentiments, de ses aspirations, de ses croyances, de ses lectures et de ses rêveries, autant d'indices permettant de reconstruire sa vision du monde. À ses juges stupéfaits, il avait expliqué que le monde était un chaos semblable à un fromage fécondé par des vers

1. Repris par Chinua Achebe (1930-2013), écrivain nigérian d'expression anglaise, professeur à l'université Brown et auteur d'un livre traduit en cinquante langues sur la perte de l'identité africaine au contact de la colonisation européenne : *Le monde s'effondre* [1958], Paris, Présence africaine, 2000. En 1975, il avait traqué le « racisme » de Joseph Conrad dans *Au cœur des ténèbres*, selon une perspective postcolonialiste qui n'avait rien à voir avec celle de Said, lequel consacre son récit à étudier la manière dont Kurtz se représente l'Afrique.

2. Carlo Ginzburg, *Le Fromage et les vers. L'univers d'un meunier du* XVI*e siècle*, Paris, Flammarion, 1980. Réédité en 2019 dans la collection « Champs Histoire » avec une préface et une présentation de Patrick Boucheron.

qui ressemblaient à des anges. Et il en déduisait que toutes les religions se valent. Autrement dit, il mettait en cause le fondement divin de la religion chrétienne, raison pour laquelle il avait été jugé dangereux. Ginzburg donnait donc bien la parole à un « subalterne ».

Il n'était pas le seul à cette date à promouvoir l'« histoire par en bas ». En réalité, durant la seconde moitié du XXe siècle, l'idée de donner la parole aux oubliés de l'historiographie officielle était commune à toutes les disciplines. C'est dans cette perspective, par exemple, que Michel Foucault avait étudié, en 1972, la fameuse histoire de Pierre Rivière, jeune paysan atteint de folie meurtrière, et qu'il avait créé en 1978 sa collection des « Vies parallèles », destinée à faire connaître par des documents ce qu'il appelait « l'envers » des vies des hommes illustres de Plutarque : des vies obscures et à ce point parallèles que nul ne peut plus les rejoindre. D'où la publication des Mémoires d'Herculine Barbin. Il s'agissait là, comme ailleurs, d'étudier l'altérité sous toutes ses formes : vies infâmes, vies minuscules, vies subalternes, vies ignorées ou refoulées, vies quotidiennes, etc. Et, dans cette perspective, le concept de « subalternité » était d'une grande utilité. C'est d'ailleurs de cette idée de faire apparaître une « altérité » enfouie qu'étaient nées, non seulement l'approche subalterniste, mais aussi toutes les refontes de l'historiographie moderne, notamment la grande aventure de l'histoire des femmes orchestrée par Georges Duby et Michelle Perrot : « Pendant longtemps, les femmes ont été laissées dans l'ombre de l'histoire. L'essor de l'anthropologie et l'accent mis sur la famille, celui de l'histoire des "mentalités", plus attentive au quotidien, au privé, à l'individuel, ont contribué à les en sortir [...] Mais il faut récuser l'idée que les femmes seraient en elles-mêmes un objet d'histoire. C'est leur place, leur "condition", leurs rôles et leurs pouvoirs, leurs formes d'action, leur silence et leur parole que nous entendons scruter, la diversité de leurs représentations – Déesse,

Madone, Sorcière… – que nous voulons saisir dans leur permanence et leurs changements. Histoire résolument relationnelle qui interroge la société tout entière et qui est, tout autant, histoire des hommes[1]. »

De nombreux auteurs, historiens ou romanciers, se sont ensuite inscrits dans cette perspective : Michelle Perrot en retraçant l'histoire de Lucie Martin-Baud, ouvrière en soie du Dauphiné, Arlette Farge en explorant des vies oubliées au cœur du XVIIIe siècle, Kamel Daoud en donnant une identité à l'Arabe tué par Meursault dans *L'Étranger* d'Albert Camus, et même Virginie Despentes en écrivant ces lignes au début de *King Kong Théorie* : « J'écris de chez les moches, pour les moches, les vieilles, les camionneuses, les frigides, les mal-baisées, les imbaisables, les hystériques, les tarées, toutes les exclues du grand marché à la bonne meuf[2]. » Aucun de ces auteurs n'adhérait à une quelconque politique identitaire, à l'exception peut-être de Virginie Despentes qui finira par adopter, quinze ans plus tard, une morale féministe lesbiano-décolonialo-genrée, façon Alice Coffin. Autrement dit, pour la majorité des auteurs engagés dans cette voie, si l'histoire des femmes était aussi celle des hommes, cela signifiait qu'elle pouvait être écrite par des hommes ou par des femmes, quelles que fussent leur couleur de peau ou leur origine. Et c'est d'ailleurs le propre de toute recherche sérieuse que d'être d'emblée internationalisée et de ne connaître ni frontière ni patrie.

Ainsi, n'en déplaise aux identitaires de tous bords, c'est à l'historien américain Robert Paxton que l'on doit la première grande étude sur la France de Vichy. Paxton montra, preuves à l'appui, que l'État français avait collaboré à la politique

1. Georges Duby et Michelle Perrot, *Histoire des femmes en Occident*, Paris Plon, 1991, 5 volumes.

2. Michelle Perrot, *Mélancolie ouvrière*, Paris, Grasset, 2012. Kamel Daoud, *Meursault, contre-enquête*, Paris, Actes Sud, 2014. Arlette Farge, *Vies oubliées. Au cœur du XVIIIe siècle*, Paris, La Découverte, 2019. Virginie Despentes, *King Kong Théorie*, Paris, Grasset, 2006.

nazie d'extermination des Juifs, récusant donc la thèse selon laquelle Pétain aurait été un « bouclier » permettant aux résistants de combattre l'envahisseur[1]. À ce propos, notons que l'idée qu'un « étranger » n'aurait pas la capacité ou le droit de penser une réalité extérieure à lui-même est une ineptie.

Pour faire parler les subalternes – de la courtisane de Flaubert à Herculine Barbin en passant par Menocchio –, encore fallait-il des médiateurs, c'est-à-dire des chercheurs capables d'exhumer leurs vies. Dans l'histoire du subalternisme, c'est Gayatri Chakravorty Spivak qui fut à l'origine de la rencontre entre les études de genre, le postcolonialisme, le poststructuralisme et les thèses saïdiennes revues et corrigées dans une perspective nettement identitariste. Née à Calcutta en 1942, et issue d'une haute caste, elle poursuivit des études de lettres avant de s'orienter vers le subalternisme tout au long d'une carrière universitaire aux États-Unis marquée par la rencontre décisive avec un ouvrage de Derrida, *De la grammatologie*. Elle traduira le livre en anglais, devenant ainsi l'une des voix de la pensée déconstructionniste aux États-Unis.

Publié en 1967, ce livre constituait pour l'histoire du structuralisme français, et à l'intérieur d'une configuration créée par lui, la première mise en cause philosophique de l'utilisation de la linguistique dans les sciences humaines. Derrida utilisait ce terme pour définir le surgissement possible d'une « science de la lettre » dont le *logos* (parole et raison dans la philosophie occidentale) aurait depuis Platon refoulé la vérité d'un primat accordé à la parole. Un « logocentrisme » (ou un abaissement de l'écriture) affecterait ainsi la philosophie et celui-ci servirait à masquer la présence originelle de la lettre. Dans cette perspective, Derrida critiquait à la fois le structuralisme de Lévi-Strauss et la lecture lacanienne de Freud pour

1. Robert O. Paxton, *La France de Vichy (1940-1944)* [1972], Paris, Seuil, 1973. Le livre a fait scandale et continue d'être la cible de tous les nationalistes identitaires.

leur adhésion à un signifiant maître prétendant à l'accomplissement d'une parole pleine : « Quand je parlais de Saussure ou de Lacan, disait Derrida, je critiquais moins leurs textes que le rôle que ces textes jouaient dans le paysage intellectuel français. » Autrement dit, Derrida critiquait un virage dogmatique opéré sous l'effet de l'utilisation systématique de la linguistique dans le champ de la pensée[1].

Comme cela arrive souvent, la traduction de cet ouvrage par Spivak, dix ans plus tard, assura une notoriété formidable, non seulement à son auteur, qui devint une véritable star sur les campus américains (alors même qu'il était encore peu connu en France), mais à la traductrice de l'œuvre qui, en outre, l'avait préfacée. L'approche de Derrida rejoignait en effet les préoccupations de toute une génération soucieuse de critiquer la manière dont la pensée dite « occidentale » prétendait régenter le monde en imposant le primat d'une domination symbolique sur les dominés : les autres, les subalternes, les gens privés de parole et d'identité. Bien entendu, jamais Derrida n'avait soutenu une telle position. Mais peu importe puisque la galaxie identitaire affirmait que toute œuvre est toujours la somme des interprétations auxquelles elle donne lieu.

Dans un article de 1985, prolongé trois ans plus tard en un essai, Spivak reprit donc les termes d'un débat autour du décentrement du *logos* – pour se concentrer sur une tout autre question : *Les subalternes peuvent-elles parler ?*[2] Adepte, elle aussi, comme Judith Butler, du langage performatif, Spivak se proposait, « en tant qu'intellectuelle postcoloniale », d'analyser le rituel « genré » de l'immolation des veuves en Inde. Elle prétendait en dégager une analyse alternative permettant de déconstruire le discours occidentaliste qui s'opposerait,

1. Jacques Derrida, *De la grammatologie*, Paris, Minuit, 1967.

2. Gayatri Chakravorty Spivak, *Les subalternes peuvent-elles parler ?* [1988], Paris, Éd. Amsterdam, 2009.

selon elle, à toute parole venue des subalternes réputées être « muettes ».

On appelle « suttisme » un rite hindou ancestral qui voulait que les veuves fussent brûlées vives sur le bûcher funéraire de leur défunt mari et deviennent ainsi des satîs. Renonçant au monde des apparences et à une forme illusoire du « soi », la satî s'élevait ainsi vers l'immortalité et devenait une sainte[1]. Aussi bien la crémation était-elle pratiquée chez les veuves de tous âges et de toutes conditions qui, par ce suicide sacrificiel, étaient sanctifiées comme des héroïnes de la fidélité la plus absolue. Cette pratique de mort volontaire – appelée suicide – est l'un des grands universaux de la condition humaine, mais les rites sont très différents selon les sociétés et les époques. Considéré comme héroïque dans les sociétés antiques ou dans le Japon féodal, le suicide avait été rejeté par le christianisme comme un péché et un crime contre soi et contre Dieu. Mais, à la fin du XIXe siècle, il avait échappé à la condamnation morale pour être psychiatrisé et regardé comme une maladie sociale ou mentale.

C'est dans ce contexte que les grands rites sacrificiels collectifs – des femmes et des hommes – furent bannis ou tombèrent en désuétude[2], alors même que le suicide cessait d'être diabolisé s'il émanait de la libre volonté d'un sujet. Et bien entendu ces rituels allaient survivre sous des formes transgressives[3]. Ce fut le cas de l'immolation des veuves en Inde (suttisme), interdite en 1929 par l'administration coloniale anglaise comme une « exécrable coutume », puis par les indépendantistes. En conséquence, la célébration des satîs (des femmes

1. Le texte de référence est celui de Catherine Weinberger-Thomas, « Cendres d'immortalité. La crémation des veuves en Inde », *Archives de sciences sociales des religions*, n° 67, 1989, p. 9-51. Repris en livre sous le même titre par les Éditions du Seuil en 1996.

2. Comme le rituel du duel.

3. Cf. Maurice Pinguet, *La Mort volontaire au Japon*, Paris, Gallimard, 1984.

veuves) fut regardée comme un rite religieux d'autant plus terrifiant qu'il était devenu transgressif : « La croyance veut qu'une authentique satî soit insensible à la douleur physique. Elle ne souffre qu'en proportion des péchés commis dans des vies antérieures […] Rarement, je crois, le conditionnement religieux aura été poussé si loin jusqu'au déni de la souffrance et surtout à son interprétation en termes de culpabilité. Mais l'Inde n'a pas le monopole des pratiques volontaires de supplice du corps qui requièrent une technique de domination absolue des affres de la mort, aussi cruelle soit-elle, comme le montre le rite du seppuku japonais[1]. »

La loi indienne condamnait donc toute forme de célébration du rite, et ceux qui l'organisaient étaient passibles des tribunaux. Mais, du même coup, la question se posait de savoir si les femmes, désormais protégées de toute contrainte, étaient ou non consentantes à leur propre mise à mort. Dans un cas, il s'agissait d'un crime perpétré par un groupe et dans l'autre d'un suicide.

Dans les années 1980 en Inde, les partisans de la modernité regardaient le suttisme comme un rituel barbare et approuvaient son abolition. De leur côté, les féministes y voyaient la survivance d'un ordre patriarcal qu'il fallait éradiquer. Elles dénonçaient à juste titre les viols, les infanticides, les mariages arrangés, les inégalités, en bref toutes les injustices dont étaient victimes les femmes indiennes (qui variaient d'ailleurs selon les États). Elles s'opposaient ainsi aux hindouistes orthodoxes favorables à la renaissance de la satî, expression, à leurs yeux, de l'identité sublimée de la femme éternelle. Quant aux relativistes, ils critiquaient le discours moderniste, consécutif à une pathologie du colonialisme, qui se montrait incapable, selon eux, de comprendre la différence des cultures et donc le rite de la satî.

1. Cf. C. Weinberger-Thomas, « Cendres d'immortalité », art. cit., p. 26. Et entretien avec Vaiju Naravane, 8 août 2020.

En 1987, dans le Rajasthan, une femme de dix-huit ans, Roop Kanwar, subit une crémation rituelle, alors qu'elle avait été mariée pendant huit mois à un jeune homme dépressif soigné aux psychotropes et mort des suites d'une gastro-entérite. Accusée par sa belle-famille d'être responsable de ce décès, elle le suivit sur le bûcher dans des conditions troubles après avoir tenté de fuir. Des milliers de personnes assistèrent à ce sinistre spectacle alors qu'elle demandait une aide et avait l'air droguée. Elle fut, par la suite, consacrée sainte et le lieu du sacrifice devint une sorte de temple attirant des pèlerins toujours plus nombreux vénérant la fidélité de ces femmes attachées aux anciens rituels. Ce faux suicide suscita une vaste indignation et, après des années d'enquêtes suivies d'arrestations, une loi fut adoptée pour prévenir de telles pratiques. Elle condamna de façon radicale tous les supplices infligés aux femmes et notamment les pratiques religieuses.

Après un long commentaire d'un texte célèbre de Freud sur les fantasmes de fustigation chez les jeunes enfants[1], et tout en exposant sur des pages et des pages les théories de Derrida, Spivak composa une « phrase performative » censée interpréter le silence des subalternes mortes sur les bûchers : « Des hommes blancs sauvent des femmes de couleur d'hommes de couleur[2]. » Cette proposition ignorait complètement la différence entre suicide et crime, entre emprise et acte volontaire. Tout ce qui intéressait Spivak, c'est le sens qu'il convenait de donner à cet énoncé mettant en scène une trilogie fantasmatique structuralo-freudo-performative : des hommes blancs, des femmes de couleur, des hommes de couleur. Autrement dit, Spivak cherchait à saisir « l'identité » du rite de la satî.

1. Sigmund Freud, « On bat un enfant. Contribution à l'étude de la genèse des perversions sexuelles » [1919], retraduit sous le titre « Un enfant est battu », in *Névrose, psychose et perversion*, Paris, PUF, 1973. – « Fustiger » signifie « battre à coups de fouet ».

2. G.C. Spivak, *Les subalternes peuvent-elles parler ?*, *op. cit.*, p. 74.

Et, pour y parvenir, elle s'appuyait sur l'histoire d'une jeune fille indépendantiste qui s'était pendue en 1926 parce qu'elle n'avait pas réussi à exécuter une mission : l'assassinat d'un ennemi. Et de cette tragédie, Spivak concluait à l'existence d'une structure selon laquelle la femme subalterne acquiert une identité en contestant à la fois l'ordre colonial (celui des Blancs) et l'ordre nationaliste religieux, celui des hommes de couleur qui voyaient dans l'immolation un acte héroïque. Finalement, ni la colonisation ni la décolonisation, disait-elle, n'avaient eu prise sur les subalternes qui ne « pouvaient donc pas parler ».

Spivak s'était donc réindianisée à mesure qu'elle prétendait faire parler les subalternes dans la langue de la théorie subalterniste, mais sans jamais prendre position sur la question de la crémation des veuves : elle n'était ni pour ni contre, puisqu'elle ne s'intéressait qu'à la question de l'identité subalterne dans son essence déshistorisée. À ses yeux, le seul engagement possible du point de vue de la critique postcoloniale était la mise en cause de la structure immuable de l'imaginaire occidental dans sa relation à l'autre. C'est avec ce raisonnement que Spivak prétendait s'occuper des déshérités. En très peu de temps, son livre, rédigé dans le « parler obscur » du questionnement identitaire, devint un classique du subalternisme, traduit, avec une grande difficulté d'ailleurs, dans de nombreuses langues. On comprend qu'il ait été durement critiqué, autant par les féministes que par les progressistes. En effet, il évacuait toute référence aux antagonismes sociaux pour leur substituer des blocs identitaires. Mais surtout il témoignait d'un profond mépris envers les femmes qui, dans leur propre pays, luttaient en faveur de libertés démocratiques qu'elles ne jugeaient pas du tout « occidentalo-colonialisées » mais essentielles à leur émancipation.

Né à Calcutta, lui aussi, six ans après Spivak, Dipesh Chakrabarty était un pur produit de cette culture occidentale qu'il contribua à mettre en pièces. Entre détestation de soi et valorisation d'un moi décentré, il fustigeait la modernité européenne de l'Inde afin de mieux réinventer son positionnement identitaire. Après avoir soutenu une thèse à l'université de Canberra et côtoyé toute l'équipe de Ranajit Guha, il obtint un poste de professeur d'histoire à l'université de Chicago. Publié en anglais en 2000, son livre majeur, *Provincialiser l'Europe*, recueillit un succès phénoménal au point de devenir, lui aussi, un classique des études subalternistes. Dans les remerciements, il citait une bonne centaine de noms d'universitaires majoritairement anglophones : australiens, américains, mexicains, anglais, indiens. Mais il prétendait aussi s'inspirer des travaux de Marx, Freud, Heidegger, Derrida, Jacques Le Goff, Jean-François Lyotard, etc., pour énoncer ce que l'on savait déjà et qui avait en outre été actualisé par Huntington : l'Europe n'était plus politiquement au centre du monde ni l'histoire européenne le cœur d'un récit universel. Cependant, de fait, ses catégories de pensée continuaient de régner sur toutes les disciplines universitaires. Aussi bien Chakrabarty prétendait-il aider l'Europe à s'affranchir de sa propre pensée « européocentriste » pour mieux appréhender la modernité des nations non occidentales ainsi que les histoires singulières des subalternes : « Provincialiser l'Europe, ce n'est pas rejeter la pensée européenne, écrivait-il, ni promouvoir une quelconque revanche postcoloniale, mais la renouveler, à partir de ses failles, afin de pouvoir comprendre la modernité propre aux pays non européens[1]. »

À propos du suttisme il adoptait, lui aussi, une position neutre, refusant de s'intéresser aux droits des femmes, ce qui aurait été la marque d'un intérêt beaucoup trop « européen ».

1. Dipesh Chakrabarty, *Provincialiser l'Europe. La pensée postcoloniale et la différence historique* [2000], Paris, Éd. Amsterdam, 2009. Notons que l'historien des mondes africains Xavier-François Fauvelle a souligné, lors de sa conférence inaugurale au Collège de France (3 octobre 2019), et en réponse à Chakrabarty, qu'il serait préférable de « provincialiser le monde ».

Il ne soutenait pas davantage la cruauté religieuse. Enfin, pour expliciter sa conception antihistoriciste de l'histoire, Chakrabarty commentait la fameuse phrase prononcée par Hamlet et adressée à Horatio après la rencontre avec le spectre de son père, lequel, on s'en souvient, l'avait chargé de la mission impossible de remettre le monde dans le droit chemin : « Le temps est hors de ses gonds » (*The time is out of joint*). Autrement dit, le monde auquel se confrontait Hamlet était désarticulé, disjoint, « désajointé ». Magnifiquement commentée par Derrida dans *Spectres de Marx*, la confidence hamlétienne renvoyait à l'idée que le monde de la fin du XXe siècle était désormais désorganisé sous une avalanche de visions spectrales : nous sommes, disait Derrida, les héritiers de Shakespeare et de Marx, c'est-à-dire de cette Europe de Paul Valéry si difficile à ajuster.

Et de ce commentaire derridien, Chakrabarty tirait comme conclusion qu'il fallait, pour comprendre le nouveau monde non occidental, écrire une histoire non « intégrée dans le temps » et qui, de ce fait, échapperait au temps historique propre à l'histoire européenne[1]. Aussi s'inspirait-il de la pensée de Marx pour la mettre en dialogue avec celle de Heidegger afin de critiquer l'historicisme de l'un par l'antimodernisme de l'autre. Autrement dit, le mythe marxiste de la lutte des classes et de sa résolution par la victoire du prolétariat devait être corrigé par celui du retour à la Forêt-Noire, symbole de la haine heideggérienne envers la civilisation industrielle. Ni progrès, ni primitivisme : tel était le choix – et surtout le non-choix – de cet étrange heideggérianisme postmarxiste derridiano-déconstruit prôné par Chakrabarty en vue de transformer l'Europe en une province décentrée du monde[2].

1. D. Chakrabarty, *Provincialiser l'Europe*, *op. cit.*, p. 179.

2. Voir, à ce sujet, Matthieu Renault, « Heidegger en Inde. De Jarava Lal Mehta aux *subaltern studies* », *Revue Asylon(s)*, n° 10, juillet 2012-juillet 2014.

Après que Spivak eut mythifié une femme subalterne fantasmée, afin de mieux décolonialiser l'Occident, Chakrabarty prétendait, de son côté, provincialiser l'Europe à l'aide d'une conceptualité tirée de cet « impérialisme européen » dont il était nourri. Nous ne pouvons provincialiser l'Europe, disait-il, que dans « un esprit de gratitude anticoloniale[1] ». Le problème, c'est que tous ces discours prophétiques ne s'intéressaient guère à la situation *réelle* des « subalternes » : ni à leurs révoltes, ni à leurs paroles, ni à leurs revendications démocratiques, ni à leur aspiration à la liberté, ni à leur volonté d'échapper à une abominable servitude. En outre, ils faisaient tous mine d'oublier que l'Europe avait produit une pensée anticolonialiste et qu'elle n'était pas réductible aux atrocités de l'impérialisme. Hantés par le spectre infini de leur introuvable identité, les subalternistes devenaient, à force de théorisations sophistiquées, les plus mauvais avocats de la critique postcoloniale dont ils pensaient être les défenseurs. Car, comme ils l'affirmaient, il leur revenait de parler sur une autre scène que celle de l'Europe, mais certainement pas en ignorant que cette Europe haïe et adulée à la fois n'était pas celle dont ils prétendaient déconstruire la centralité après lui avoir emprunté ce qu'elle avait de meilleur.

Toutes ces études furent d'ailleurs durement critiquées par d'excellents spécialistes du structuralisme, du marxisme et de l'étude des textes littéraires – c'est-à-dire par la gauche intellectuelle et universitaire exaspérée par de telles dérives –, notamment par Terry Eagleton qui, dans un article de 1999, superbement rédigé, dénonçait leur obscurantisme et leur style volontairement opaque. Mais surtout, il expliquait que ce mouvement, à la fois triste et monolithique, exprimait la désorientation subjective d'une génération effrayée par un Occident consumériste et qui s'adonnait à un culte radicalisé

1. *Ibid.*, p. 374.

de la marginalité pour éviter tout engagement progressiste. Inutile de dire qu'à son tour Eagleton sera violemment attaqué, ce qui montre, en tout cas, combien il est ridicule de croire, comme on le fait en France, que tout le mal identitaire vient des campus anglo-américains[1].

Pur produit, lui aussi, de la pensée dite occidentale, Homi Bhabha, né à Bombay, dispensa des cours à Londres avant de rejoindre les États-Unis et d'enseigner la littérature anglaise à l'université Harvard. Éminente figure des études postcoloniales, il s'aventura plus loin encore dans l'apologie de la rhétorique identitaire en s'appuyant sur l'œuvre de Fanon – notamment *Peau noire, masques blancs* – mais aussi sur la relecture par Lacan de l'œuvre freudienne, sur les œuvres de V.S. Naipaul, écrivain anglais, né à Trinidad dans une famille d'ascendance hindoue, et, bien entendu, sur le roman de Joseph Conrad *Au cœur des ténèbres*.

En publiant en 1994 *Les Lieux de la culture*, qui sera salué comme un chef-d'œuvre et traduit en de nombreuses langues, il entendait d'abord, en bon chercheur identitaire, parler de lui-même et de son enfance dans une famille parsie de la minorité zoroastrienne-perse : « un "Bombay" hindoustani, le parsi du Gujarat, un marathi bâtard, intriqués dans une précipitation d'anglais-à-la-missionnaire-gallois et truffés d'un patois laissant parfois la place à un argot américain tiré de films et de chansons populaires[2] ». Et encore : « Je suis, qui suis-je, que suis-je ? Qui sont l'Un et l'Autre ? » : cette question revient de façon lancinante dans ses énoncés faits de néologismes, de mots exhibés comme des signifiants et

1. Terry Eagleton, « In the Gaudy Supermarket », *London Review of Books*, 13 mai 1999 (à propos de G.C. Spivak, *A Critique of Post-Colonial Reason : Toward a History of the Vanishing Present*, Cambridge, Mass., Harvard University Press, 1999).

2. Homi Bhabha, *Les Lieux de la culture. Une théorie postcoloniale* [1994], Paris, Payot, coll. « Petite bibliothèque Payot Essais », 2019, p. 10.

destinés à faire entendre au monde occidental qu'il existerait une « conspiration du silence autour de la vérité coloniale quelle qu'elle puisse être[1] ».

Bhabha était sans doute le plus radical des auteurs engagés dans le maniement du parler obscur. Cherchant à échapper au stéréotype colonial, il inscrivait dans la langue anglaise elle-même une pluralité d'idiomes censés exprimer les différences de style entre les locuteurs anciennement colonisés : le contraire de l'idée derridienne du monolinguisme de l'autre. Aussi bouleversait-il les dénominations : « autreté » à la place d'altérité, « différence culturelle » au lieu de diversité des cultures, « emplacement » plutôt que lieu, volonté d'écrire *avec l'autre* plutôt que de s'approprier la langue de l'autre, etc. D'où une multiplication infinie de termes nouveaux – interstices, tiers-espace, ambivalence –, de suffixes et de préfixes – transculturation, transidentité –, son maître mot étant l'hybridité. On comprend que ses traducteurs se soient arraché les cheveux[2].

Bhabha empruntait la notion d'hybridité à des écrivains latino-américains, issus du continent hybride par excellence, celui de tous les croisements possibles (blancs, noirs, métis, indiens, européens, caribéens, etc.). En 1933, le grand sociologue Gilberto Freyre avait fort bien analysé ce phénomène dans un ouvrage célèbre, *Maîtres et esclaves*, en démontrant que le Brésil offrait deux visages antagonistes sous les traits d'une organisation rigide héritée de la colonisation. D'un côté fleurissait l'idéal humaniste de l'Église positiviste qui, pendant tout le XIXe siècle, inspira les grands réformateurs, de l'autre perdurait la culture noire, mélangée à la blanche, issue du métissage des esclaves, du maître et de sa concubine, de

1. *Ibid.*
2. Sur les difficultés rencontrées par les traducteurs de Homi Bhabha, cf. Claire Joubert, « Théorie en traduction : Homi Bhabha et l'intervention postcoloniale », *Littérature*, n° 154, 2009, p. 149-174.

l'homme blanc et de la femme noire, mais aussi du domestique noir et de la jeune fille blanche[1].

L'apologie de l'hybridité se retrouvait également dans le *Manifeste anthropophage* du poète Oswald de Andrade, fondateur du modernisme brésilien, et qui faisait écho, en 1928, au premier *Manifeste du surréalisme* (1924). « Seule l'anthropophagie nous unit », disait Andrade, affirmant que toute culture était issue d'un processus d'incorporation permanente de la langue de l'autre. Aussi fallait-il, dans un grand banquet totémique, sorti tout droit d'une scène freudienne, manger la culture colonisatrice, dévorer la langue de l'autre : « *Tupi or not tupi, that is the question*[2]. »

Cependant, la théorie de l'hybridité énoncée par Homi Bhabha n'avait pas grand-chose à voir avec cette conception somptueuse d'une hybridité baroque. En effet, il s'agissait pour lui de promouvoir un « espace tiers », c'est-à-dire une communauté floue (équivalente du *queer*), dans laquelle l'hybridité deviendrait le territoire d'une stratégie de résistance subjective, susceptible de mettre en déroute, non seulement le pouvoir colonial mais son double, l'engagement anticolonialiste, jugé complice de ce même pouvoir. Il récusait d'un bloc les Lumières, la laïcité, la démocratie, l'eurocentrisme, tout en répondant d'avance à un adversaire imaginaire qui oserait l'attaquer sur ses emprunts à la culture européenne détestée : « Avant d'être accusé de volontarisme bourgeois, de pragmatisme libéral, de pluralisme académiste [*sic*] et tous les autres – ismes brandis par ceux qui abhorrent le théoricisme eurocentrique (derridaïsme, lacanisme,

1. Gilberto Freyre, *Maîtres et esclaves. La formation de la société brésilienne* [1933], Paris, Gallimard, 1974.

2. Allusion aux langues tupies parlées par les Amérindiens. Comme le surréalisme, le mouvement « anthropophage » joua un rôle capital dans l'introduction de la psychanalyse au Brésil, et notamment à São Paulo. Cf. Carmen Lucia Montechi Valladares de Oliveira, *Histoire de la psychanalyse au Brésil (São Paulo, 1920-1969)*, Paris, L'Harmattan, 2005.

poststructuralisme, etc.), j'aimerais clarifier les objectifs de mon premier questionnement[1]. » S'ensuivait une interminable litanie en jargon prophétique sur les nouveaux langages de la critique (déconstructionnisme, etc.). Étaient-ils « en collusion avec » le rôle hégémonique de l'Occident « en tant que » bloc de pouvoir ? Oui et non, ils l'étaient mais sans l'être vraiment, puisque la théorie n'était qu'un simple passe-temps pour l'élite occidentale[2]...

Comme Spivak, Bhabha soutenait que la véritable révolution postcolonialiste consistait à réduire à néant l'idée même d'une historicité des luttes et des identités. Sous sa plume, et toujours de façon alambiquée, tout devenait systémique, structural, immobile : les corps, les identités, la culture dans sa différence essentialisée. En bref, un caméléon généralisé. Et c'est pourquoi il s'en prenait aux progressistes occidentaux, aux marxistes, aux anthropologues de la diversité des cultures, aux universalistes libéraux, accusés d'encourager un « racisme endémique » sous couvert de multiculturalisme.

Autrement dit, il préférait, sans jamais le dire clairement, le bon vieux colonialisme banania à la gauche anticolonialiste : « Pour moi, en tant que critique de la gauche et de son adhésion enthousiaste à diverses formes de rationalisme et de modernité, la question [*sic*] est celle de son incapacité à faire face à certaines formes d'incertitude et d'instabilité dans la construction d'une identité politique et dans ses implications politiques et programmatiques[3]. » Quant à sa lecture de l'œuvre lacanienne, elle s'appuyait, d'une part, sur celle de Joan Copjec, universitaire spécialisée dans les études cinématographiques et qui faisait de Lacan un antihistoriciste opposé à Foucault et à Derrida, et, de l'autre, sur les commentaires

1. H. Bhabha, *Les Lieux de la culture*, *op. cit.*, p. 62-63.
2. *Ibid.*, p. 64.
3. Homi Bhabha et Jonathan Rutherford, « Le tiers-espace », *Multitudes*, nº 26, 2006, p. 102.

du philosophe slovène Slavoj Žižek. Célèbre dans les campus américains, ce dernier avait transformé Lacan – conservateur éclairé et anticolonialiste – en une sorte de gourou marxiste et hégélien de tendance léniniste[1]. Pourfendeur de Derrida, de Butler, des études de genre et des approches postcoloniales, Žižek servait donc, aux côtés de Copjec et de bien d'autres, de référence majeure au rappel à l'ordre par lequel Bhabha, qui se voulait lacano-foucaldo-derridien, prétendait « recadrer » Fanon, sans s'apercevoir que celui-ci avait été un bien meilleur lecteur de Lacan qu'il ne l'était lui-même[2]. Jamais le « parler obscur » n'avait été poussé à un tel degré d'extravagance.

Au gré d'un savant mélange de lacanisme revu et corrigé selon les préceptes de Slavoj Žižek, de fanonisme pimenté de déconstruction derridienne et de post-orientalisme saïdien, Bhabha prononçait donc un réquisitoire contre la gauche anticolonialiste occidentale et, bien entendu, sans oser le dire vraiment, contre le philosophe qui en avait été, dans le monde entier, le plus célèbre représentant : Jean-Paul Sartre.

On se souvient que, dans *Les Damnés de la terre*, Sartre et Fanon n'étaient pas en phase. Le premier s'adressait aux colonisateurs et le second aux futurs décolonisés, les mettant en garde contre les régimes bourgeois néo-colonialistes d'Afrique issus de l'indépendance. Fanon avait d'ailleurs voulu publier son livre en Afrique. D'où cette dichotomie entre les deux textes qui pourtant, pendant des années, avaient été lus ensemble comme un manifeste anticolonialiste, au point qu'il était impossible de les séparer. Or, dans sa préface, Bhabha jouait très habilement sur cette contradiction

1. Slavoj Žižek, *The Sublime Object of Ideology* [1986], Londres, Verso, 1989.

2. Voir l'excellente analyse d'Azzedine Haddour, « Fanon dans la théorie postcoloniale », *Les Temps modernes*, n°s 635-636, décembre 2005-janvier 2006, p. 136-159.

en soulignant que Fanon, à la fin de l'ouvrage, renvoyait dos à dos les deux empires de la période de la guerre froide – États-Unis et URSS – pour leur opposer l'émergence du tiers monde. En conséquence, il soulignait que l'ouvrage devait être lu désormais pour lui-même, détaché de sa préface en tant que manifeste de la pensée postcoloniale. En outre, il citait un texte célèbre de Hannah Arendt, écrit en 1970, dans lequel la philosophe analysait le rôle de la violence dans l'histoire en soulignant que celle-ci détruisait la politique. Certes, elle critiquait Fanon à ce propos mais pour mieux s'attaquer à Sartre dont les propos divergeaient de ceux de l'auteur des *Damnés*[1].

Avec une grande subtilité, Bhabha se livrait donc, d'une part, à un travail de « désoccidentalisation » de l'œuvre de Fanon et, de l'autre, à une évacuation en douceur de la préface de Sartre en s'appuyant sur la critique qu'en avait faite Arendt. Selon elle, en effet, la violence est toujours une destruction de la politique, alors que chez Sartre elle est pensée comme nécessité et réinvention de soi. Jouant la carte d'un Fanon débarrassé de Sartre, Bhabba faisait du premier le porte-parole non sartrien et quasi arendtien des études postcoloniales. Faute, évidemment, de pouvoir effacer la préface, ce qui eût été un acte de censure, il profitait de la traduction anglaise du livre pour inventer un nouveau Fanon susceptible de servir, à titre posthume, les intérêts des victimes plutôt que la cause des anticolonialistes à la manière de Sartre[2].

1. Hannah Arendt, « Sur la violence », in *Du mensonge à la violence* [1972], Paris, Pocket, coll. « Agora », 1994. Merci à Jean Khalfa pour son aide précieuse sur ce point : lettre à l'auteur du 6 septembre 2020. Cf. également Jean Khalfa, « Éthique et violence chez Frantz Fanon », *Les Temps modernes*, nº 698, 2018, p. 51-69.

2. Homi Bhabha, « Framing Fanon », préface à Frantz Fanon, *The Wretched of the Earth*, trad. du français par Richard Philcox, New York, Grove Press, 2004. « *Framing* » signifie encadrer ou recadrer. Judith Butler apporta son soutien à Bhabha en ajoutant à sa démarche une touche

Fort de cette réinterprétation, il faisait revivre l'œuvre fanonienne dans un nouveau contexte. Mais pourquoi vouloir effacer Sartre plutôt que de se situer dans l'après-coup ? Telle est la question posée par ces « interprétations », souvent obscures, qui préfèrent toujours supprimer, évacuer et éliminer ce qui gêne – le poids de l'histoire – plutôt que de se confronter au principe d'historicité.

En France, l'œuvre de Homi Bhabha connut un essor assez spectaculaire au sein de l'UFR d'Études psychanalytiques de Paris-7-Diderot, immense bastion freudien fondé en 1971 et déjà menacé de disparition par les tenants des sciences cognitives. Convaincue que l'introduction des études de genre permettrait de rénover le vieil édifice freudien et de lutter à la fois contre les positions réactionnaires des psychanalystes français, hostiles aux homosexuels, et contre les adeptes des thérapies comportementales, Laurie Laufer, professeur de psychopathologie, développa pendant plusieurs années (entre 2010 et 2020), au sein de ce département, des études où se mêlaient allègrement une conceptualité post-lacano-foucaldienne et le « parler obscur » du décolonialisme *queer*.

On en trouve la trace dans plusieurs colloques importants, et notamment dans l'un d'entre eux organisé par un lacanien déconstructeur, adepte de la théorie de l'hybridité[1]. On lit : « Si donc la psychanalyse se positionne comme l'envers de la raison cartésienne et vise, dans son écoute, une déconstruction de son imaginaire, dans quelle mesure saisit-elle l'ethnocentricité de ses propres outils, et ne perpétue-t-elle pas

« genrée » ; cf. « Violence, non-violence : Sartre, à propos de Fanon », *Actuel Marx*, n° 55, 2014, p. 12-35.

1. Thamy Ayouch, titulaire d'une thèse d'habilitation (HDR), soutenue à l'université de Paris-7, le 3 décembre 2016, et publiée sous le titre *Psychanalyse et hybridité. Genre, colonialité, subjectivations*, Louvain, Presses universitaires de Louvain, 2018. Préface de Laurie Laufer : « Ce livre est une ouverture essentielle pour une pensée épistémologique d'une certaine psychanalyse qui refuse le repli, la dogmatisation, la pathologisation. »

certains implicites d'une pensée de la raison occidentale en se définissant contre elle ? Réciproquement, et comme le montre l'usage qu'en fait Homi Bhabha, qu'est-ce que la psychanalyse est susceptible d'apporter à la pensée de la colonialité et du décentrement de "l'Occident". [...] Qu'apporte la considération du genre et de la colonialité à la psychanalyse, dans sa conception des rapports de minorisation et d'altérisation[1] ? »

On ne s'étonnera pas que, dans ce contexte, quatre-vingts psychanalystes – et non des moindres – se soient insurgés, au nom de l'universalisme des Lumières, contre « l'emprise communautariste de la pensée décoloniale » à l'Université, suivis aussitôt par un autre collectif d'une centaine de chercheurs de l'autre bord, soucieux, au contraire, de développer des études novatrices susceptibles de « décoloniser l'enseignement freudien » ravagé par un insupportable paternalocentrisme. Le problème, c'est que personne, dans cette querelle, ne fut jamais capable de démontrer en quoi la révolution du genre et du *queer* pouvait mettre fin au conservatisme de la communauté freudienne, ni en quoi cette nouvelle conceptualité permettrait de décoloniser Freud ou, au contraire, de le rendre plus universel[2].

À la lecture de ces dérives, parfois bouffonnes, je souscrirai volontiers à l'idée selon laquelle toutes ces théories – hybridité, subalternisme, décentrement, postcolonialités, etc. – ne font finalement que reconduire les vieilles thèses de

1. Colloque international « Psychanalyse, études de genre, études postcoloniales : état de l'art », université Paris-Diderot, 14-15 décembre 2018.

2. « La pensée "décoloniale" renforce le narcissisme des petites différences », *Le Monde*, 25 septembre 2019. Et « Panique décoloniale chez les psychanalystes ! », *Libération*, 4 octobre 2019. La première tribune avait été initiée par Céline Masson, militante d'un universalisme freudo-républicain, et la deuxième par une psychanalyste de tendance culturaliste, qui sut s'assurer des signatures de nombreux chercheurs en études postcoloniales, lesquels n'avaient pas bien compris, comme j'ai pu le constater auprès de plusieurs d'entre eux, la signification de ce débat insensé.

l'ethnologie coloniale[1] avec ses catégories immuables, sa psychologie des peuples, ses oppositions binaires entre barbares et civilisés, à ceci près que les subalternes ou les « hybridés » sont désormais érigés en rois d'un royaume identitaire, renvoyant leurs anciens bourreaux aux poubelles de l'histoire : manière de dénier à la pensée dite « occidentale » et à ses acteurs toute participation à la lutte anticoloniale. Une fois de plus, les malheureux opprimés, muets, fétichisés, statufiés dans un rôle qui n'est pas le leur, deviennent les cobayes d'une théorisation qui les dépossède de leur désir d'émancipation. Que des penseurs aussi novateurs que Césaire, Foucault, Deleuze, Derrida, Lacan, Said, Fanon et bien d'autres encore aient pu servir d'alibi à une telle régression, restera l'un des grands paradoxes de cette folie identitaire. Mais nous n'étions pas encore parvenus au terme du spectacle.

Quelque temps plus tard, une véritable croisade fut entreprise contre les homosexuels blancs et occidentaux que l'on accusa d'avoir enfin obtenu des droits – dépénalisation de l'homosexualité, mariage, etc. – dans les pays démocratiques et donc de s'être normalisés pour mieux discriminer, à travers leurs Gay Pride, les musulmans, les Arabes, les Noirs, victimes, eux, de ce nationalisme civilisationnel… C'est à Jasbir Puar, une universitaire américaine, inspirée, dit-elle, par les textes de Foucault, Deleuze, Said et Guattari – encore eux –, que l'on doit l'invention du terme « homonationalisme » pour désigner, notamment après le 11 Septembre, la collusion entre homosexualité et nationalisme, générée, selon elle, par les gays, lesbiens et *queers* devenus *de facto* les représentants du nationalisme américain et donc responsables, par la reconnaissance de leur « exceptionnalisme sexuel », des tortures infligées aux prisonniers irakiens par des soldats américains dans les geôles d'Abou Ghraib. À l'en croire, le terroriste

1. Jean-Loup Amselle a parfaitement analysé cette dérive dans *L'Occident décroché. Enquête sur les postcolonialismes*, Paris, Stock, 2008.

ainsi torturé serait la nouvelle figure de l'altérité *queer*, victime de la pire des discriminations. Autant dire que, dans cette perspective, les soldats américains tortionnaires seraient pires que ceux de Saddam Hussein, puisqu'ils auraient agi en se réclamant d'un pays ayant accordé des droits aux minorités sexuelles désormais normalisées[1]. D'où l'apparition d'un nouveau néologisme, *pinkwashing* (rosification), mot-valise forgé sur le modèle du *whitewashing* (blanchiment), pour décrire la tentative par un État ou un groupe de mettre en avant un traitement exemplaire en faveur des homosexuels ou des LGBTQIA+ afin d'afficher un progressisme qui viserait à masquer d'autres atteintes, beaucoup plus graves, aux droits humains.

À ce stade, l'étude des représentations identitaires ressemble à un puits sans fond, puisqu'elle conduit ceux qui s'en disent les adeptes à reproduire des discriminations autrefois combattues puis à inventer des catégories destinées à opposer les uns aux autres selon les modalités d'une culture de la dénonciation perpétuelle, chacun étant catalogué en vertu d'identités de plus en plus étroites.

1. Jasbir K. Puar, *Terrorist Assemblages : Homonationalism in Queer Times* [2007], partiellement traduit en français sous le titre *Homonationalisme. La politique queer après le 11 septembre 2001*, Paris, Éd. Amsterdam, 2012.

5

Le labyrinthe de l'intersectionnalité

La querelle des mémoires

En France, les historiens du colonialisme et les militants de l'anticolonialisme étaient à ce point actifs dans la vie intellectuelle et universitaire – notamment de Sartre à Vidal-Naquet et tous leurs héritiers – que les études postcoloniales puis décoloniales mirent du temps à émerger. Quant aux études de genre, elles prospéraient déjà dans les départements d'histoire, de sociologie et de philosophie. En outre, la tradition laïque et républicaine faisait obstacle, dans la société civile, à l'épanouissement de ces politiques identitaires exacerbées venues du monde anglophone.

Pourtant, à partir des années 2000, avec la montée en puissance de l'islam radical, qui suggérait aux enfants d'immigrés d'adhérer à une espérance identitaire, fondée sur l'obscurantisme religieux et l'apologie du meurtre, une redoutable fracture se fit jour dans la société civile française, rupture que l'historien Pascal Blanchard, fondateur en 1989 d'une Association pour la connaissance de l'histoire de l'Afrique contemporaine (ACHAC), baptisa « fracture coloniale ». Blanchard et son groupe s'étaient attelés, non pas à l'histoire du colonialisme et de l'anticolonialisme en tant que tels, mais à leurs représentations : par exemple, les « zoos humains », spectacles ethniques par lesquels l'empire colonial français avait assuré sa domination militaire et idéologique sur le corps et le sexe des victimes de la colonisation : expositions, exhibitions, photographies, films, etc.[1]

En introduisant, en 2005, la notion de fracture coloniale, Blanchard et ceux qui travaillaient avec lui soulignaient que la France continuait à être hantée par un passé colonial qu'elle ne cessait de refouler et qui faisait régulièrement retour à travers la crise des banlieues, les violences urbaines et les difficultés d'intégrer au système républicain français certaines communautés issues de l'immigration. Il existait donc bien au sein de la société civile une césure identitaire de nature postcoloniale. La situation contemporaine, disaient les auteurs, n'est pas la reproduction à l'identique du temps des colonies mais le fruit d'un retour du refoulé colonial, au sens freudien, qui va bien au-delà des habituels conflits de classe.

Ces thèses, popularisées par de nombreux débats médiatiques, furent brocardées par les historiens plus classiques pour n'être pas conformes à une approche historiographique rigoureuse. Et pourtant, elles annonçaient l'entrée en scène d'une fracture qui, pour être « coloniale », n'en était pas moins « identitaire » puisqu'elle portait sur la spécularisation de soi et de l'altérité dans la construction de l'identité occidentale[2]. Blanchard sera également attaqué par les extrémistes de tous bords : par les nostalgiques de l'époque coloniale, par les Indigènes de la République, sans compter d'influents polémistes qui verront en lui un adepte du décolonialisme[3]. Pourtant, comme son ami Benjamin Stora,

1. Nicolas Bancel, Pascal Blanchard, Gilles Boëtsch, Éric Deroo et Sandrine Lemaire (dir.), *Zoos humains. De la Vénus hottentote aux reality shows*, Paris, La Découverte, 2002.

2. Nicolas Bancel, Pascal Blanchard et Sandrine Lemaire (dir.), *La Fracture coloniale. La société française au prisme de l'héritage colonial*, Paris, La Découverte, 2005.

3. Cf. Pierre-André Taguieff et Laurent Bouvet, « Les bonimenteurs du *postcolonial business* en quête de respectabilité académique », *L'Express*, 26 décembre 2019.

il ne cessait d'affirmer que la République devait admettre l'idée que l'histoire mémorielle pouvait être plurielle. Il soulignait notamment que si les héritiers des anciens colonisés ne se référaient pas aux mêmes récits mémoriels que les enfants dont les parents avaient été mobilisés dans l'armée française, à l'occasion des guerres coloniales, les uns et les autres partageaient toutefois la même histoire[1]. Ajoutons à cela que les enfants de parents anticolonialistes étaient logés à la même enseigne : ils fréquentaient l'école républicaine sans pour autant partager les mêmes valeurs que les enfants dont les parents avaient été les adeptes de l'Algérie française.

À l'encontre de cette idée de « fracture coloniale », les *studies* allaient s'unir, par le biais de l'intersectionnalité, au sein d'un mouvement global de rébellion contre une puissance dominatrice. Leurs partisans visaient, comme je l'ai dit, à déconstruire la race et le sexe afin de substituer un nouveau vocabulaire classificatoire aux anciennes définitions. Dans cette perspective, toutes les formes d'oppression patriarcale devaient être *de facto* comprises comme l'expression d'une attitude colonisatrice, racialiste, discriminante. Aussi était-il devenu urgent de construire une « postcolonialité genrée » : « Le genre et la sexualité ont souvent été les parents pauvres de la critique postcoloniale. Pourtant, les études menées par les féministes postcoloniales contribuent à saisir la masculinité et la blanchité comme fondements des formations impériales – ce qui, bien entendu, ne veut pas dire que les rapports de genre soient opérants partout de la même manière. » C'est ainsi que s'exprimait, en 2016, Malek Bouyahia, formé à

1. Pascal Blanchard, Nicolas Bancel et Sandrine Lemaire, *Décolonisations françaises. La chute d'un empire*, préface de Benjamin Stora et postface d'Achille Mbembe, Paris, La Martinière, 2020. Cf. également le beau documentaire *Décolonisations. Du sang et des larmes*, 2020 ; entretien avec l'auteur dans *Télérama*, 30 septembre 2020, p. 75-77.

l'université Paris-8, et spécialiste des études subalternistes, postcoloniales et genrées[1].

Entre 2000 et 2015, ce vocabulaire commença donc à prendre racine en France dans les départements d'étude de genre et de postcolonialité. Il prétendait réactualiser, voire rénover ou révolutionner, les œuvres des grands penseurs français – Derrida, Lacan, Deleuze, Foucault, Fanon, etc. – savamment relues et enseignées depuis vingt ans dans les campus des universités américaines, comme si leurs œuvres, pourtant traduites dans le monde entier, avaient été occultées.

Après les préfixes – trans, hétéro, homo, inter, post, etc. –, ce fut au tour des suffixes de s'imposer au cœur d'une vision toujours plus décentrée d'un Occident qu'il fallait « désoccidentaliser ». D'où la systématisation des phobies. À l'origine, « phobe » désigne une simple aversion irraisonnée qui s'oppose à « phile ». Dans le couple « phile-phobe », on range des termes qui se sont imposés de longue date : par exemple francophile / francophobe, anglophile / anglophobe, judéophile / judéophobe, etc. Mais l'emploi fort vient du vocabulaire de la psychiatrie, puisque le mot « phobie » désigne alors une véritable pathologie dont le catalogue n'a pas cessé d'être amplifié d'une version du *DSM* à l'autre, qui en compte désormais 500 : de l'agoraphobie à la zoophobie. Certains termes en « phile » ne s'opposent d'ailleurs pas à « phobe » : par exemple, la pédophilie, perversion majeure, n'est pas un antonyme de « pédophobie », qui signifie « répulsion envers les enfants », et entre dans la catégorie des simples phobies. C'est pourtant bien de cette liste confuse, sortie tout droit du *DSM*, que les adeptes des politiques identitaires s'inspirèrent pour identifier tous les ennemis susceptibles de les discriminer ou de les offenser : homophobes, transphobes, négrophobes, nanophobes, judéophobes, lesbophobes, grossophobes,

1. Malek Bouyahia, article « Postcolonialités », *in* Juliette Rennes (dir.), *Encyclopédie critique du genre*, Paris, La Découverte, 2016.

christianophobes, pauvrophobes, siamoisophobes, balianophobes (qui haïssent les banlieues), etc.

Ainsi les classifications de la psychiatrie firent-elles retour de façon inattendue pour se substituer à ce qu'on appelle plus simplement antisémitisme, racisme, sexisme, rejet de l'altérité ou de l'anormalité, ces mots pouvant aisément recouvrir les autres discriminations à l'encontre de « tout ce qui n'est pas soi[1] ». Sans compter les multiples néologismes : « noiritude » signifie négritude sur le modèle de la blanchitude, ou encore « blantriarcat », terme fabriqué par des associations féministes « racisées » pour dénoncer un suprémacisme blanc et patriarcal. D'où l'apparition, dans certaines vidéos diffusées sur Internet, et sans la moindre intention humoristique, d'autoreprésentations majestueuses et royales à des fins identitaires, du genre : « Je suis transgenre, intersectionnel, tendance *queer*-décoloniale, ethniquement afro-hispanique, racisé. Je suis discriminé par les cisgenres, transphobes, lesbophobes, grossophobes, pauvrophobes, armés du privilège blanc paternalo-occidentalo-hétéronormé ainsi que par le fémonationalisme et l'homonationalisme des blancs et blanches qui se sont hétéro-normalisé.e.s en devenant hostiles aux subalternisé.e.s noir.e.s, etc. »

Si la liste des nouvelles « phobies » est interminable, il faut attribuer au néologisme « islamophobie » une place particulière dans cette constellation. Sans cesse mobilisé par la rhétorique de gauche, il vise la diffamation de l'islam, en ce qu'elle serait assimilée à un racisme, alors qu'aucune atteinte aux droits de Dieu n'est plus recevable, en tant que telle, dans la plupart des pays démocratiques. En France, plus encore qu'ailleurs, aucune loi ne punit ni n'encourage le blasphème et seules sont sanctionnées l'injure et la diffamation envers des personnes ou des groupes en raison de leur appartenance religieuse. Quant au modèle républicain de la laïcité, il est

1. Note de Bernard Cerquiglini du 7 août 2020.

fait autant pour séparer l'État de la religion que pour garantir la liberté de culte.

Quant au mot « islamo-gauchisme », il ne vaut guère mieux. Brandi massivement par la droite contre la gauche, il vise à traquer des « ennemis » regroupés en une vaste nébuleuse invasive qui serait composée d'antisémites, de gauchistes, d'écologistes, de trotskistes, de communistes, d'antisionistes, de socialistes, d'insoumis, de décoloniaux ou postcoloniaux, de sociologues, universitaires de préférence et anticolonialistes. Cet ensemble formerait, aux yeux de leurs adversaires, une vaste armée installée au pays de Voltaire et susceptible d'infiltrer les institutions de la République grâce à leurs complices sartriens, déconstructeurs ou foucaldiens, armés d'une conceptualité forgée sur des campus américains. À qui fera-t-on croire que l'emploi insultant de l'expression « islamo-gauchisme » – comme celui d'« islamophobie » – serait de nature à élever le débat ? Il faut appeler les choses par leur nom : les fous de Dieu, qui assassinent des prêtres, des Juifs, des caricaturistes, des écrivains, des professeurs et bien d'autres encore, sont des terroristes et des criminels. Et ceux qui les soutiennent ouvertement sont leurs complices.

En dernière analyse, les deux néologismes (islamophobie et islamo-gauchisme) utilisés comme des antonymes permettent à ceux qui en usent d'éviter l'analyse rationnelle d'une situation complexe et d'encourager les postures les plus extrémistes[1]. En outre, il faut avoir en tête qu'ils se rattachent à

1. Ainsi Jacques Toubon, ex-garde des Sceaux du gouvernement de Jacques Chirac, a été traité d'« islamo-gauchiste » par des militants d'extrême droite en raison de son action au poste de Défenseur des droits (2014-2020) pour s'être alarmé des conditions de vie des migrants installés dans des campements. De même, n'importe qui peut aujourd'hui être traité d'« islamophobe » et insulté par des collectifs extrémistes cherchant à instaurer en France une loi réprimant le blasphème. Cf. Simon Blin, « En finir avec l'"islamo-gauchisme" ? », *Libération*, 23 octobre 2020.

la longue tradition de la délation. Rappelons que l'expression « judéo-bolchevisme » servait, au début du XXe siècle, à suggérer que les communistes étaient secrètement contrôlés par des organisations juives soucieuses d'imposer leur domination sur les pays occidentaux. Et de même, l'expression « hitléro-trotskisme » autorisait des staliniens à insulter les partisans de Trotski en faisant d'eux les alliés du nazisme. Pour désigner l'islamisme radical, en tant que mouvement terroriste politico-religieux et identitaire, il est préférable de parler de salafisme et de djihadisme, mouvance meurtrière de l'islam qui prône la guerre sainte planétaire et l'instauration dans le monde entier d'une dictature obscurantiste visant à éradiquer, par la terreur, les libertés civiles : liberté d'expression, de conscience, liberté d'enseigner la raison, la science, la littérature et même la religion[1].

En 2005, le débat sur l'histoire du colonialisme français prit une nouvelle tournure, dans un contexte de crise, alors même que se déployaient, dans le monde universitaire français, les études de genre et de postcolonialité importées des campus anglophones, et dont on ne soulignera jamais assez à quel point elles étaient et demeurent minoritaires : d'où l'activisme féroce qui les entoure[2]. Dans leur grande majorité, les études sur le colonialisme et le féminisme (sexe et genre), qui prospéraient en France bien avant l'amorce de ces dérives, je l'ai dit, ne souscrivaient pas à une telle radicalité.

Mais lorsque les querelles identitaires devinrent un enjeu politique entre la droite et la gauche, toutes ces études,

1. Al-Qaïda est une organisation terroriste islamiste dont le représentant le plus célèbre est Oussama ben Laden. Daech, ou État islamique, est une branche terroriste du salafisme, rivale d'Al-Qaïda, qui prône le rétablissement du califat. Sur l'emprise de l'islamisme en France, cf. l'excellente étude coordonnée par Bernard Rougier, *Les Territoires conquis de l'islamisme*, Paris, PUF, 2020.

2. Comme le montrent les statistiques que j'ai citées au chapitre précédent.

jusqu'alors internes au monde académique, firent l'objet d'une bataille médiatique et politique sur fond de montée de l'islamisme radical et d'émeutes dans des banlieues transformées en ghettos, c'est-à-dire en lieux de recrutement d'adolescents issus de l'émigration, susceptibles de rejoindre le djihad.

Cette année-là, les notions et les problématiques issues des *studies* envahirent donc l'espace public à la faveur d'un débat mémoriel sur le passé colonial de la France. Deux ans plus tard, en 2007, elles furent de nouveau sur la sellette après l'initiative prise par Nicolas Sarkozy de redéfinir, sous son mandat, « l'identité nationale » face au danger communautariste. Inutile de rappeler que l'identité nationale invoquée ici n'avait pas grand-chose à voir avec la définition braudélienne de l'identité de la France. En réalité, il s'agissait de défendre de prétendues « valeurs » où se retrouvaient pêle-mêle différentes « racines » : civilisation chrétienne, rationalité cartésienne, Lumières, laïcité, le tout étant jugé incompatible avec l'islam.

Quant aux études de genre, rebaptisées « théorie du genre », elles furent brocardées en 2012 par tous les opposants au projet de loi sur le mariage homosexuel, initié par François Hollande lors de son élection à la présidence de la République. On assistera alors à un déferlement d'horreurs. Réunis en une grande coalition, le 13 janvier 2013, les représentants de l'extrême droite et de la droite dure, toutes tendances confondues – anti-mariages gays appuyés sur l'intégrisme catholique, baroudeurs de la quenelle, anciens du Groupe union défense (GUD), partisans de Robert Faurisson, d'Alain Soral, de Marc-Édouard Nabe et autres écrivains illuminés –, offrirent un spectacle tonitruant dominé par l'expression de la haine des élites, des intellectuels, des femmes, des étrangers, des immigrés, de l'Europe cosmopolite, des homosexuels, des communistes, des socialistes et enfin des Juifs, le tout ancré dans la conviction que la famille se meurt, que la nation est bafouée, que l'école est à l'agonie, que l'avortement menace de se généraliser avec les conséquences démographiques que l'on devine et que partout triomphe l'anarchie fondée sur une prétendue abolition généralisée de la différence des sexes. Parmi les slogans, on relevait ceci : « Les papas, les mamans, dans la rue on descend, le mariage on défend [...] Taubira t'es foutue, la famille est dans la rue. » Ou encore : « Tous nés d'un homme et d'une femme ! »

Toutes les thèses sur le genre et la postcolonialité, élaborées dans le sérail d'échanges universitaires pointus, descendirent alors dans la rue, divisant la droite et la gauche, celle-ci étant divisée en deux camps : l'un se disant plus républicain et identitaire, et l'autre plus démocrate et multiculturaliste, chacun en tout cas prenant l'autre pour cible. De cette querelle naîtra le débat à propos de la célébration du centenaire de la loi de 1905 sur la séparation des Églises et de l'État, c'est-à-dire, en réalité, sur les conditions d'intégration de l'islam, devenu la deuxième religion de France et fort peu ouvert au modèle de la laïcité républicaine. Pour les uns, la laïcité devait donc être « ferme » et travailler au renforcement de la puissance d'interdiction de la République face à toute manifestation d'identité religieuse, et, pour les autres, elle avait vocation à devenir « plus inclusive » et plus tolérante. Ce débat fut d'autant plus désastreux que la laïcité à la française, unique au monde, suppose à la fois la fermeté et l'inclusion, à la fois la neutralité envers les religions et la garantie, pour les croyants, qu'ils pourront exercer leur culte en toute liberté. Soit la laïcité existe, et elle n'a pas à être accompagnée d'un quelconque adjectif (dure, molle, ouverte, fermée, etc.), soit elle est bafouée et elle doit être fermement défendue. On est laïc ou on ne l'est pas, sans adjectif. Contrairement aux apparences et aux affirmations péremptoires, il s'avère d'ailleurs que ce fameux modèle français de la laïcité républicaine fonctionne correctement. Une immense enquête de l'Observatoire de la laïcité montre en effet qu'en 2020 les personnes qui abandonnent la religion musulmane sont deux fois plus nombreuses que celles qui l'adoptent. Cela tendrait à démontrer que le repli sur les valeurs identitaires d'un islam radical serait un symptôme de défense face à la réalité d'une sécularisation progressive de la religion musulmane[1].

Jamais les « deux gauches » ne parviendront à s'unir sur cette question, ce qui les conduira à se haïr à perpétuité, clivage d'autant plus dévastateur qu'il sera amplifié par Manuel Valls entre 2012 et 2016. D'abord ministre de l'Intérieur du gouvernement de François Hollande, puis Premier ministre, il militera en faveur de la désunion historique entre une « mauvaise gauche », qualifiée d'islamo-gauchiste, antisioniste, antiraciste, racialisée, et une « bonne gauche », aveugle, de préférence, aux dérives nationalistes des droites identitaires. En brandissant l'accusation d'islamo-gauchisme et d'antisionisme à l'adresse d'une partie des siens, cette « bonne gauche » ne voulait rien savoir d'une autre tragédie : celle de l'évolution nationaliste et religieuse d'une partie des Juifs de la diaspora, persécutés et assassinés par des islamistes, et devenus de plus en plus sensibles aux appels des gouvernements israéliens successifs – et notamment celui de Benjamin Netanyahou –, qui ne cesseront de les inviter à faire leur *alya* en leur expliquant que la France ne serait plus jamais leur patrie mais celle de l'islam. De quoi fabriquer le pire du pire dans le genre identitaire : des Arabes antisémites d'un côté, de plus en plus fascinés par les dérives de l'islam légalitaire, et des Juifs racistes, de l'autre, invoquant à tout bout de champ un sionisme en voie de disparition sous sa forme initiale. Comme le rappelle fort bien Charles Enderlin : « Il est du droit de tout Juif de se déclarer non sioniste, voire antisioniste, et de refuser l'idée selon laquelle un Juif a le droit de devenir israélien en immigrant en Israël. C'est une position politique qui n'a rien à voir avec l'antisionisme des djihadistes

1. Cf. Rapport annuel de l'Observatoire de la laïcité pour l'année 2019-2020 (636 pages). Mis en ligne le 18 décembre 2020.

et des identitaires, qui n'est autre que de la haine antijuive[1]. » Il faut le redire ici, la lutte contre le racisme, oblitérée par la question de l'islam, ne devrait jamais être séparée du combat contre l'antisémitisme.

Du côté de la droite s'affirma donc, entre 2005 et 2012, suite à un prétendu complot fomenté par les adeptes de la « théorie du genre », la revalorisation d'un nationalisme fondé sur le culte d'un ordre familial immuable et prétendument menacé de « déconstruction », par des pédophiles, des homosexuels, des indigénistes, des penseurs dégénérés et américanisés (Foucault, Derrida, Deleuze, etc.) ; c'est à cette époque que l'on commença à oublier – à droite comme à gauche – que, si la France avait été une nation colonialiste, elle était aussi l'un des pays où le mouvement anticolonialiste avait été le plus puissant. Sartre se vit ainsi prié, et par la droite et par une certaine gauche, de rejoindre les oubliettes de l'histoire en prenant soin d'emporter avec lui son apologie du Nègre et les souvenirs de son combat contre le racisme et l'antisémitisme. Désormais, la question mémorielle était à l'ordre du jour.

Onze ans après l'adoption de la loi Gayssot (juillet 1990), qui prolongeait celle de 1972 (contre le racisme et l'antisémitisme) en créant le délit de négationnisme, plusieurs déclarations mémorielles avaient été adoptées par l'Assemblée nationale. La première, en date du 29 janvier 2001, reconnaissait l'existence du génocide des Arméniens (1915) par l'État turc. La deuxième, dite « loi Taubira », datée du 21 mai 2001, reconnaissait la traite négrière et l'esclavage comme des crimes contre l'humanité, et la troisième, dite « loi Mekachera », en date du 23 février 2005, et initiée en 2003 par Philippe Douste-Blazy, « portait reconnaissance de la Nation à l'œuvre accomplie dans les anciens départements

1. Charles Enderlin, « Il est du droit de tout Juif de se déclarer non sioniste », propos recueillis par Valérie Toranian, *Revue des Deux Mondes*, octobre 2020, p. 96.

français (Algérie, Maroc, Tunisie, Indochine) ». Elle stipulait en outre que les programmes scolaires avaient l'obligation de reconnaître le rôle positif de la présence française outre-mer et d'accorder « à l'histoire et aux sacrifices des combattants de l'armée française issus de ces territoires la place éminente à laquelle ils ont droit ».

Ces déclarations suscitèrent, à juste titre, la colère d'une majorité d'historiens – de Pierre Nora à Pierre Vidal-Naquet en passant par Jean-Pierre Vernant –, qui soulignèrent dans un appel que l'histoire n'est ni la mémoire ni un objet juridique et que, dans une démocratie digne de ce nom, l'État ne doit pas régenter le métier d'historien. En conséquence, ils réclamaient l'abrogation des lois en question[1].

Pourtant, les trois dernières déclarations n'étaient pas identiques à la loi Gayssot[2] puisqu'elles ne réclamaient aucune sanction et qu'elles laissaient aux historiens toute liberté pour discuter des conditions du génocide des Arméniens et des caractéristiques de la traite négrière, laquelle n'était pas réductible à la traite transatlantique. Quant à la dernière, elle était tout simplement ridicule dans la mesure où elle prétendait imposer aux enseignants un récit national sorti tout droit de « Y'a bon Banania ». De fait, l'alinéa 2 de son article 4 à propos des programmes scolaires fut retiré en 2006. Violemment critiqué par d'autres historiens – notamment Gérard Noiriel et Gilles Manceron –, cet appel permit en tout cas de mettre fin à la spirale des déclarations mémorielles initiées par les représentants de différents partis politiques.

Il n'empêche que la concurrence des mémoires avait durablement pris corps dans l'espace public français, accentuant ainsi toutes les revendications identitaires, et notamment

1. Appel du 13 décembre 2005, reproduit dans toute la presse. J'ai signé cet appel.

2. J'avais déjà eu l'occasion de discuter de la loi Gayssot avec Jacques Derrida (*De quoi demain... Dialogue*, Paris, Fayard / Galilée, 2001).

la détestable notion de « repentance », bien différente de la nécessité pour un État digne de ce nom de reconnaître les crimes passés auxquels il avait été associé, d'ouvrir les archives, de célébrer ou de mettre au jour des victimes dont l'histoire a été occultée.

Mais comment identifier les coupables quand une entreprise criminelle s'est étendue sur plusieurs siècles ? Faut-il condamner les descendants des colonisateurs ? Suis-je responsable des crimes commis en Terre de Feu, au milieu du XIXe siècle, par mon lointain ancêtre Julius Popper, Juif roumain connu pour avoir massacré des Indiens Selknam ? Faut-il éradiquer les traces du passé en dégradant des statues, des bâtiments, des œuvres d'art qui ont été érigés par des colonialistes ou leur ont appartenu ? Faut-il censurer les livres, les pièces de théâtre et les films, ou les interdire, voire les réinterpréter en fonction d'une vulgate identitaire nouvellement construite : genrée, non genrée, *queer*, décoloniale, racisée ? Et qui va décider de quoi ? Qui choisira de détruire quoi ? L'État, les sujets en souffrance, les foules en colère ? Qui va dénoncer qui ?

Dès 1952, Fanon avait d'ailleurs rejeté toute idée de ce genre : « Vais-je demander à l'homme blanc d'aujourd'hui d'être responsable des négriers du XVIIe siècle ? » Et il ajoutait que jamais il ne serait l'esclave de l'esclavage[1]. Interrogé sur cette question en 2001, Aimé Césaire avait pris, lui aussi, position : « Il est déjà très important que l'Europe en soit venue à admettre la réalité de la traite des nègres, ce trafic d'êtres humains qui constitue un crime. Mais je ne suis pas tellement pour la repentance ou les réparations. Il y a même, à mon avis, un danger à cette idée de réparations. Je ne voudrais pas qu'un beau jour l'Europe dise : "Eh bien, voilà le billet ou le chèque, et on n'en parle plus !" Il n'y a pas de réparation possible pour quelque chose d'irréparable

1. Frantz Fanon, *Peau noire, masques blancs*, Paris, Seuil, 1952, p. 187.

et qui n'est pas quantifiable. Reste que les États responsables de la traite des nègres doivent prendre conscience qu'il est de leur devoir d'aider les pays qu'ils ont ainsi contribué à plonger dans la misère. De là à vouloir tarifer ce crime contre l'humanité[1]… »

Jacques Derrida ne disait pas autre chose, en 2004, dans sa vaste réflexion sur la question du pardon : « À chaque fois que le pardon est au service d'une finalité, fût-elle noble et spirituelle (rachat ou rédemption, réconciliation, salut), à chaque fois qu'il tend à rétablir une normalité (sociale, nationale, politique, psychologique) par un travail du deuil, par quelque thérapie ou écologie de la mémoire, alors le “pardon” n'est pas pur – ni son concept[2]. » Quant à Benjamin Stora, auteur d'une œuvre considérable sur la question coloniale et l'immigration, il n'eut de cesse de rappeler que l'identité de la France, ce n'était pas l'histoire de la dissémination des différentes identités mais celle d'une réflexion sur les mémoires partagées : « Ce qui me semble capital, c'est la transmission de la mémoire des luttes anticoloniales. Or, malheureusement, on assiste à une sorte d'effacement de la mémoire de ceux qui n'ont pas accepté l'histoire de la colonisation. Des hommes politiques français se sont opposés, depuis le XIXe siècle jusqu'aux indépendances politiques. Mais aussi de grands intellectuels comme Jean-Paul Sartre, Simone de Beauvoir, Henri Alleg ou Paul Ricœur, ou encore les militants du Parti communiste qui ont combattu contre la guerre d'Indochine, ou également des personnages républicains comme Clemenceau, des intellectuels catholiques comme André Mandouze ou Pierre-Henri Simon, des responsables de communautés juives ou musulmanes… Il y a une mémoire qui doit être préservée et transmise aux jeunes générations. Si on ne transmet

1. Aimé Césaire, *L'Express*, 13 septembre 2001.

2. Repris dans des termes identiques in *Pardonner. L'impardonnable et l'imprescriptible*, Paris, Galilée, 2012.

pas *cette mémoire du refus* de ce qu'a été cette période, on a le sentiment d'une France homogène qui aurait accepté de tout temps les principes de la colonisation[1]. »

Telle n'était évidemment pas la position des fondateurs d'un nouveau mouvement identitaire qui, en janvier 2005, lancèrent, sous la houlette d'Houria Bouteldja et de Sadri Khiari, un appel en se désignant eux-mêmes comme les « Indigènes de la République[2] ». Ils appelaient à une marche mémorielle pour le 8 mai, date du 60e anniversaire du soulèvement de Sétif, qui avait été réprimé dans un bain de sang. Ce choix n'était pas anodin puisqu'il laissait entendre que le régime républicain des années 2000 reposait sur un étatisme colonial comparable à celui de la Troisième République. C'est en 1881, sous le gouvernement de Jules Ferry, qu'avait été instauré le fameux Code de l'indigénat, abrogé le 22 décembre 1945. Se désigner soi-même comme « indigène », pour un citoyen français de 2005, revenait à affirmer que l'on dépendait d'un statut civil autorisant le séquestre des biens, l'emprisonnement arbitraire et la prise de mesures disciplinaires sans aucun recours judiciaire possible.

En bref, les fondateurs du mouvement se vivaient, selon le credo du postcolonialisme, comme les victimes d'un « continuum colonial » imaginaire qui n'avait rien à voir avec leur situation réelle, ni avec les véritables discriminations raciales dont ils étaient en effet les victimes en France. Autant ce collectif avait toutes les raisons du monde de créer un nouveau mouvement antiraciste, autant il se plaçait dans une situation insensée en prétendant que la France demeurait un État colonial, fondé sur un racisme dit « systémique », c'est-à-dire immuable.

1. Benjamin Stora, « Je ne suis pas pour effacer les traces, je suis pour renforcer l'histoire », *La Marseillaise*, 14 juin 2020.

2. Ce mouvement deviendra le Parti des Indigènes de la République (PIR).

« Nous sommes les Indigènes de la République » : ce « nous » signifiait que l'on avait bien affaire à un processus de séparation communautaire, et donc à l'affirmation de la définition d'une « identité indigéniste » reconstruite selon une hiérarchie des « ethnies » et donc « racialisée ». L'appel réunissait des militants de tous bords qui, refusant catégoriquement quelque théorie de la lutte des classes que ce soit, reconduisaient sans le dire une politique de la race. Certes, il ne s'agissait plus de revendiquer un racialisme biologique à l'ancienne, mais d'affirmer que la race existait bel et bien. Pour les Indigénistes, elle devint le marqueur de l'identité au cœur de laquelle on pouvait se définir comme appartenant à la communauté : « Comme le capital produit les classes, comme le patriarcat produit les genres, le colonialisme européen-mondial produit des races. » En conséquence, il fallait opposer la communauté « racisée » à la racialisation citoyenne instaurée par la République.

Et du coup, tous les principes de la laïcité furent brocardés en tant que signes de la barbarie coloniale. Les militants indigénistes récusèrent ainsi la loi du 15 mars 2004 sur l'interdiction des signes religieux à l'école, regardée par eux comme la perpétuation d'une démarche colonisatrice. En outre, ils vantèrent les mérites d'un néo-féminisme fondé sur la loyauté des femmes arabes envers leurs hommes – pères, époux et frères –, eux-mêmes victimes du fait colonial et contraints de les ramener à l'obscurantisme religieux. Sans jamais se soucier du sort des femmes du monde arabe qui, partout dans le monde, refusaient « l'enfoulardisation[1] », ils dénoncèrent le féminisme blanc, occidental, oppressif ou « civilisationnel », selon le mot employé par Françoise Vergès, désormais convertie à la nouvelle vulgate du décolonialisme. Emportée par sa foi décoloniale, celle-ci accusait Gisèle Halimi et Simone de Beauvoir d'être les représentantes

1. Selon le terme employé par les femmes refusant le port du voile.

d'un colonialisme inconscient. À la première, elle reprochait d'avoir été l'avocate de Djamila Boupacha, militante du FLN arrêtée et torturée sauvagement par l'armée française en 1960, et à la deuxième d'avoir, à la même époque, créé un comité de soutien en faveur de la jeune femme en mobilisant toute l'intelligentsia française anticolonialiste, et notamment Louis Aragon, Geneviève de Gaulle, Aimé Césaire et Germaine Tillion[1].

C'est ainsi que Françoise Vergès entreprit de réécrire l'histoire de l'anticolonialisme français à la manière dont aurait pu le faire un partisan de l'Algérie française. Pire encore, elle soutint que Beauvoir et Halimi avaient manipulé une pauvre militante algérienne, Boupacha, pour servir les intérêts d'un anticolonialisme blanc, qui n'était autre, à ses yeux, qu'une figure hideuse du colonialisme[2]. Ce faisant, elle dénonçait toute la culture féministe française au point de renier sa propre histoire. Elle-même avait en effet été une féministe conséquente, longtemps intégrée au groupe « Psychanalyse et politique » fondé par Antoinette Fouque : « Les femmes racisées, écrira-t-elle en 2019, sont acceptées dans les rangs des féministes civilisationnelles à la condition qu'elles adhèrent à l'interprétation occidentale du droit des femmes. Aux yeux de leur idéologie, les féministes du Sud global restent inassimilables car elles démontrent l'impossibilité de résoudre en termes d'intégration, de parité et de diversité les contradictions produites par l'impérialisme et le capitalisme. Le féminisme contre-révolutionnaire prend alors la forme d'un fémonationalisme, d'un fémo-impérialisme,

1. Simone de Beauvoir et Gisèle Halimi, *Djamila Boupacha*, Paris, Gallimard, 1962. Avec de nombreux témoignages et un dessin de Picasso.

2. Françoise Vergès, *Le Ventre des femmes. Capitalisme, racialisation, féminisme*, Paris, Albin Michel, 2017. Martine Storti a critiqué cette position dans un bel essai : *Pour un féminisme universel*, Paris, Seuil, coll. « La République des idées », 2020.

d'un fémo-fascisme ou d'un *marketplace feminism* (féminisme du marché)[1]. »

Quand j'ai rencontré Françoise Vergès à Berkeley en 1996, elle était une historienne réputée, amie de Césaire, fille de brillants intellectuels bourgeois et communistes – Paul Vergès et Laurence Deroin –, ouverte à tous les travaux novateurs et élevée dans la plus pure tradition de la pensée critique[2]. Rien ne laissait présager, en apparence du moins, qu'un jour elle se laisserait gagner par un tel fanatisme au point de se prendre pour une victime de la « férocité blanche » et du « blantriarcat ».

Après l'« homonationalisme » (homosexuels normalisés), voici donc que surgissait le « fémonationalisme », néologisme inventé par Sara R. Farris, sociologue anglaise, pour définir les féministes européennes, héritières de Simone de Beauvoir (Élisabeth Badinter, Alice Schwarzer et bien d'autres), jugées néo-libérales, civilisationnelles, universalistes, islamophobes, réactionnaires, coupables non seulement de négliger les malheureuses subalternes de couleur, surexploitées par un capitalisme sauvage (employées, balayeuses, domestiques, caissières, etc.), mais aussi de maltraiter les hommes musulmans, stigmatisés comme autant de violeurs potentiels. Ces fémonationalistes ne seraient, finalement, que les complices d'un racisme anti-arabe visant à promouvoir l'idée que les migrants, voués à la noyade en Méditerranée, seraient ontologiquement beaucoup moins violeurs que

1. Françoise Vergès, *Un féminisme décolonial*, Paris, La Fabrique, 2019, p. 83-84.

2. Paul Vergès (1925-2016) : fondateur du Parti communiste réunionnais, député et sénateur sous la Quatrième et la Cinquième République, fils de Raymond Vergès, consul de France au Siam, et de Pham Thi Khang, institutrice vietnamienne, et frère du célèbre avocat Jacques Vergès (1924-2013). Laurence Deroin (1924-2012) : militante du PCF, proche de Raymond Aubrac, féministe et cofondatrice de l'Union des femmes de la Réunion.

leurs homologues occidentaux issus du blantriarcat. Elles seraient donc les agents d'un abaissement des communautés migrantes en prétendant les émanciper de leurs cultures arriérées[1].

En outre, les Indigènes tentaient d'opérer une jonction entre leurs revendications de « victimes de la République » et celles des Palestiniens dépossédés de leur territoire. Ce qui les autorisait à qualifier d'« islamophobe » toute personne qui osait critiquer la religion musulmane. Aussi bien fallait-il alors, dans cette perspective, adhérer à un embrigadement « non islamophobe » – c'est-à-dire islamiste – afin de mieux soutenir les revendications du peuple palestinien.

Cette radicalité ne fit que s'accentuer, au fil des années[2]. Les indigénistes et leurs alliés ne recouraient pas au même parler obscur que les universitaires subalternistes mais adoptaient un style militant de facture plutôt classique, largement parsemé de néologismes. Mais souvent rédigés à l'aide de l'écriture inclusive, leurs textes étaient truffés de stéréotypes sur les immigrés, les jeunes des banlieues, les sans-papiers et les abus commis par d'ennemi blanc toujours soucieux

1. Sara R. Farris, *In the Name of Women's Rights : The Rise of Femonationalism*, Durham, Duke University Press, 2017. Notons que le prix Simone de Beauvoir, présidé par Sylvie Le Bon de Beauvoir, a été attribué en 2017 à Giusi Nicolini, maire de Lampedusa, combattante pour les droits des réfugiés et des migrants. On sait que, dans les bateaux de la mort et de la noyade, des femmes subissent une double peine, puisqu'elles sont souvent violées par leurs compagnons d'infortune. Le viol est bien une pratique universelle et il n'existe pas de « bons » et de « mauvais » violeurs.

2. Voir Sadri Khiari, *Pour une politique de la racaille. Immigré-e-s, indigènes et jeunes de banlieues*, Paris, Textuel, 2006. Id., *La Contre-Révolution coloniale en France. De de Gaulle à Sarkozy*, Paris, La Fabrique, 2009. Houria Bouteldja, Sadri Khiari *et al.*, *Nous sommes les indigènes de la République*, Paris, Éd. Amsterdam, 2012. – Houria Bouteldja a démissionné du Parti des Indigènes de la République (PIR) en octobre 2020.

d'occulter la vérité. La locution « en tant que » revenait en permanence dans leurs textes pour souligner à quel point la République stigmatisait les Arabes, les Noirs, les musulmans, les anciens colonisés, au nom d'un prétendu universalisme fondé sur l'intégration, source de toutes les ignominies. Quant aux deux fondateurs du mouvement, Sadri Khiari et Houria Bouteldja, ils affirmaient que leurs principaux adversaires étaient, non seulement les mouvements antiracistes de gauche, mais aussi les LGBTQIA+ qui avaient acquis des droits et s'étaient donc normalisés. C'est ainsi que les identitaires indigénistes rejetaient les identitaires genrés, *queers* et trans, considérés comme les complices de la blanchité. Spirale infernale de la dérive identitaire, dont j'ai déjà parlé dans le précédent chapitre.

S'appuyant sur les écrits de Joseph Massad, professeur à l'université Columbia, célèbre sur les campus anglophones pour la violence de son discours anti-occidental, Sadri Khiari reprenait une thématique ancienne selon laquelle l'Occident aurait inventé des catégories psychiatriques binaires : sexualité normale (hétérosexualité), d'un côté, sexualité déviante (homosexualité), de l'autre. Autrement dit, selon Khiari et selon Massad, l'homosexualité dite « occidentale » n'existerait pas dans le monde arabe et musulman où les hommes se contenteraient d'embrassades et d'accolades sans pratiquer la moindre pénétration anale. Quant à la haine des homosexuels (homophobie), elle serait, elle aussi, une importation coloniale. Du coup, selon ce raisonnement, les homosexuels blancs occidentaux auraient contraint les homophiles iraniens ou égyptiens à faire campagne à leurs côtés afin de créer les conditions d'une répression islamiste. L'homosexualité ne serait donc pas un phénomène universel mais un luxe réservé à une élite coloniale et l'islamisme serait la conséquence des mauvais traitements infligés par les homosexuels occidentaux aux homophiles du monde arabe. Et bien entendu, pour énoncer de telles inepties, Massad se réclamait de Foucault et de Said[1].

Comme Khiari, admirateur de Massad, Bouteldja ira jusqu'à déclarer en 2013 : « Il serait temps, une bonne fois pour toutes, de comprendre que l'impérialisme – sous toutes ses formes – ensauvage l'indigène : à l'internationale gay, les sociétés du Sud répondent par une sécrétion de haine contre les homosexuels là où elle n'existait pas, ou par un regain d'homophobie là où elle existait déjà [...] » L'homophobie des dominés serait donc l'expression positive d'une résistance à « l'homoracialisme » blanc – encore un néologisme – qui se traduirait par un « virilisme identitaire[2] ». Pour le dire plus simplement, les deux fondateurs du Parti des Indigènes de la République justifiaient l'expression la plus sauvage de la haine islamique envers l'homosexualité. Enfin, point d'orgue de cette radicalité, Bouteldja déclara, à l'occasion de la tuerie de Montauban, au cours de laquelle Mohamed Merah avait assassiné des enfants juifs : « Mohamed Merah c'est moi, le pire c'est que c'est vrai[3]. »

Dans un essai publié en 2016[4], véritable bréviaire de l'indigénisme antirépublicain et identitaire, Bouteldja instaurait

1. Voir Joseph Massad, *Desiring Arabs*, Chicago, University of Chicago Press, 2007. Voir l'excellent commentaire de Jean Birnbaum, *La Religion des faibles. Ce que le djihadisme dit de nous*, Paris, Seuil, 2018, p. 197-198. J'ai eu l'occasion de me confronter à Joseph Massad lors d'un colloque tenu à Londres en 2008. Voir Joseph Massad, *Islam in Liberalism*, Chicago, University of Chicago Press, 2015, p. 309. Notons que, en vertu de sa conception d'une psychanalyse hybridisée, Thamy Ayouch affirme, lui aussi, l'inexistence de la notion d'homosexualité dans le monde arabo-musulman. Cf. Thamy Ayouch, *Psychanalyse et hybridité. Genre, colonialité, subjectivations*, Louvain, Presses universitaires de Louvain, 2018, p. 164.

2. Blog du 23 février 2013 sur le site des Indigènes de la République.

3. Houria Bouteldja, « Mohamed Merah et moi », blog du 6 avril 2012 sur le site des Indigènes de la République.

4. Houria Bouteldja, *Les Blancs, les Juifs et nous. Vers une politique de l'amour révolutionnaire*, Paris, La Fabrique, 2016. Dans ce livre,

un séparatisme radical entre ce qu'elle appelait les Blancs et les Juifs d'un côté (désignés par le pronom « Vous »), et les Indigènes de l'autre (appelés « Nous »). À ce premier séparatisme, elle en ajoutait un deuxième pour distinguer les femmes et les hommes rangés dans la catégorie des Indigènes. Cette classification lui permettait d'affirmer que le monde occidental était mort, que les Restos du Cœur de Coluche étaient une infamie, que les femmes devaient désormais obéir à la loi de leur père et de leurs frères musulmans, que les Blancs colonialistes et anticolonialistes étaient tous des assassins dont il fallait éradiquer la puissance négative, et qu'enfin les Juifs étaient devenus des adeptes d'une blanchité oppressive tout en se nourrissant de la Shoah pour mieux discriminer les Palestiniens et affirmer leur « identité sioniste ». Ce faisant, ils avaient renoncé au meilleur d'eux-mêmes : le yiddish (pour les ashkénazes) et l'arabe (pour les sépharades). En vertu d'une telle approche, le sionisme n'aurait jamais été un mouvement d'émancipation mais, d'emblée, un nationalisme identitaire. Quant aux Juifs de la diaspora, façon Bouteldja, ils n'étaient que des « sionistes » de capitulation face à un régime d'apartheid, manière de renier leurs frères juifs exterminés par les nazis. En quelques chapitres, l'auteure fabriquait ainsi un monument d'ignorance où se mêlait la haine des Juifs, des Blancs, des Arabes et des Noirs, et surtout d'elle-même. Et le tout, au nom d'une « politique de l'amour révolutionnaire » dont elle serait la prophétesse.

Fille d'une famille d'immigrés algériens, Bouteldja n'hésitait pas à reprendre la sinistre formule de Jean-Marie Le Pen sur la préférence intrafamiliale : « J'appartiens à ma famille, à mon clan, à mon quartier, à ma race, à l'Algérie, à l'islam. J'appartiens à mon histoire et si Dieu veut, j'appartiendrai à ma descendance. Lorsque tu te marieras, *in cha Allah*, tu

---

les majuscules sont systématiquement utilisées : Blancs, Nous, Vous, Noirs, Indigènes, etc., comme autant de peuples ou de citoyens d'une nation.

diras : *Ana khitt ou oueld ennass hitt*[1]. Alors tu seras à ton mari[2]. » Et encore : « Je ne suis pas tout à fait blanche. Je suis blanchie. Je suis là parce que j'ai été vomie par l'histoire. Je suis là parce que les Blancs étaient chez moi et qu'ils y sont toujours. Ce que je suis ? *Une indigène de la République*. Avant tout, je suis une victime. »

Aux lumières d'une émancipation honnie, Bouteldja opposait donc un ego victimaire et un retour fantasmé à une imaginaire race négro-arabe qui n'avait plus rien à voir avec la culture de la négritude chère à Aimé Césaire. Face du racisme mis en œuvre par les puissances occidentales, il s'agissait désormais, pour les Indigènes, d'inventer un racisme de l'estime de soi, un racisme protecteur prônant la « non-mixité raciale », principe hiérarchique selon lequel un « Blanc », quel qu'il soit, devrait être banni de toute expérience de vie avec les Noirs, puisque par essence tout homme blanc serait un « dominant ».

Mais en quoi ce racisme « racisé » et débiologisé serait-il libérateur ? En quoi ce « Je suis moi » serait-il différent du bon vieux racisme qui avait servi de matrice au colonialisme et donc à l'asservissement des peuples non européens – africains, arabes, asiatiques – jugés inférieurs ? En prétendant lutter contre le racisme, les Indigènes de la République ne faisaient que reconduire ses emblèmes.

Je n'ai jamais pensé qu'il valait mieux avoir tort avec Sartre que raison avec Aron. Ni l'un ni l'autre n'ont eu raison ou tort, d'ailleurs. Sartre a été le penseur le plus insulté de tout le XXe siècle, autant que Simone de Beauvoir, Sigmund Freud et bien d'autres encore. J'éprouve une vraie admiration pour son œuvre et la plupart de ses engagements politiques. Pour Raymond Aron aussi, d'ailleurs, penseur de la démocratie, et qui a consacré de très belles pages aux douleurs de

1. « Je suis un fil et le fils des gens est un mur. »
2. H. Bouteldja, *Les Blancs, les Juifs et nous*, *op. cit.*, p. 72.

la perte : « Perdre des amis, disait-il, à propos de sa rupture avec Sartre, c'est perdre une partie de soi-même[1]. » Comment alors admettre, sans sourciller, qu'Houria Bouteldja, représentante autoproclamée des anciens peuples colonisés, écrive ces mots : « Fusillez Sartre ! Ce ne sont plus les nostalgiques de l'Algérie française qui le proclament, c'est moi l'indigène[2]. » On n'en finirait pas d'énumérer les propos fous de cet ouvrage où sont repris *ad nauseam* les stéréotypes les plus sinistres de la haine de l'autre et du séparatisme entre les races : contre les femmes noires qui ne doivent pas porter plainte contre les violeurs noirs, contre les homosexuels traités de « tarlouzes », contre les Juifs, etc. À quoi s'ajoutent des déclarations racistes contre l'identité dite « blanche » opposée à l'identité noire[3].

Voilà où mène la revendication identitaire dans sa forme la plus extrême : faire corps avec le discours de ce que l'on prétend dénoncer. Se vouloir « racisé », se désigner comme l'ennemi de l'Occident, de la « blanchité », des Juifs soupçonnés d'être « blanchis par l'impérialisme européen » pour avoir obtenu une terre en Palestine, ce n'est rien d'autre que de vouloir fusiller, non seulement Sartre, mais aussi les plus grands artisans des luttes contre le colonialisme, l'apartheid, l'esclavage. Faudra-t-il un jour « fusiller » Fanon, Césaire, Said, Mandela, Martin Luther King pour donner raison aux

1. *L'Abécédaire de Raymond Aron*, Paris, L'Observatoire, 2019, p. 16.

2. H. Bouteldja, *Les Blancs, les Juifs et nous*, *op. cit.*, p. 28. Le 3 octobre 1960, 7 000 manifestants favorables à l'Algérie française avaient défilé sur les Champs-Élysées en hurlant « Fusillez Sartre ! ». De Gaulle s'était rangé à l'avis de Malraux : mieux vaut laisser Sartre crier « Vive le FNL ! » plutôt que de commettre l'erreur de l'arrêter. C'est à ce moment-là que se situe la rencontre entre Sartre et Fanon. Cf. Joseph Mornet, « Commentaire à la préface de Jean-Paul Sartre pour *Les Damnés de la terre* de Frantz Fanon », *Vie sociale et traitements*, nº 89, 2006, p. 148-153.

3. Dans l'émission « Ce soir (ou jamais !) » de Frédéric Taddéi du 18 mars 2016, en présence d'Houria Bouteldja et de son alliée, l'universitaire postcoloniale Maboula Soumahoro, Thomas Guénolé, politologue de gauche, a mis en pièces ce livre.

autres « identitaires » : suprémacistes, racistes, antisémites ? Et pourquoi ne pas fusiller François Maspero, l'éditeur de Fanon, qui, à propos de la publication d'un ouvrage de celui-ci, qui sera saisi par la justice, avait écrit : « La cause de la révolution algérienne, c'est aussi, en France, la cause de la démocratie[1]. »

On s'étonnera donc de constater qu'un tel discours ait pu être si fermement soutenu par des collectifs d'historiens, de sociologues ou d'écrivains, et non des moindres – on y relève les noms de Ludivine Bantigny, Annie Ernaux, Isabelle Stengers, Christine Delphy –, qui auront osé comparer Bouteldja à Said, Césaire et Fanon : « Elle exprime avec pudeur, diront-ils, son sentiment d'humiliation, sa honte de victime courageuse des Blancs » et de représentante d'une magnifique « politique de l'amour révolutionnaire[2] ». Faut-il avoir perdu la tête pour trouver superbe cet appel au crime : « Fusillez Sartre ! » Le pire, c'est que les Indigènes et leurs alliés décoloniaux et postcoloniaux se présentent désormais, non plus comme les héritiers de l'anticolonialisme incarné par Sartre, Said, Césaire, Vidal-Naquet, Maspero, Fanon, Henri Alleg, Maurice Audin et bien d'autres, mais comme les vrais et les seuls anticolonialistes dignes de ce nom.

Dans un chapitre de son livre, Houria Bouteldja racontait un souvenir d'adolescence. À l'occasion d'un voyage scolaire à New York, elle avait exigé de ses parents qui l'accompagnaient à l'aéroport de rester cachés à la vue de ses professeurs et de ses camarades de classe : « J'avais honte d'eux. Ils faisaient trop pauvres et trop émigrés avec leurs

1. Frantz Fanon, *Écrits sur l'aliénation et la liberté*, textes réunis, introduits et présentés par Jean Khalfa et Robert Young, Paris, La Découverte, 2015, p. 556.

2. « Vers l'émancipation, contre la calomnie. En soutien à Houria Bouteldja et à l'antiracisme politique », *Le Monde*, 19 juin 2017. En réponse à une tribune critique de Jean Birnbaum, « La gauche déchirée par le “racisme antiraciste” », parue le 10 juin 2017 dans *Le Monde*.

têtes d'Arabes, alors qu'ils étaient fiers de me voir m'envoler vers le pays de l'Oncle Sam. Ils n'ont pas protesté, ils se sont cachés et j'ai cru naïvement qu'ils avaient tout avalé. » Et elle ajoutait : « "Les Arabes, c'est la dernière race après les crapauds", disait mon père, une phrase qu'il avait sûrement entendue sur un chantier et qu'il avait faite sienne par conviction de colonisé [...] Je vis en France. Je vis en Occident. Je suis blanche. Rien ne peut m'absoudre. Je déteste la bonne conscience blanche. Je la maudis. Elle siège à gauche de la droite, au cœur de la social-démocratie[1]. »

Les souvenirs relatifs à l'humiliation vécue par les parents ou par les enfants sont toujours instructifs et je ne connais personne qui n'ait pas éprouvé, au moins une fois dans sa vie, un sentiment de culpabilité, soit parce que des parents héroïques avaient su résister à une oppression et que cela était écrasant pour eux, soit au contraire parce qu'ils avaient été soumis ou lâches, ou pire abuseurs sexuels, violents, sans limites. Toute la littérature est tissée de ces souvenirs éprouvants où les aveux se mêlent aux larmes. Toutes les cures psychanalytiques racontent ce type d'histoires. Toute la mémoire des peuples et tous les mythes relatent de tels récits des origines. Mais, dans les confessions de Bouteldja, c'est l'adolescente qui humilie ses propres parents en exigeant d'eux qu'ils s'effacent, non pas parce qu'ils auraient eu honte de ce qu'ils sont, mais parce qu'elle projetait sur eux sa propre honte d'avoir été conçue par des parents arabes. Et au lieu, des années plus tard, de faire la paix avec elle-même, elle transforme cette honte – la sienne – en un engagement fou contre un Occident meurtrier[2].

1. H. Bouteldja, *Les Blancs, les Juifs et nous*, *op. cit.*, p. 22-23.

2. Dans un livre passionnant, Fethi Benslama et Farhad Khosrokhavar montrent que les femmes qui choisissent le djihadisme inversent les valeurs de l'émancipation des femmes pour revendiquer une identité régressive fondée sur le rejet des idéaux de leurs parents assimilés à des valets humiliés par le colonialisme. Il s'agit alors de les racheter par un sacrifice. Cf. *Le Jihadisme des femmes. Pourquoi ont-elles choisi Daech ?*, Paris, Seuil, 2017.

En 2007, Rokhaya Diallo, journaliste et militante féministe, rebaptisée dix ans plus tard féministe intersectionnelle décoloniale[1], créa l'association des Indivisibles afin de soutenir sensiblement les mêmes combats que ceux des Indigènes : opposition à la loi sur le port du voile à l'école, soutien à l'émergence de camps « racisés », « non mixtes », excluant les hommes blancs, puis les femmes blanches, et censés permettre aux victimes du racisme et du sexisme de se retrouver entre eux, de manière identitaire, afin de dénoncer un « racisme d'État » fabriqué par la République indivisible, laïque, démocratique et sociale, ainsi que l'islamophobie qui en découlerait. Trois ans plus tard, l'association décida de décerner annuellement les « Y'a bon Awards », un prix d'infamie, très semblable à ceux que proclame classiquement l'extrême droite – le prix Lyssenko par exemple – visant à dénoncer les « préjugés ethnoraciaux et plus précisément celui qui nie ou dévalorise l'identité française des Français non blancs[2] ». Cette fois encore, les notions de race et d'identité française firent retour dans le discours des tenants de cet « antiracisme racisé » devenu la vulgate des groupes indigénistes. Les prix furent donc décernés, certes à de véritables racistes et néo-colonialistes, mais aussi à des personnalités de la gauche laïque connues pour leur engagement contre le racisme : Caroline Fourest et Élisabeth Badinter, notamment. Enfin, l'association fustigera SOS Racisme et la LICRA, considérés comme des clubs d'intellectuels blancs.

Fondé en novembre 2005 par Patrick Lozès, militant associatif, originaire du Bénin, mobilisé contre l'antisémitisme et le racisme, pourfendeur d'Éric Zemmour et de Dieudonné M'Bala M'Bala, le Conseil représentatif des associations noires (CRAN) s'opposait radicalement au Parti des Indigènes de la

1. *Les Inrockuptibles*, 8 janvier 2017.

2. Il s'agit d'une « cérémonie parodique de remise de prix aux propos racistes, les plus représentatifs du racisme systémique, tenus par des personnalités publiques dans les médias ».

République (PIR). Pour combattre les discriminations envers les Noirs de toutes origines, et faire inscrire dans le patrimoine national une mémoire de l'esclavage, il s'inspirait de la mobilisation des associations juives qui avaient milité pour faire reconnaître la responsabilité de la France de Vichy dans la déportation des Juifs. Aussi le CRAN aspirait-il à dialoguer avec le Conseil représentatif des institutions juives de France (CRIF). Parmi les initiateurs du mouvement figuraient Gilles Manceron, historien du colonialisme, membre de la Ligue des droits de l'homme, ainsi que Christiane Taubira, Fodé Sylla, ancien président de SOS Racisme, et Louis-Georges Tin, normalien, agrégé de lettres et militant de la cause homosexuelle, né en Martinique en 1974. Refusant toute forme de repli communautariste et toute idée de classification ethnique, l'association s'inspirait de la superbe lettre d'Albert Einstein adressée à W.E.B. Du Bois en 1931 : « Cela semble un fait universel que les minorités, en particulier les minorités qui sont reconnaissables à cause de leurs différences physiques, sont traitées par les majorités comme des classes inférieures. Mais le plus tragique, cependant, ce ne sont pas les désavantages économiques et sociaux que subissent automatiquement les minorités, mais le fait qu'elles intériorisent les préjugés de la majorité, et qu'elles finissent par se considérer elles-mêmes comme inférieures. On peut lutter contre ce mal terrible par l'union et l'éducation des consciences au sein des minorités, qui leur permet d'aller vers l'émancipation. L'effort résolu des Noirs américains dans ce sens mérite toute notre reconnaissance et toute notre aide. »

Nouvel acteur de la vie politique et intellectuelle, le CRAN regroupait plus d'une cinquantaine d'associations qui s'efforçaient de faire émerger, non pas une identité noire, mais une « conscience noire », un désir de reconnaissance historique et mémorielle, un au-delà de la négritude, avec comme figure tutélaire Nelson Mandela[1]. Il s'agissait pour elles, non seulement

1. Entretien avec Michel Wieviorka, 1er septembre 2020.

de contester radicalement le projet initié d'un enseignement des « aspects positifs de la colonisation », mais aussi d'effectuer la jonction avec le CRIF. Dans le monde politique, l'initiative fut accueillie de façon mitigée, les uns redoutant les effets d'un nouveau communautarisme, les autres la jugeant « utile ».

Deux ans plus tard, le CRAN se dota d'un conseil scientifique présidé par Michel Wieviorka auquel participait l'historien Pap Ndiaye. À l'occasion de plusieurs colloques, des discussions furent entamées, notamment sur la question des statistiques dites « ethniques » ou « de la diversité ». Ceux qui en étaient partisans, dont Wieviorka lui-même, les regardaient comme un moyen de prendre une exacte mesure des discriminations dont sont victimes les minorités, alors que les opposants, comme Hervé Le Bras, soulignaient au contraire qu'elles risquaient d'accentuer les replis communautaires. Malgré ces positions en apparence inconciliables, et contrairement aux élus de la gauche politique à propos de la laïcité, les deux tendances parviendront à se rapprocher en organisant de multiples rencontres avec des chercheurs de différents pays, Russie, Brésil, États-Unis : « Nous étions d'accord, souligne Michel Wieviorka, pour éviter tout recensement national des populations sur des bases ethniques, mais nous étions favorables à des enquêtes privées, non financées par l'État, destinées à mettre en évidence des itinéraires générationnels avec mention des origines. À aucun moment nous ne fûmes gangrenés par des courants identitaires[1]. »

L'initiative la plus réussie de cette nouvelle association fut l'organisation, en 2010, d'un colloque réunissant le CRAN et le CRIF avec pour condition qu'aucun représentant politique

1. Entretien avec Michel Wieviorka, 1er septembre 2020. Cf. Hervé Le Bras, Michel Wieviorka *et al.* (dir.), *Diviser pour unir ? France, Russie, Brésil, États-Unis, face aux comptages ethniques*, Paris, Éd. de la Maison des sciences de l'homme, 2018. Voir également Catherine Vincent, « Querelle républicaine autour des statistiques ethniques », *Le Monde*, 12 septembre 2020.

de l'État d'Israël ne fût présent, pas plus d'ailleurs qu'un quelconque membre de l'Autorité palestinienne. Et pour éviter toute confrontation gênante, les organisateurs arrêtèrent un thème susceptible de convenir à tous les intervenants : « Le visage. La rencontre de l'autre. » Restait à trouver un lieu « neutre ». Ce fut le collège des Bernardins, propriété du diocèse de Paris, où se tenaient régulièrement des débats et des conférences de haut niveau sous la houlette du père Antoine Guggenheim, théologien et enseignant, fin connaisseur des sciences humaines, de la philosophie, de la psychanalyse et de l'histoire des religions. Le ton fut donné d'emblée et le texte de présentation de la rencontre mérite d'être cité intégralement : « Qu'il s'agisse des techniques anthropométriques pour "détecter" les Juifs dans la France des années noires, qu'il s'agisse du "délit de faciès" qui met souvent en cause les Noirs et les Arabes, qu'il s'agisse du tatouage ou des scarifications, qu'il s'agisse des canons de la publicité, ou encore de la chirurgie esthétique, qu'il s'agisse du droit à l'image, et à la vie privée, qu'il s'agisse enfin du débat sur le voile islamique, ou sur la burqa, le visage est souvent au cœur des enjeux politiques de notre pays. Peut-on voir, peut-on représenter le visage de Dieu ? Celui de l'homme ? Et celui de la femme ? Quels visages montrent aujourd'hui les médias ? Et quel est aujourd'hui le visage de notre République ? Qu'en disent les philosophes, l'histoire de l'art, l'anthropologie, qu'en disent les sciences humaines en général ? Quelles sont les questions politiques posées à notre conscience contemporaine ? Dans le débat sur le voile intégral, comment articuler la liberté religieuse et la liberté des femmes ? En s'appuyant sur des figures comme Aimé Césaire ou Levinas, comment refonder une éthique de la relation à l'autre, qui soit aussi une politique respectant la dignité de tous, et de toutes ? De notre avenir commun, quel sera en somme le visage ? » Parmi les intervenants, outre Richard Prasquier, président du CRIF, Patrick Lozès, Louis-Georges Tin, Michel de Virville, directeur du collège des Bernardins, le Pr Laurent Lantieri donna un magistral exposé sur la greffe totale du visage.

Après le départ de Patrick Lozès, le CRAN prit, en 2011, une tout autre orientation, beaucoup plus identitaire, sous l'impulsion de Louis-Georges Tin, lui-même engagé dans des combats contre l'homophobie et la transphobie, puis en faveur d'une politique de réparations matérielles liées à la période de l'esclavage. Non seulement le nouveau président participait à une bataille mémorielle afin que fussent reconnus les crimes de la traite négrière, mais il entendait défendre les intérêts financiers de tous les descendants des esclaves et exiger de l'État une restitution des objets pillés dans les pays anciennement colonisés : « Comment penser les transferts et les appropriations ici et là-bas ? Quels statuts ces objets sacrés et royaux devenus "fétiches de musée" vont-ils prendre lors de leur retour ? » Et pour appuyer cette démarche, il dénonçait les « impostures » de l'universalisme, rebaptisé « uniformalisme », avatar de la « pensée hégémonique dissimulée derrière de prétendues valeurs républicaines[1] ». Encore un néologisme ! Il mettait fin aux ambitions premières de cette association telle que l'avait conçue Patrick Rozès.

« Je suis Charlie »

Le 7 janvier 2015[2], à Paris, le jour de l'assassinat par un groupe d'Al-Qaïda de sept journalistes de *Charlie Hebdo*

1. Thème d'un colloque sur les « Identités au prisme de la restitution », 6 juin 2019, université Paris-5-Descartes. Louis-Georges Tin, *Les Impostures de l'universalisme. Conversation avec Régis Meyran*, Paris, Textuel, 2020. Sur les luttes fratricides internes au CRAN, cf. Sara Daniel, *L'Obs*, 18 août 2020. – À la suite de graves divergences internes, Louis-Georges Tin a été radié du CRAN en juillet 2020.

2. Ce jour-là eut lieu également un attentat contre l'Hyper Cacher de la porte de Vincennes. Aux côtés des journalistes de *Charlie Hebdo*, cinq autres personnes furent assassinées. En tout, dix-sept morts.

– Charb, Cabu, Elsa Cayat, Honoré, Bernard Maris, Tignous, Wolinski –, un graphiste français, Joachim Roncin, féru de culture pop, inventa un slogan qui allait faire le tour de la planète : « Je suis Charlie ». Diffusée massivement, l'image, tel un faire-part de deuil, était d'une belle sobriété : sur un fond noir rectangulaire apparaissait un « Je suis » en lettres blanches, suivi d'un « Charlie » en lettres grises, légèrement plus grandes que les blanches. L'auteur s'était inspiré d'une célèbre bande dessinée, *Où est Charlie ?*, mais aussi, de façon sans doute plus inconsciente, d'au moins trois autres énoncés : « Je suis Spartacus », « Ich bin ein Berliner » et « Nous sommes tous américains ».

Le premier était tiré du film *Spartacus*, tourné en 1960 par Stanley Kubrick. Après la défaite des esclaves, Crassus leur promet la vie sauve si leur chef se dénonce. Spartacus se nomme au moment même où tous ses compagnons se lèvent en criant : « Je suis Spartacus. » Le deuxième fut prononcé par John Kennedy, lors de son voyage à Berlin-Ouest en 1963, véritable promesse de réunification. Le troisième était un appel à soutenir les victimes de l'attentat du 11 septembre 2001, repris à la une du journal *Le Monde*. Dans les deux premiers cas, il s'agissait d'une célébration de la liberté contre l'oppression, et dans le troisième d'un défi adressé à Oussama ben Laden qui avait frappé, non seulement un emblème majeur de la puissance américaine, mais aussi 3 000 individus, dont 300 de nationalités différentes, et donc « non américains ».

J'ai toujours regardé le hashtag #JeSuisCharlie comme un hymne à la liberté d'expression, bien sûr, mais surtout comme l'affirmation d'une subjectivité – Je suis je, voilà tout – parfaitement indépendante de tout groupe d'appartenance, de tout territoire. Et c'est sans doute la raison pour laquelle il fut spontanément adopté par des foules réunies dans des défilés multicolores où étaient brandies des affiches reproduisant le graphisme initial inventé par Joachim Roncin.

Mais du même coup, et pour la même raison, il fut aussitôt rejeté par tous ceux qui ne voulaient pas de cette sentence : les identitaristes de tous bords. À commencer par Jean-Marie Le Pen, qui s'empressa d'affirmer « Je ne suis pas Charlie » mais « Je suis Charlie Martel », tout en expliquant que l'attentat était le fruit d'un complot fomenté par des services secrets : « Je ne dis pas que les autorités françaises sont derrière ce crime mais qu'ils ont pu avoir permis qu'il ait lieu[1]. » Et, dans la foulée, Dieudonné déclara qu'il n'était ni Charlie, ni Charlie Martel, mais plutôt « Charlie Coulibaly », du nom de l'un des assassins.

Si le slogan « Je suis Charlie » résonnait comme un idéal déterritorialisé, son antonyme « Je ne suis pas Charlie[2] » devint, dans le monde entier, l'expression d'un rejet du modèle français de la laïcité républicaine, accusé de favoriser le blasphème et de discriminer les musulmans. De ce point de vue, les journalistes de *Charlie Hebdo* furent donc critiqués pour avoir publié des caricatures hostiles aux religions en général, et plus encore à l'islam : ils se seraient rendus coupables d'offense envers la religion des plus démunis. Et parmi les « Je ne suis pas Charlie » figuraient, non seulement les collectifs contre l'islamophobie, mais aussi des intellectuels et des universitaires dont certains protestaient contre la présence, lors de la grande manifestation convoquée place de la République, de chefs d'État responsables dans leurs propres pays de discriminations diverses[3]. Parmi les multiples prises de position des « Je ne suis pas Charlie », on retiendra celle de Virginie Despentes qui croyait dur comme fer que les

1. Cf. *Libération*, 16 janvier 2015.

2. Notons que « Je ne suis pas Charlie » ne signifie pas « Je suis anti-Charlie ». La nuance est de taille car elle autorise ceux qui se réclament de ce « Je ne suis pas » à affirmer qu'ils n'approuvent pas pour autant le recours à des actes meurtriers.

3. Tribune parue dans *Le Monde*, 14 janvier 2015, signée par des sociologues, des économistes et des historiens de gauche et d'extrême gauche.

terroristes méritaient les éloges réservés d'habitude à des résistants en lutte contre des dictatures ou des criminels : « J'ai été aussi les gars qui entrent avec leurs armes, ceux qui venaient de s'acheter une kalachnikov au marché noir et avaient décidé à leur façon, la seule qui leur soit accessible, de mourir debout plutôt que de vivre à genoux. J'ai aimé aussi ceux-là qui ont fait lever leurs victimes en leur demandant de décliner leur identité avant de viser au visage. [...] Je les ai aimés dans leur maladresse – quand je les ai vus armes à la main semant la terreur en hurlant "On a vengé le Prophète"[1]. »

On voudrait opposer à ces propos irresponsables l'intervention fulgurante de Jean-Luc Godard : « Tous les gens disent comme des imbéciles "Je suis Charlie", moi j'aime mieux dire "Je suis Charlie", du verbe "suivre", et je le suis depuis quarante ans. » Le cinéaste était en effet un grand lecteur du journal et, en 2012, le dessinateur Luz l'avait caricaturé en train de filmer Mahomet, fesses à l'air, lui lançant la réplique de Brigitte Bardot à Michel Piccoli dans *Le Mépris* : « Et mes fesses, tu les aimes mes fesses[2] ? »

Force est de constater qu'aux yeux de bon nombre d'universitaires issus du monde anglophone, le modèle républicain français, avec son vieil universalisme, son séparatisme et son anticommunautarisme, confirma en cette occasion qu'il s'obstinait à refuser la diversité culturelle, du fait de son passé colonial. En témoigne la manière dont l'excellent historien Robert Gildea présenta, en 2018, l'histoire de l'attentat contre *Charlie Hebdo*. Il ne nommait pas les journalistes assassinés mais s'étendait sur les malheurs des assassins, Amedy Coulibaly, Chérif et Saïd Kouachi, tous trois enfants des banlieues, « victimes de discriminations » postcoloniales[3]. Sans

1. *Les Inrockuptibles*, 17 janvier 2015.

2. Jean-Marie Pottier, in *Sofilm*, 6 mai 2015.

3. Robert Gildea, *L'Esprit impérial. Passé colonial et politiques du présent* [2019], Paris, Éd. Passés composés, 2020, p. 342-345. On lit

doute oubliait-il que « Je suis Charlie » incarnait une idée dont aucun pouvoir, fût-il armé jusqu'aux dents, ne pourrait jamais se débarrasser.

Fureurs iconoclastes

Après 2015, l'évolution identitariste des *studies* prit une tournure politique avec l'apparition de grandes campagnes punitives orchestrées par des groupes s'inspirant des classifications élaborées au sein des institutions académiques. Aussi ces études finirent-elles, en descendant dans la rue, par servir de support à ce qu'on appelle la culture de l'annulation (*cancel culture*), autre pratique largement répandue dans les réseaux sociaux, le tout sur fond de montée du racisme, du suprémacisme (américain) et de terreur de l'islamisme. Cette « culture » consiste à pointer du doigt, pour l'ostraciser ou l'éliminer, une personne, une association ou une institution dont les propos, les mœurs, les actes ou les habitudes seraient jugés « offensants » envers telle ou telle minorité.

La culture de la dénonciation publique, toujours dangereuse pour la démocratie, quelles que soient ses bonnes ou ses mauvaises intentions[1], va de pair avec d'autres formes d'expéditions punitives, comme celles qui visent l'« appropriation culturelle ». Les unes et les autres sont soutenues, en France, par le sociologue Éric Fassin, lequel est lui-même devenu la cible des Indigènes de la République qui l'accusent de ne pas avoir le droit, en tant que Blanc, de mener une lutte antiraciste. Fascinante boîte de Pandore ouverte à tous vents, chacun pouvant accuser l'autre des pires méfaits et

---

aujourd'hui de tels arguments, notamment dans les colonnes de la presse américaine et plus particulièrement dans celles du *Washington Post*.

1. On en a pris conscience avec le hashtag #MeToo, passage à l'acte nécessaire mais qui ne saurait se prolonger à l'infini.

réciproquement puisque toute position identitaire est vécue comme une persécution[1].

Reprenant à leur compte la métaphore du *Manifeste anthropophage* (manger l'autre), les adeptes de cette approche « intersectionnelle » récusent toute idée d'universalisation de l'expression artistique : seuls les Noirs auraient le droit de penser la « noiritude », les Juifs la « juiverie », les Blancs la « blanchitude », etc. Au nom de cette « théorie », Pablo Picasso serait coupable de racisme pour s'être inspiré des arts premiers, et de même tous les peintres, poètes, écrivains, artistes qui, entre 1905 et 1907, délaissèrent les canons de l'art occidental pour inventer un art nouveau – l'art nègre – à partir de l'étude des statues et des masques africains (pourtant considérés par les colonialistes comme des fétiches issus d'un obscurantisme barbare).

Du point de vue des décoloniaux engagés dans la *cancel culture*, André Breton, Claude Lévi-Strauss, Michel Leiris et tant d'autres ne seraient donc que les représentants d'un racisme esthétique, un racisme d'appropriation, qu'il faudrait désormais éradiquer parce qu'il ne serait que l'expression du regard occidental sur des cultures subalternisées. Après avoir fusillé Sartre, il faudrait par conséquent abattre tous les grands artisans de l'anticolonialisme. C'est au nom d'une telle doctrine que la chanteuse Madonna fut accusée, en 2018, sur les réseaux sociaux, d'avoir osé porter des costumes berbères traditionnels pour célébrer à Marrakech son 60e anniversaire : « Reine berbère mon œil [...] Tu veux dire reine de l'appropriation culturelle. »

Mais c'est aussi en vertu de la même logique que toutes les personnes atteintes d'un « handicap », désormais assimilé

1. Éric Fassin, « L'appropriation culturelle, c'est lorsqu'un emprunt entre les cultures s'inscrit dans un contexte de domination », *Le Monde*, 24 août 2018. Cf. Sonya Faure, « Un credo pour les antiracistes », *Libération*, 29 juin 2016. La même accusation avait été portée contre Pascal Blanchard.

à une identité – maladie mentale, autisme, obésité, surdité, cécité, etc. –, réclament d'être embauchées au théâtre ou au cinéma pour interpréter des rôles dévolus en général à des comédiens professionnels. Et de même, il faudrait admettre, au nom d'une « diversité représentative », que seul un homosexuel soit habilité à interpréter un rôle d'homosexuel, un Juif un rôle de Juif, un transgenre un rôle de transgenre, etc. Cela signifierait, *a contrario*, et selon la même logique, qu'un chanteur noir ne pourrait plus interpréter le répertoire classique – Mozart ou Verdi – et qu'un Blanc n'aurait plus le droit de chanter des airs de blues ou de jazz.

Parmi des centaines de manifestations hostiles ou favorables à la thèse de l'appropriation culturelle, on retiendra les mésaventures survenues au dramaturge québécois Robert Lepage, à l'occasion de la création de *Kanata* en 2018[1]. Le spectacle retrace l'histoire de la progressive élimination des peuples amérindiens par les colonisateurs anglais durant les XIXe et XXe siècles. Elle met donc en cause la stratégie d'assimilation culturelle de l'administration coloniale, puis la marginalisation des descendants des colonisés.

La controverse ne portait ni sur le contenu de la pièce ni sur les représentations de la « Nouvelle France » depuis la fondation du Québec en 1608, et pas davantage sur l'imaginaire colonial anglais ou français, mais sur le fait que les comédiens étaient tous blancs, ce qui provoquait la colère des autochtones, lesquels réclamèrent l'interdiction de la pièce : « Le spectacle est une appropriation culturelle, écrira Janelle Pewapsconias. Je trouve très problématique qu'un Blanc ou un colon essaie de raconter notre histoire [...] Une personne blanche ne peut pas comprendre les implications de l'esclavage, du génocide autochtone, de l'oppression contre les métis [...] Nous avons beaucoup de personnes instruites et talentueuses mais le gouvernement canadien

1. Nom d'un village iroquois qui a été à l'origine du mot « Canada ».

ne s'engage pas auprès des autochtones, des Noirs et des gens de couleur[1]. »

Refusant de céder à ces pressions, Ariane Mnouchkine décida d'inviter Lepage à mettre en scène sa pièce au Théâtre du Soleil et à inclure la controverse dans l'espace scénique. Dans un communiqué qui mérite d'être longuement cité, les deux dramaturges répondirent en ces termes à tous leurs détracteurs : « Ne s'estimant assujetti qu'aux seules lois de la République votées par les représentants élus du peuple français et n'ayant pas, en l'occurrence, de raison de contester ces lois ou de revendiquer leur modification, n'étant donc pas obligé juridiquement ni surtout moralement de se soumettre à d'autres injonctions, même sincères, et encore moins de céder aux tentatives d'intimidation idéologique en forme d'articles culpabilisants, ou d'imprécations accusatrices, le plus souvent anonymes, sur les réseaux sociaux, le Théâtre du Soleil a décidé, en accord avec Robert Lepage, de poursuivre avec lui la création de leur spectacle et de le présenter au public aux dates prévues. » Et ils ajoutaient : « Après un déluge de procès d'intention tous plus insultants les uns que les autres, ils ne peuvent ni ne doivent accepter de se plier au verdict d'un jury multitudineux et autoproclamé qui, refusant obstinément d'examiner la seule et unique pièce à conviction qui compte – c'est-à-dire l'œuvre elle-même –, la déclare nocive, culturellement blasphématoire, dépossédante, captieuse, vandalisante, vorace, politiquement pathologique, avant même qu'elle soit née. »

En lisant ces lignes on regrettera que ces propos n'aient pas été entendus par les responsables de toutes les institutions françaises et internationales qui n'ont eu de cesse, notamment depuis 2015, que de céder à tous les « jurys multitudineux et autoproclamés », c'est-à-dire à cette culture de la délation désormais bien connue : *name and shame* (nommer et couvrir de honte, clouer au pilori). Car tel est, en réalité, le véritable

1. Déclaration à Radio-Canada, 17 juillet 2018.

problème posé par les actes des minorités identitaires. Pourquoi donc les responsables de spectacles, de conférences, d'expositions, d'enseignements cèdent-ils en permanence à de telles menaces ? De quoi ont-ils vraiment peur pour ne jamais oser défendre la liberté d'expression ?

C'est la même crainte pour la « sécurité », face à des manifestants venus en nombre, qui conduisit les responsables de l'université Paris-Sorbonne à annuler, en mars 2019, la représentation des *Suppliantes* d'Eschyle. Le metteur en scène, Philippe Brunet, était accusé de racisme par l'UNEF pour avoir fait usage de masques de couleur noire portés par des comédiens blancs, variante de la pratique ancestrale du *black face* selon laquelle des acteurs se maquillent pour ressembler à des personnes noires. D'où cette déclaration : « Le *black face* est par essence une pratique raciste issue d'un passé colonial où la caricature des personnes noires était commune pour divertir un public blanc, caricatures représentant généralement ces personnes comme sauvages, bestiales, stupides. L'utilisation de cette pratique est discriminatoire, raciste et s'inscrit aujourd'hui dans un contexte de racisme culturel et institutionnel toujours prégnant[1]. » Non seulement les auteurs de cette motion réclamaient l'annulation de la représentation, mais ils exigeaient des excuses publiques de la part de l'administration pour avoir autorisé l'expression d'un tel racisme dans les locaux de l'université. Deux jours plus tard, dans un communiqué de presse, deux ministres condamnèrent fermement cette atteinte sans précédent à la liberté de création en s'engageant à la tenue d'une nouvelle représentation des *Suppliantes* dans le grand amphithéâtre de la Sorbonne[2], laquelle

1. Appel de l'UNEF (Union nationale des étudiants de France), 25 mars 2019.

2. Communiqué de presse de Frédérique Vidal, ministre de l'Enseignement supérieur, de la Recherche et de l'Innovation, et de Franck Riester, ministre de la Culture, 27 mars 2019.

eut lieu, le 21 mai, devant une foule impressionnante et un parterre de ministres et d'ambassadeurs. Revanche de l'art théâtral contre la censure.

Dans cette pièce, nulle trace de racisme mais l'inscription du metteur en scène dans une tradition liée au théâtre grec selon laquelle tous les acteurs portent des masques noirs ou blancs.

Regrettant l'acte de censure, Laure Murat se rangeait toutefois aux reproches adressés par les censeurs à la mise en scène, en soulignant que Brunet aurait dû tenir compte des avertissements lancés par le président du CRAN, Louis-Georges Tin, lequel avait appelé au boycott de la pièce, afin de transformer en véritable débat cette dramaturgie des masques. Brunet, disait-elle, aurait dû mettre en cause « la survivance plus ou moins inconsciente ou perverse de l'orientalisme et des pratiques injurieuses contemporaines de l'esclavage [...] afin de sortir de l'idéologie européo-centrée » et de dépasser les « crispations et débordements de la pensée décoloniale[1] ». C'est au nom d'une telle argumentation qu'Ariane Mnouchkine, comme je l'ai souligné, avait refusé de céder aux menaces en ajoutant à la représentation de *Kanata* un chapitre intitulé : « La controverse ».

À l'évidence, toutes ces dénonciations collectives ne sont que la résurgence des rites de lynchage et de chasse aux sorcières visant à mettre à mort, symboliquement ou socialement, un adversaire jugé dangereux : le contraire du débat démocratique, fondé sur la parole. À en croire les partisans de la *cancel culture*, celle-ci serait devenue l'outil le plus novateur d'une contestation émanant des minorités et de la gauche radicale américaine, excédées par l'impunité d'un pouvoir toujours plus répressif, raciste, homophobe, transphobe, sexiste. Cette culture de la dénonciation publique s'inscrirait donc, à en croire Laure Murat, dans la droite ligne des anciens

1. *Libération*, 10 avril 2019.

combats en faveur des droits civiques et de l'émancipation des minorités opprimées[1]. Pour justifier cette position, l'historienne convoque les actions du mouvement « Black Lives Matter » (« Les vies noires comptent »), apparu en 2013 dans la communauté afro-américaine, toujours plus persécutée par un racisme endémique, et qui avait été à l'origine des émeutes de l'été 2020, suite à l'assassinat, par un policier blanc, de George Perry Floyd, un ancien délinquant noir devenu conducteur de camion après avoir réussi sa réintégration sociale.

Comment se confronter à cette argumentation récurrente, dont on retrouve la trace chez les indigénistes, les décoloniaux, les néo-féministes dites « dégommeuses » et autres adeptes de l'intersectionnalité ? Pour ma part, j'aurais envie de dire que ces mouvements mettent à profit la situation désastreuse des victimes du racisme pour s'inscrire désormais dans le droit fil d'une contre-révolution obscurantiste, qui renvoie étrangement aux discours identitaires et nationalistes de la droite extrême. Hostiles aux Lumières et à la raison, ils visent, on l'a dit, à éradiquer l'idée même qu'il aurait existé un anticolonialisme occidental, et ils ont pour projet de détruire l'histoire mémorielle : déboulonnage des statues, changement des noms de rues, etc. Aussi s'efforcent-ils moins de lutter en faveur d'une véritable émancipation, dans le droit fil de Martin Luther King, que de substituer à l'histoire honnie – culte de l'esclavagisme, apologie de la domination masculine – des hagiographies fantasmatiques et binaires. Ces extravagances et ces fanatismes spontanés, qui prétendent échapper aux règles de l'État de droit, conduisent au pire puisque le combat contre le racisme se transforme alors en une apologie de la race (racisée) et que le *queer*, érigé en norme, sert à nier la différence anatomique ou biologique, le tout sur fond de violences physiques et verbales.

1. Laure Murat, « La *cancel culture*, c'est d'abord un immense ras-le-bol d'une justice à deux vitesses », *Le Monde*, 2-3 août 2020.

Le plus étonnant d'ailleurs, c'est que cette reprise de la notion de race « débiologisée » par ceux-là mêmes qui en étaient les victimes est contemporaine du débat qui a abouti, en France, après de nombreuses discussions, à la décision par l'Assemblée nationale de supprimer (enfin) le mot « race » de la Constitution. Dans l'article 1er réécrit, on peut lire que la France « assure l'égalité devant la loi de tous les citoyens sans distinction de sexe, d'origine ou de religion » au lieu de « sans distinction d'origine, de race ou de religion[1] ».

Puisque la race n'existe pas scientifiquement, il était logique de supprimer le mot de la Constitution. Cela ne veut pas dire bien sûr qu'on l'élimine du corpus linguistique français. Or, cette décision fut contestée au premier chef par les représentants des *critical race studies*, les décoloniaux et autres indigénistes, soucieux de revendiquer son utilisation « bénéfique », sous la forme de l'identité racisée, etc. Et les mêmes de demander que le mot « sexe » soit biffé de l'article 1er où l'on aurait donc écrit : « sans distinction de genre, d'origine, de religion et de race ». Formulation d'autant plus incohérente qu'elle s'accompagnait d'une proposition aberrante selon laquelle le racisme ne serait pas universel.

Cette thèse, qui allait à l'encontre des positions de Césaire, de Fanon, de Lévi-Strauss et de tous les penseurs de l'antiracisme et de l'anticolonialisme, a été soutenue notamment par le sociologue Éric Fassin. À ses yeux, en effet, seul existerait le racisme anti-Noirs puisque, pour les sciences sociales, le racisme anti-Blancs serait introuvable. Quelles sciences sociales ? L'auteur ne répond guère à cette question mais il affirme que c'est l'État lui-même qui serait l'initiateur d'un « principe de la race » lui permettant de distinguer des « faciès étrangers » et des « faciès français ». L'État français aurait ainsi institué un « racisme systémique ». Et Fassin en apporte la « preuve statistique » en montrant que les contrôles

1. Constitution française, 12 juillet 2018.

au faciès touchent vingt fois plus les hommes arabes ou noirs que les hommes blancs. Mais en quoi le constat avéré d'un tel comportement raciste serait-il la conséquence d'une loi qui, au contraire, vise à combattre le racisme par l'élimination du signifiant majeur de la théorie racialiste, celle qui prône l'existence des races ? Sartre avait fait du « racisme antiraciste » un moment dialectique de l'histoire de l'abolition de la race, et voilà que les utilisateurs d'une nouvelle conceptualisation de l'antiracisme prétendent maintenant en réactiver la puissance discriminatoire.

Aussi bien faudrait-il alors admettre qu'il existerait, pour le grand bonheur d'une humanité désoccidentalisée, un « racisme sans race » et un « racisme sans racistes ». Mais quel crédit faut-il accorder à une approche sociologique qui propose d'expliquer que la suppression du mot « race » dans la Constitution française ne ferait que réactiver le racisme d'État et que l'emploi du mot « race » par les adeptes de la racisation serait l'arme ultime du combat antiraciste puisque seule l'humanité blanche serait raciste ? Et pour justifier un raisonnement aussi absurde, Fassin se réclamait de Foucault qui, bien entendu, n'a jamais rien énoncé de tel[1].

Telle est donc désormais la caractéristique de ce grand labyrinthe de l'antiracisme racisé qui sera la risée des authentiques racistes de la droite extrême : l'antiracisme des identitaires racisés est un racisme, diront-ils. À ce renouveau du racisme, reconverti en antiracisme racisé, Tania de Montaigne, auteure d'un essai sur les dangers des assignations identitaires, oppose une fin de non-recevoir : « Le mot "racisé", dit-elle, accrédite l'idée selon laquelle la race existe. Que des gens se figent tout seuls dans un groupe dont les critères sont ceux définis par les esclavagistes et les nazis, je trouve ça triste. Ils

1. Éric Fassin, « Le racisme anti-Blancs n'existe pas », *loc. cit.* Et sur son blog « Identités politiques » (*Mediapart*), 26 septembre 2019.

auraient pu choisir de dire “Je suis victime du racisme” au lieu de “racisé”[1]. »

C’est au nom de la pratique de la dénonciation et de l’effacement que des collectifs en fureur s’attaquent désormais aux statues, aux bâtiments du temps passé, aux expositions d’art et aux célébrités, traquant le coupable idéal, quitte à dénoncer avec la même vigueur les anciens esclavagistes et leurs ennemis jurés. Ils s’en prennent autant aux criminels violeurs et prédateurs qu’aux hommes soupçonnés de harcèlement. Et de même, ils alimentent la détestation généralisée des uns contre les autres : les gays contre les lesbiennes et réciproquement ; les Blancs contre les Noirs, les uns et les autres étant assimilés à des « antiracistes-racistes » ; les Juifs contre les Arabes et réciproquement, les uns étant désignés comme racistes ou islamophobes, les autres comme antisémites, islamistes ou antisionistes, etc. Fanon et bien d’autres avec lui ont suffisamment démonté cette spirale infernale du soi-même comme un roi contre l’autre pour qu’on ne s’y attarde pas davantage.

En quête de repentance, de réparations, de vengeance, les identitaires se sont ainsi transformés en juges siégeant dans des tribunaux populaires. Conscient de cette dérive, l’écrivain Alain Mabanckou, professeur de littérature francophone à UCLA et grand admirateur du magnifique mouvement afro-américain de l’entre-deux-guerres « Renaissance de Harlem », a déclaré : « Si l’on déboulonne une statue qui rappelle quelque chose d’horrible et d’injuste, comment donnerais-je à mon fils un regard sur cet événement ? On m’avait demandé il y a quelque temps s’il fallait modifier *Tintin au Congo*

1. Entretien avec Laure Daussy, *Charlie Hebdo*, 6 juin 2018. Et Tania de Montaigne, *L’Assignation. Les Noirs n’existent pas*, Paris, Grasset, 2018. Tania de Montaigne est membre du collectif 50/50 qui a pour but de promouvoir l’égalité des femmes, des hommes et de la diversité dans le cinéma et l’audiovisuel.

parce que l'œuvre était jugée trop coloniale et caricaturait les autochtones. Non, il faut poser un regard objectif sur ce temps colonial. Moi j'ai besoin de lire le Code noir, tout comme je dois lire *Mein Kampf* pour mieux affûter les raisons de mon indignation. En effaçant les traces de Colbert et du Code noir, nous effaçons aussi celles des résistants, des Noirs, des Blancs qui ont combattu ce personnage et décrié ce code. La lecture de l'histoire ne doit pas être guidée par l'émotion [...] Je n'ai pas besoin d'afficher une rancœur pour affirmer mon identité[1]. » On ne saurait mieux dire.

Les fureurs iconoclastes n'ont rien de nouveau et chaque révolution produit les siennes. Depuis la destruction des églises, des croix et des reliques en 1793 jusqu'à la guerre civile espagnole, en passant par le soulèvement d'octobre 1917 ou par la Commune de Paris, il s'agit chaque fois d'abolir les signes de la tyrannie et d'annoncer un avenir radieux. Les insurgés succèdent aux insurgés, et à chaque étape les symboles du régime honni sont détruits tandis que sont éliminés ceux qui en avaient été les promoteurs. À Budapest, en 1956, la foule mit à bas une statue de Staline, et ce geste sera réitéré un peu partout dans les pays de l'Est après la chute du mur de Berlin, au point d'ailleurs de mettre dans le même panier les figures de Marx, Lénine, Staline et de tous les grands symboles d'un communisme devenu totalitaire.

À chaque fois la même action se répète, comme si, pour faire advenir un monde meilleur, il fallait détruire les signifiants de l'ordre ancien. Les statues meurent en même temps que sont exécutés, légalement ou non, les supposés responsables des malheurs du temps passé. Mais ces actes, qui suscitent toujours l'indignation des uns contre les autres, sont en général accomplis dans l'instant de l'émeute et des combats libérateurs. Ils se produisent dans le moment même

1. Propos recueillis par Valérie Marin La Meslée et Christophe Ono-dit-Biot, *Le Point*, 13 août 2020.

où le passage à l'acte est nécessaire à l'instauration d'un nouvel ordre politique.

Dans le cas des révoltes identitaires, on a l'impression que l'acte de destruction s'étire à l'infini, n'est tenu par aucune limite et se produit à l'aveuglette comme l'expression d'une rage pulsionnelle et anachronique. On commence à Boston par couper la tête de la statue de Christophe Colomb, accusé du génocide des Amérindiens ; on jette dans la Tamise celle de Cecil Rhodes, pur représentant du racisme et du colonialisme anglais ; on s'en prend au général Robert Edward Lee, commandant en chef des armées confédérées durant la guerre de Sécession, connu pour son opposition à la maltraitance des esclaves noirs, mais devenu, cent cinquante ans après sa mort, l'icône des néo-nazis américains ; on barbouille de peinture à Londres la statue de Winston Churchill, dont on ne retient que les propos racistes et son soutien sans faille à l'impérialisme britannique. En Martinique, les statues de Victor Schœlcher sont piétinées parce qu'il est jugé coupable de s'être approprié, en tant que Blanc, le décret abolitionniste dont il n'était que l'initiateur[1]. Enfin, c'est au nom d'un islamisme radicalement identitaire et fanatiquement religieux que sont sans cesse dynamités, non pas les symboles d'une époque honnie, mais des œuvres d'art, patrimoine de l'humanité tout entière. Ce fut le cas notamment des bouddhas de Bâmiyân, au centre de l'Afghanistan, détruits en mars 2001 par les talibans.

Mais il ne faudrait pas croire pour autant, comme le font certains polémistes français, que tous les penseurs et écrivains américains seraient devenus des censeurs barbares. Bien au contraire, plus la culture de la délation se développe aux États-Unis, plus elle suscite la réprobation d'intellectuels progressistes hostiles à de telles pratiques. En témoigne la tribune internationale rédigée par l'écrivain Thomas Chatterton Williams, et signée par 150 intellectuels progressistes

1. Tous ces actes se sont produits en 2019 et 2020.

militants de l'antiracisme, parmi lesquels Mark Lilla et Margaret Atwood. Tous dénoncent la *cancel culture*, les insultes et les pressions collectives visant à détruire la liberté d'expression et tous soutiennent le mouvement « Black Lives Matter » sans avoir besoin de se référer à des néologismes ou à des parlers obscurs : « Les idées de gauche, disent-ils, dominent au sein des institutions culturelles, médiatiques et universitaires. Ces institutions ont un fort pouvoir de prescription afin d'établir quelles sont les normes sociales jugées acceptables. La propagation de l'intolérance dans ces milieux doit donc nous préoccuper, car ce phénomène pourrait demain s'inviter dans le débat politique[1]. »

La vraie question posée par ces tumultes qui n'en finissent pas d'empoisonner les relations entre les groupes associatifs, les historiens et le pouvoir politique est celle de la construction d'une mémoire partagée. On sait bien que les adeptes de la repentance, des réparations et de la fureur punitive ne parviendront jamais à guérir les souffrances des enfants d'immigrés qui se tournent vers le fanatisme et qui, pour une partie d'entre eux, désavouent l'histoire de leurs propres parents. Au lieu de les libérer, ils ne font qu'accentuer leur malaise en les précipitant dans les pièges qui leur sont tendus par l'obscurantisme.

Le devoir de vérité ne doit jamais se convertir en un devoir d'identité. Et c'est bien pourquoi, comme le souligne Benjamin Stora, le pouvoir politique doit toujours reconnaître officiellement, fût-ce tardivement, les crimes qui ont été commis au nom de l'État ou de la République, sans jamais oublier de se référer en France aux Lumières, à la Révolution et à

1. « Un espace public corseté par la *cancel culture* ne sert pas les intérêts des minorités », *Le Monde*, 26 juillet 2020. Thomas Chatterton Williams est l'auteur d'un ouvrage autobiographique : *Self-Portrait in Black and White : Unlearning Race* [2019], dont la traduction française doit paraître chez Grasset en février 2021 sous le titre *Autoportrait en noir et blanc. Désapprendre l'idée de race*.

la tradition anticolonialiste, triple référence dans laquelle les peuples colonisés ont puisé pour leurs luttes de libération, n'en déplaise aux indigénistes, aux islamistes et à leurs alliés de tous bords[1]. Telle pourrait être la voie française vers l'instauration d'un culturalisme laïc et républicain hérité de Lévi-Strauss et détaché des idéaux de l'enfermement identitaire. Car il est aussi vain de prétendre se débarrasser d'un modèle de citoyenneté abstraite au nom de la valorisation des particularités que d'ériger celles-ci en modèle d'universalité.

1. Benjamin Stora, *La Guerre des mémoires. La France face à son passé colonial*, entretiens avec Thierry Leclère, La Tour-d'Aigues, Éd. de l'Aube, 2007. Jacques Chirac, discours du 16 juillet 1995, prononcé lors de la célébration du 53e anniversaire de la rafle du Vel'd'Hiv : « La France, ce jour-là, accomplissait l'irréparable. »

6
Grands remplacements

Soi-même contre tout

Dans un ouvrage déjà cité, consacré à la gauche identitaire, Mark Lilla soulignait que l'adjectif « identitaire » évoquait d'abord des militants au crâne rasé, vêtus de cuir noir, jetant des têtes de porc devant des mosquées ou pourchassant des migrants en brandissant des bannières décorées de la fleur de lys[1]. Rien à voir évidemment avec les dérives dont j'ai retracé l'histoire dans les chapitres précédents. Et pourtant, d'un extrême à l'autre, l'« identitarisme » est présent : identité contre identité. Depuis la chute du mur de Berlin et le triomphe mondial du capitalisme libéralisé, fondé sur le culte de l'individu, les mouvements de gauche liés aux politiques identitaires sont en quête d'un nouveau modèle de société respectueuse des différences, soucieuse d'égalité, de bien-être et du *care*[2]. Écologistes et favorables à la cause des plus faibles, à la protection de la nature, des animaux, des minorités opprimées, ces mouvements souvent généreux voudraient « réparer » le monde et, à cette fin, dénoncent les injustices,

1. Mark Lilla, *La Gauche identitaire. L'Amérique en miettes* [2017], Paris, Stock, 2018.

2. Le soin mutuel, ou sagesse pratique. La philosophie du *care* est née aux États-Unis en 1982, en réaction à la montée de l'individualisme. Elle est présente chez Paul Ricœur dans *Soi-même comme un autre* (Paris, Seuil, 1990), et soutenue en France par la philosophe Sandra Laugier.

les guerres coloniales et le racisme. Mais, par un retournement progressif, certains d'entre eux se sont faits les avocats d'un narcissisme des petites différences, au point de s'enferrer dans la logique mortifère du caméléon. Pourtant, quelles qu'en soient les dérives, avec lesquelles aucune transaction n'est possible, ces mouvements demeurent portés par un idéal d'émancipation qui finira peut-être par reprendre le dessus au prix du renoncement aux folies liées à l'hypertrophie du moi.

De même qu'ils se sont égarés à force de cultiver la certitude d'incarner l'idéal du souverain bien, de même ils seront contestés demain par leurs héritiers qui récuseront – et récusent déjà – leurs engagements. On le constate à travers les multiples tribunes de protestation publiées par la presse. Pourquoi, en effet, les victimes de discrimination accepteraient-elles d'obéir à de nouvelles injonctions de soumission les invitant à rejoindre l'enfer de la dépendance clanique, qu'elle soit genrée, racisée ou *queerisée* ?

Le pire, pour les plus extrémistes d'entre eux, c'est qu'à force de défendre les musulmans contre le rejet dont ils sont les victimes, ils ont fini par dénier, quoi qu'ils en disent – et à force d'employer à tort et à travers le terme « islamophobie » –, la dangerosité de la dérive salafiste de l'islam et de ses appels au djihadisme[1]. Croyant soutenir les damnés de la terre, ils en sont arrivés à ne plus faire de différence entre

1. C'est le cas notamment de Vincent Geisser, auteur de *La Nouvelle Islamophobie* (Paris, La Découverte, 2003), qui a popularisé l'expression en France en s'attaquant à SOS Racisme et au modèle français de la laïcité qualifié de « national-laïcisme », avant d'accuser à tort un haut fonctionnaire du CNRS, Joseph Illand, d'être un agent de renseignement chargé de surveiller les spécialistes de l'islam. En 2009, cette affaire a embrasé le champ universitaire car Geisser a été soutenu par 5 000 chercheurs. J'ai rédigé un article à ce sujet : « Geisser : une pétition à l'aveuglette », *Libération*, 25 juin 2009. Cf. également Joseph Illand « L'honneur d'un ingénieur général. Réponse aux accusations de Vincent Geisser », *Le Monde*, 9 juillet 2009.

les victimes du racisme, qu'elles soient ou non de confession musulmane, et les militants d'un obscurantisme religieux qui se pare des vertus d'un prétendu islam modéré. Rien n'est plus aberrant en effet que de prétendre défendre la religion des « pauvres » – les musulmans discriminés – en s'acoquinant avec Tariq Ramadan et autres « frères » ou collectifs du même genre, incitant à haïr les femmes, les homosexuels, les Juifs, les Arabes et les nombreux musulmans qui acceptent la laïcité.

Comme nous l'avons dit, ces « identitaires » ont renié les Lumières et le progrès, insulté Sartre et détourné la pensée de leurs aînés : Fanon, Said, Foucault, Césaire, les surréalistes, Beauvoir, les grands travaux de l'anthropologie, etc. En un mot, ils se sont enfermés, au nom d'une postmodernité qui a mal vieilli, dans la critique radicale de tout ce dont ils avaient hérité. Et le pire, c'est qu'ils ont rejeté la philosophie des Lumières au prétexte que les partisans de la colonisation s'en étaient inspirés pour assurer leur domination sur les peuples de couleur. Auraient-ils oublié que les anticolonialistes issus du monde colonisé avaient retourné les principes de 1789 contre leurs oppresseurs ?

Et, de même, ils ne veulent plus rien savoir de ce qui s'est passé en 2011 à l'occasion du « printemps arabe ». Plus un mot sur ces foules qui s'étaient soulevées au nom d'un idéal de liberté pour en finir avec la peste et le choléra : autant avec les dictatures qu'avec le djihadisme. Ce désir de révolution a été porté par la jeunesse et par les femmes, contre tous ceux qui, d'un bout à l'autre de la planète, redoutent le retour des lendemains qui chantent. Cette aspiration peut être étouffée mais elle ne s'éteindra jamais : « Aucune armée, disait Victor Hugo, ne peut résister à la force d'une idée dont le temps est venu. » Et plutôt que de passer leur temps à soutenir ceux qui veulent fusiller Sartre, ces identitaires extrémistes feraient mieux de condamner clairement les adeptes des décapitations, tel par exemple le cheikh Issam Amira de la mosquée Al-Aqsa de Jérusalem : « Lorsqu'un musulman d'origine tchétchène décapite un infidèle qui calomnie le prophète Mahomet, les gens appellent cela terrorisme. Eh bien, c'est un grand honneur pour lui et tous les musulmans qu'il y ait un si jeune homme pour défendre le prophète Mahomet. Il est comme les hommes et les femmes qui, à travers l'histoire, ont défendu la sainteté et l'honneur de celui-ci. Tous ces termes seront repensés, une fois que la parole d'Allah régnera en maître sur celle des infidèles[1]. »

Le monde arabo-islamique est traversé, lui aussi, par une guerre des identités qui n'est autre, comme le souligne Fethi Benslama, qu'une guerre que se livrent les musulmans à eux-mêmes sous l'effet du rejet collectif des Lumières. Cette entreprise d'autodestruction, Benslama la caractérise à partir de quatre figures de la mort volontaire, qui rendent inopérante l'entrée possible de l'islam dans le temps de l'histoire : le djihadisme (parodie d'un engagement héroïque), le culte de la bombe humaine (fondé sur l'apologie de l'homme démembré), l'immolation par le feu (acte de désespérance), et enfin la pratique des *harraga* (naufrage en mer avec perte d'identité orchestrée par des mafias). Il faudra bien un jour que les musulmans s'évadent de cet enfer en cessant de s'en prendre à un Occident imaginaire, alors même que certains pays européens les traitent, en effet, comme des déchets. Et c'est pourquoi Benslama leur suggère d'adopter les principes de la laïcité et de cesser de se perdre dans une subjectivité pathologique qui les condamne à hurler contre les blasphémateurs et à obéir aux fatwas[2]. J'ajouterai qu'il leur faudra

1. Prêche appelant au soutien de l'assassin de Samuel Paty, 3 novembre 2020. Sur la question des décapitations mises en scène sur Internet, je renvoie au livre magnifique de Jean-Louis Comolli, *Daech, le cinéma et la mort* (Lagrasse, Verdier, 2016), qui montre comment les « ennemis de l'Occident » utilisent les effets visuels empruntés aux films d'action hollywoodiens.

2. Fethi Benslama, *La Guerre des subjectivités en islam*, Fécamp, Éd. Lignes, 2014.

bien un jour s'inspirer de la culture de l'autre pour se définir eux-mêmes plutôt que d'être embarqués à répétition dans le bateau de Thésée[1].

S'agissant de la droite identitaire, fanatique, nationaliste, populiste[2], racialiste, qui s'est redéployée à la même époque et sous l'effet, elle aussi, de l'expansion du capitalisme mondialisé, la question se pose autrement. Dans ce cas-là, aucun réveil n'est possible, aucune transformation d'un idéal en son contraire ne peut advenir. Il n'existe donc pas de symétrie directe entre les dérives des premiers – les plus graves intellectuellement – et la conviction préétablie des seconds – la plus dangereuse des deux politiquement – même si les uns nourrissent les autres et réciproquement.

Ceux qu'on appelle les « Identitaires », c'est-à-dire une nébuleuse de groupes situés à la droite de la droite et se réclamant d'une idéologie de la « souche » – « Génération identitaire », « Français de souche », nationaux-populistes, néo-réactionnaires en tout genre, etc.[3] –, ne sont pas *devenus* identitaristes à la suite d'une lente dérive. Habités par un projet de ségrégation, ils sont les héritiers d'une tradition composée

1. Vaisseau du roi Thésée que les Athéniens vénéraient. Ils remplaçaient les pièces usagées par des neuves. Au point que les philosophes en firent le support d'une expérience de pensée sur l'identité, les uns soutenant que le bateau était toujours le même, les autres qu'il était différent. L'histoire est racontée par Plutarque dans *Les Vies des hommes illustres.*

2. Le terme « populisme » est à manier avec prudence. Je l'emploie ici au sens de régime de passions et d'émotions marqué par un sentiment d'abandon qui conduit à la construction de récits souvent complotistes. Cf. Pierre Rosanvallon, *Le Siècle du populisme. Histoire, théorie, critique*, Paris, Seuil, 2020.

3. En novembre 2005 a été fondé en France, en miroir du CRAN, un Conseil représentatif des associations blanches (CRAB), qui tombera très vite en désuétude : « Depuis plus de 2000 ans, la France est blanche. Depuis 40 ans, elle devient grise et noire !!! Nous n'avons pas à supporter des gens qui ont une culture religieuse au-dessus des lois de la République. Non au métissage. »

de néo-fascistes, conspirationnistes, néo-impérialistes, suprémacistes, nativistes. Et ils ont en commun une volonté de contre-révolution mondiale fondée sur le rejet des élites, de l'Université, du « système » et de la démocratie en tant qu'elle ne permettrait pas de représenter le vrai peuple. Dominés par la pulsion de mort, ils visent toujours la destruction de l'autre et leurs appels à la guerre nourrissent des folies de prophètes meurtriers, adeptes de la suprématie blanche. Parmi eux : Anders Behring Breivik, responsable en 2011 des massacres d'Oslo et d'Utoya, Brenton Tarrant, assassin d'une cinquantaine de musulmans en Nouvelle-Zélande en 2019, ou encore Patrick Crusius, tueur de « Latinos », la même année. Convaincu de la réalité de l'« invasion » hispanique au Texas, il parcourut un millier de kilomètres pour exécuter une vingtaine de personnes dans un centre commercial d'El Paso : « L'Amérique pourrit de l'intérieur et les moyens pacifiques d'arrêter cela semblent impossibles », avait-il déclaré avant de commettre son acte.

Très divisés entre eux, mais jamais conservateurs des traditions, ils s'en prennent pêle-mêle à la tyrannie de la repentance, aux « islamo-gauchistes », au « politiquement correct », aux partisans du mariage homosexuel, au féminisme « victimaire », aux associations antiracistes (jugées racistes) et, d'une manière générale, à toutes les gauches responsables à leurs yeux de la décadence d'un Occident blanc, chrétien, grec, orthodoxe, judéo-chrétien, patriarcalo-hétérosexuel, mais aussi, désormais, laïc et républicain, dont ils fantasment qu'il sera remplacé à brève échéance par des barbares – genrés, queerisés, colorés, métissés, tribalisés, délinquants, salafisés – sans foi ni loi. Et ils cultivent souvent un récit national grandiloquent sur le modèle maurrassien de l'opposition entre pays réel et pays légal.

En France, ils remettent en scène des idéaux anciens : virilisme, adoration du héros façon Puy-du-Fou, apéro-saucisson-pinard. S'appropriant les images de la tradition cinématographique française, ils se regardent comme les héritiers de Jean Gabin, Jean Renoir ou Jacques Becker, de *La Grande Illusion* et de *Casque d'or*, alors qu'ils ne sont souvent que les récipiendaires d'un récit tiré de leurs vieux manuels scolaires, émouvants certes, mais qui n'ont plus la saveur du temps passé. Aussi vantent-ils la gloire de références bousculées par l'époque comme la Famille, l'Armée, la Nation, l'Église, la République – avec des majuscules –, sans comprendre que toutes ces institutions évoluent sans être pour autant menacées de disparition. Les pères existent, les héros aussi, les mères, les généalogies familiales, les frontières, la beauté du monde, les églises de village, l'élan patriotique.

Toutes ces figures de la République et bien sûr de la France ancienne, toutes ces entités, toutes ces traces patrimoniales continuent à se transmettre et à peupler la mémoire collective : « Le réactionnaire a mille visages, souligne Mark Lilla. Il est Protée. Les révolutionnaires, quelles que soient leurs querelles de doctrine, quelles que soient leurs utopies folles et contradictoires, se concentraient sur un objectif commun : un avenir plus juste. Les réactionnaires, si dégoûtés par le présent qu'ils ont du mal à imaginer l'avenir, se réfèrent plutôt, quant à eux à un passé idéalisé […] Le réactionnaire n'est pas un étudiant en histoire, il est un idolâtre du passé. Pour vivre, il a besoin d'un récit qui explique comment l'insupportable présent est le résultat nécessaire d'une catastrophe historique imputable à des forces des ténèbres bien précises[1]. »

Depuis l'éclatement de la bipolarisation du monde, ces Identitaires – ainsi qu'ils se nomment eux-mêmes – ont réussi à faire passer leurs idées dans les opinions publiques des pays occidentaux. Et l'on comprend pourquoi. Les dirigeants des démocraties libérales avaient pensé à tort qu'après l'implosion des régimes communistes et la liquidation des empires

1. Mark Lilla, *L'Esprit de réaction* [2016], Paris, Desclée de Brouwer, 2019, p. 12.

coloniaux, l'aspiration des peuples à la liberté individuelle finirait par triompher. Ils avaient cru que leur monde et leurs mœurs étaient à ce point désirables que les anciens opprimés auraient à cœur de les prendre pour modèles de vie.

Après 1989, on attendit donc le grand tournant vers le bonheur. Mais c'est au contraire une régression autoritariste qu'ont opérée de nombreux régimes, au prix d'un antiprogressisme assumé, celui du « grand remplacement », selon lequel les sociétés civilisées seraient menacées de toutes parts par des barbares extérieurs au corps de la nation, mais aussi par un culte de l'individu sans compassion pour les atteintes portées aux structures d'appartenance collective.

Et à cet égard, l'immense expansion, dans le monde occidental, des thérapies du bonheur, du *coaching*, du développement personnel, des cures de méditation, des instituts de résilience et autres groupes d'exaltation ou de réparation du moi, alliée à la consommation grandissante de psychotropes – bien au-delà des prescriptions psychiatriques classiques –, est le signe d'une incapacité sociale à s'affronter à la question du bonheur, idéal collectif et individuel, tel que l'avaient pensé les philosophes des Lumières et leurs héritiers révolutionnaires : de Kant à Freud d'un côté, de Rousseau à Saint-Just de l'autre. Malgré son pessimiste, qui lui fit penser, notamment à partir de 1920, que l'être humain est d'abord un meurtrier des autres et de lui-même, Freud était bien l'héritier des penseurs des Lumières : Lumières françaises et allemandes mêlées, Lumières lumineuses et lumières sombres. Contre toutes les théologies de la chute – qui nourrissent toujours le fantasme du « grand remplacement » –, et tout en reprenant à son compte l'idée tragique du destin chère aux Anciens, Freud donnait la primauté au sentiment, à la nature, à l'intime, à la sensibilité, à condition toutefois que fussent tout autant valorisés la volonté, la raison, l'intellect. En ce sens, il rejoignait, non seulement Kant et son idée d'arracher la paix à la nature guerrière, mais l'idéal des inventeurs de la liberté, fort bien défini par Jean Starobinski[1].

Au-delà d'une conception de la liberté selon laquelle le moi n'est pas maître en sa demeure – et donc que jamais le sujet ne se réduit à une identité –, Freud pensait que les nations modernes devaient jeter les fondements d'une société capable d'assurer le bonheur de ses citoyens. Et c'est bien pourquoi, en 1930, dans *Malaise dans la civilisation*, il réaffirma que seul l'accès à la civilisation pouvait mettre un frein à la pulsion de destruction inscrite au cœur de l'humanité. Au fond, il souscrivait sans le dire à cette prophétie de Hölderlin : « C'est quand le danger est le plus grand que le salut est le plus proche[2]. »

Or c'est bien à une inversion de cette avancée de la civilisation que l'on assiste aujourd'hui un peu partout dans le monde. En Europe d'abord, avec l'affaissement du progressisme en Pologne et en Hongrie, ou encore avec le Brexit au Royaume-Uni – contrecoup nationaliste à la perte d'un empire colonial –, et en Italie enfin, avec les mouvements populistes issus de la société civile. À quoi s'ajoute l'instabilité des pays traditionnellement ouverts à des politiques sociales : péninsule scandinave ou Pays-Bas. En Allemagne et en Grèce, on assiste à une remontée des courants néo-nazis. Confrontés à de fortes oppositions à la construction d'une l'Europe centrée sur le marché, et à un désir de repli sur soi, ces pays sont désormais traversés par des forces contradictoires, et affaiblis dans leur inventivité, tout en étant menacés par de nouvelles puissances impériales. En Turquie, depuis 2014, règne un despote, Recep Tayyip Erdogan, qui rêve de reconstituer l'Empire ottoman. De même la Russie est-elle redevenue impériale sous le règne de Vladimir Poutine, au pouvoir depuis 2000, tandis

1. Jean Starobinski, *L'Invention de la liberté (1700-1789)*, suivi de *Les Emblèmes de la raison* [1964], Paris, Gallimard, 2006.

2. Littéralement : « Là où croît le péril, croît aussi ce qui sauve. »

qu'en Inde, Narendra Modi, Premier ministre depuis 2014, mène une véritable guerre, au nom de « l'hindouité », contre les écrivains, journalistes, intellectuels, tout en persécutant les minorités musulmanes et chrétiennes. Quant à la Chine, soumise à la dictature par Xi Jinping depuis l'année 2008, elle promeut un nationalisme féroce, fondé sur ce qui reste de « communisme » – un Parti omniprésent dans tous les actes de la vie – et sur une exploitation des masses sans précédent[1].

Outre-Atlantique, la question de l'identité de « race » ne se pose pas de la même manière que dans les anciens empires coloniaux du monde occidental, où se sont opposés les idéaux du colonialisme et ceux de l'anticolonialisme. Non seulement les États-Unis d'Amérique se sont toujours construits sur le principe du multiculturalisme, c'est-à-dire comme une nation accueillant toutes les migrations venues d'ailleurs, d'Europe et d'Asie, mais ils puisent leur principe de gouvernement dans la tradition biblique. En outre, ne disposant pas d'« arrière-monde » – Athènes, Jérusalem ou Rome –, ils ont considéré que la couleur blanche était le propre de l'américanité civilisée : contre les tribus indiennes, progressivement massacrées, contre les Nègres, réduits en esclavage, mais aussi contre les « Chicanos » (les Mexico-Américains, hispaniques). En conséquence, le racisme des Américains blancs est à la fois biologique, patrimonial, culturel, social et existentiel.

Fondée en 1865 au lendemain de la guerre de Sécession, la secte du Ku Klux Klan, composée de sudistes fanatiques, était en outre imprégnée d'un antisémitisme archaïque : ses croix en feu et ses tuniques blanches faisaient de ses partisans des personnages fantomatiques, dont les actions meurtrières ensanglantèrent l'Amérique pendant plus d'un siècle. Et comme à l'évidence l'évolution démographique confirmait que le métissage était la règle et que la prétendue « pureté

1. Cf. Jacques Julliard, « La démocratie en danger », *Le Figaro*, 5 octobre 2020.

de la race » n'était qu'illusion – qu'elle fût blanche ou non blanche –, les fameux « Blancs civilisés » se sentirent progressivement dépossédés de leur identité, à mesure que progressait la lutte en faveur des droits civiques – un combat soutenu d'ailleurs par des Américains blancs beaucoup plus « civilisés » et « élitistes » que ceux de « l'autre Amérique », dite « profonde[1] ».

Les « chevaliers blancs » de l'Amérique identitaire sont aujourd'hui répartis en une multitude de groupes : Mouvement national-socialiste, Fraternité aryenne, Proud Boys, Mouvement identitaire, Identity Evropa, Vanguard America, Front patriote, et enfin QAnon, réseau complotiste né en 2017 et réunissant 3 millions d'adeptes convaincus de l'existence d'une cabale mondiale de pédophiles, adorateurs de Satan, qui contrôlerait les médias, le cinéma hollywoodien et les élites politiques internationales.

C'est dans ce contexte, également marqué par l'expansion des *studies* au sein des universités, par la destruction du World Trade Center, par l'émergence d'un islamisme meurtrier, que sont montées en puissance les angoisses identitaires des petits Blancs convaincus que l'autre moitié de l'Amérique – métissée, intellectuelle, universitaire – les dépossédait de leur « privilège blanc », c'est-à-dire de leur américanité. Et c'est pourquoi, en 2016, cette classe de petits Blancs a porté Donald Trump à la présidence des États-Unis[2] : non pas sans doute d'abord pour des raisons économiques mais sous l'effet de son « identité raciale », et contre son prédécesseur, Barack Obama, incarnation, à leurs yeux, d'une Amérique noire, élitiste et donc haïssable. Le slogan « *Make America Great Again* » est ainsi devenu le cri de fureur de

1. Voir à ce sujet Sylvie Laurent, *Pauvre petit Blanc. Le mythe de la dépossession raciale*, Paris, Éd. de la Maison des sciences de l'homme, 2020.

2. Donald Trump qui, fort heureusement, ne fera qu'un seul mandat (2016-2020).

millions d'Américains aspirant au rétablissement de l'ordre ancien dont on les aurait « spoliés » : « Contrairement à ce qu'un certain nombre de spécialistes ont pu affirmer, souligne Sylvie Laurent, ce n'était pas la vulnérabilité économique qui avait suscité leur sentiment de dépossession raciale. Le mécanisme était inverse. Sans se percevoir consciemment comme raciste, cet électorat appelait de ses vœux une politique de l'identité blanche visant à restaurer une préséance raciale qu'ils jugeaient évanescente mais dont, en réalité, ils n'avaient jamais cessé de bénéficier[1]. »

Et ce n'est pas le fruit d'un hasard si, confronté à ce racisme, nourri par la terreur de la disparition et hautement meurtrier, les mouvements noirs américains ont évolué, eux aussi, depuis 2013, passant de la lutte en faveur des droits civiques à la revendication, souvent violente, d'un droit à l'« identité » attaché à leur statut de descendants des anciens esclaves. D'où l'adoption d'un slogan qui fera fureur : « *Black Lives Matter* » (« Les vies noires comptent »). Émeutes, soulèvements, batailles urbaines, destructions de statues se sont donc multipliés au cœur des grandes villes américaines, ouvrant parfois à des situations insurrectionnelles. Et, bien entendu, en miroir de cette revendication existentielle, un autre mouvement a vu le jour en 2015 : « White Lives Matter », composé de multiples groupes suprémacistes, héritiers de l'ancien Ku Klux Klan et de néo-nazis, tous adeptes de la doctrine du « grand remplacement ». À quoi s'était déjà ajouté le « Blue Lives Matter » (« Les vies bleues – celles des policiers – comptent »).

Le pire dans cette affaire, c'est que ceux-là mêmes qui avaient combattu l'obscurantisme religieux et lutté en faveur de l'antiracisme et de l'abolition des discriminations envers les Noirs se sentent désormais discriminés par un « privilège noir » ou assimilés à des racistes de la nébuleuse d'extrême

1. S. Laurent, *Pauvre petit Blanc*, *op. cit.*, p. 19.

droite. Ainsi, en mai 2020, un professeur de l'université de Floride centrale (UCF), Charles Negy, psychothérapeute transculturel[1], a été victime d'une campagne de dénigrement pour avoir étudié la manière dont les Blancs se sentent victimes à leur tour d'une honte d'être blancs. Dans un tweet repris des milliers de fois, il avait critiqué les procédures d'*affirmative action* (discrimination positive) et constaté qu'un véritable opprobre pesait désormais sur les professeurs blancs sommés de se justifier des crimes commis par la « culture blanche[2] ».

Par le biais des réseaux sociaux, les groupes de la nébuleuse nationale-identitaire prospèrent sur la misère des peuples pour propager leurs idées régressives. Ils partagent avec leurs ennemis extrémistes de l'autre bord une détestation absolue du progressisme et de la gauche, mais pour d'autres raisons. Ils sont résolument attachés à la tradition des anti-Lumières, fort bien décrite par l'historien Zeev Sternhell, et selon laquelle le sujet n'existe que dans et par la communauté, et l'individu par ses particularités. L'identité, dans cette optique, est toujours séparatiste. Rappelons que c'est ainsi que Joseph de Maistre s'était opposé à Montesquieu : « La Constitution de 1795, disait-il en 1796, tout comme ses aînées, est faite pour l'Homme. Or, il n'y a point d'Homme dans le monde. J'ai vu dans ma vie des Français, des Italiens, des Russes, etc. Mais

1. Affilié au courant de la *cross-cultural psychology*, ou psychologie interculturelle, qui étudie la manière dont l'origine ethnique, la classe sociale, le sexe, etc., jouent un rôle dans la constitution de la personnalité, Negy s'est spécialisé dans l'étude et les thérapies des familles pauvres hispaniques. En 2012, il avait dit qu'il n'existait aucune preuve de l'existence du « paradis » et il dut affronter un groupe d'étudiants extrémistes qui affirmaient la supériorité du christianisme sur les autres religions.

2. Charles Negy, *White Shaming : Bullying Based on Prejudice Virtue-Signaling and Ignorance*, Dubuque, Kendall Hunt, 2020. Et Michael Levenson, « University to Investigate Professor Who Tweeted about "Black Privilege" », *New York Times*, 5 juin 2020.

quant à l'Homme, je déclare ne l'avoir rencontré de ma vie. S'il existe, c'est bien à mon insu[1]. »

Ce que redoutent désormais ces nationaux-identitaires, c'est le « mélange », comme si l'on pouvait préserver les peuples et les territoires de tout contact, comme si chacun devait se protéger des excès de la mondialisation, non pas par la régulation, la loi ou la protection frontalière, mais par des murs et des barbelés. Ils qualifient tout ce qui n'est pas eux de « totalitaire » ; ils se sentent naufragés, pauvres, « remplacés », exclus et regardent le libéralisme, le communisme, le socialisme, le jacobinisme, le communautarisme, le multiculturalisme comme responsables de leur malheur. Aussi se pensent-ils les derniers gardiens d'une civilisation menacée par la modernité : un musée de cire, de portraits, d'objets à jamais figés dans un temps immémorial. Ils croient en la pureté de la nation, de la culture, convaincus que rien ne doit se mélanger : ils ne conçoivent ni le « trop près » ni le « trop loin ».

Et, par une inversion des stigmates, ils se désignent à leur tour, toutes tendances confondues, comme les victimes d'une idéologie dominante qui se serait emparée des bastions du savoir, de la presse et de l'Université. Partout ils se regardent comme de pauvres Blancs vaincus par des barbares transgenres et décoloniaux, comme des « autochtones » privés de leur identité. En France, ils affirment qu'on les contraint à la repentance, à l'abaissement de leurs valeurs. Ils développent souvent un syndrome de l'identité malheureuse au constat de ce qu'ils appellent la « grande déculturation » de

1. Joseph de Maistre, *Considérations sur la France* [1796], d'après les éditions de 1797, 1821 et le manuscrit original, introduction et notes de René Johannet et François Vermale, Paris, Vrin, 1936, p. 81. Jean-Marie Le Pen a repris ce modèle, comme d'ailleurs Houria Bouteldja. Voir également Zeev Sternhell, *Les Anti-Lumières. Du XVIIIe siècle à la guerre froide*, Paris, Fayard, 2006.

leur pays, liée à une « immigration de remplacement[1] ». Et ils feront preuve, bien souvent, d'un anti-américanisme primaire[2] en visant les « campus américains », au moment même où, de l'autre côté de l'Atlantique, Donald Trump et ses partisans s'en prendraient à la France qualifiée de peuple « délinquant »... Faut-il rappeler que l'anti-américanisme ne vaut pas mieux que la francophobie ? Aucun nationalisme identitaire n'est préférable à un autre.

Et, bien entendu, comme les identitaires de l'autre bord – leurs « persécuteurs » –, les nationaux-identitaires clament leur indignation sans jamais apporter la moindre « solution » à la question des dérives identitaires, si ce n'est l'éradication de leurs territoires de prétendues « meutes » étrangères qui menaceraient de supplanter les bons nationaux « de souche ». Mais où se trouvent ces « souchiens », sinon dans leurs fantasmes ? Car ils ne sont en rien des victimes.

Terreur de l'invasion

C'est à la fin du XIXe siècle que la théorie d'un remplacement possible d'un peuple par un autre, étranger à son identité, fit son apparition, d'abord sous la plume d'Édouard Drumont puis dans des textes de Maurice Barrès, suite aux nouvelles lois républicaines de 1889 qui imposaient que des enfants nés en France de parents étrangers deviennent français à leur majorité. Publiée en 1886, *La France juive* est

1. Cf. Alain Finkielkraut, *L'Identité malheureuse*, Paris, Stock, 2013. Ce livre sera critiqué durement par Pierre Nora, *Le Débat*, nº 179, mars-avril 2014 : « L'identité française serait aussi malheureuse s'il n'y avait pas un seul immigré. » L'expression « identité malheureuse » sera largement reprise à partir de 2014 pour désigner un « mal français ».

2. Sur l'anti-américanisme spécifiquement français, cf. Philippe Roger, *L'Ennemi américain. Généalogie de l'anti-américanisme français*, Paris, Seuil, 2002.

sans aucun doute le livre le plus abject jamais écrit contre les Juifs[1]. Habité par la terreur de la substitution, Drumont prétend retracer en six parties, et de façon objective, une vérité qui aurait été sans cesse occultée : l'histoire de la destruction par les Juifs des peuples civilisés d'Europe. Et, pour apporter la preuve de sa thèse, il reprend à son compte toute la thématique conspirationniste de l'antijudaïsme chrétien : les Juifs propageraient la peste, pollueraient les eaux, commettraient des crimes rituels, découperaient les enfants en morceaux, etc. Mais Drumont inclut aussi l'histoire de cette conspiration dans la longue épopée de la lutte à mort que se seraient livrés, au cours des siècles, les Sémites et les Aryens. Et il en conclut que la plus grande victoire remportée par les Aryens contre le fléau sémite est l'expulsion des Juifs par le roi Charles VI et la confiscation de leurs biens. Entre cette date et l'avènement de la Révolution de 1789, dit-il en substance, la France, « grâce à l'élimination de ce venin, était enfin devenue une grande nation européenne, avant d'entrer dans une période de décadence[2] ».

Barrès n'utilise pas non plus le terme de « remplacement », mais il évoque ces « nouveaux Français » qui se seraient glissés dans les entrailles du peuple pour lui imposer une sensibilité primaire : « Ils contredisent notre civilisation propre. Le triomphe de leur manière de voir coïnciderait avec la ruine réelle de notre patrie. Le nom de France pourrait bien survivre ; le caractère spécial de notre pays serait cependant détruit, et le peuple installé dans notre nom et sur notre territoire s'acheminerait vers des destinées

1. Édouard Drumont, *La France juive. Essai d'histoire contemporaine*, Paris, Ernest Flammarion & Charles Marpon, 1886. La 1re édition en deux volumes de 1 200 pages se vendra à 65 000 exemplaires et l'ouvrage connaîtra 150 éditions. Il existe une édition de 1887, illustrée de « scènes, vues, portraits, cartes et plans par nos meilleurs artistes ».

2. *Ibid.*, p. 154.

contradictoires avec les destinées et les besoins de notre terre et de nos morts[1]. »

Pendant toute la première moitié du XXe siècle – et jusqu'au génocide des Juifs par les nazis –, diverses thèses selon lesquelles les populations européennes seraient sans cesse menacées fleurirent sous la plume de nombreux écrivains et essayistes, notamment celle de Georges Mauco, psychanalyste, pédagogue et démographe, auteur d'un livre publié en 1932 et qui connaîtra un succès considérable : *Les Étrangers en France. Leur rôle dans l'activité économique.* L'auteur prône des thèses racistes et nationalistes sur la « hiérarchie des ethnies » et il soutient que certains étrangers ne sont pas intégrables : parmi eux, les Levantins, les Africains, les Asiatiques[2]. L'ouvrage fut accueilli positivement par la droite, sensible au préjugé inégalitariste, et par certains démographes qui trouvèrent là, pour la première fois, de quoi alimenter l'hypothèse de l'existence d'un lien entre immigration et identité nationale. Pendant l'Occupation, Mauco passa du racisme à l'antisémitisme en collaborant avec Georges Montandon à la revue *L'Ethnie française*, haut lieu de la propagande antisémite du régime de Vichy, dont tous les articles visaient à dénoncer le « type juif » selon les critères adoptés par le nazisme. Mauco y publia deux articles prétendant mobiliser la psychanalyse pour mettre en évidence une « névrose juive[3] ».

L'idée selon laquelle la présence de certains étrangers serait plus acceptable que d'autres hante de nombreux écrits de cette

1. Maurice Barrès, *Le Journal*, 15 février 1900.

2. Georges Mauco, *Les Étrangers en France. Leur rôle dans la vie économique*, Paris, Armand Colin, 1932.

3. Patrick Weil et moi avons été les premiers à retracer le passé collaborationniste de Mauco, fondateur des centres Claude-Bernard et qui avait réussi, sa vie durant, à se faire passer pour un résistant et un bienfaiteur de l'humanité. Cf. Élisabeth Roudinesco, « Georges Mauco (1899-1988) : un psychanalyste au service de Vichy. De l'antisémitisme à la psychopédagogie », *L'Infini*, n° 51, automne 1995.

époque, et notamment l'œuvre de Jean Giraudoux, qui considérait, en 1939, que la « race anglo-saxonne, la scandinave, la germanique » ainsi que « nos frères suisses et belges » pouvaient fort bien bénéficier d'une politique démographique conforme à la race française, « fusion de divers éléments ethniques », mais qu'en aucun cas on ne pouvait accepter les Arabes, les Asiatiques et les Noirs. Et il ne cessait de souligner à quel point la civilisation française était menacée par ces « hordes grouillantes » qui profitaient de la dépopulation pour s'installer à Pantin ou à Grenelle. Il en allait de même à ses yeux pour les « Askenasis » (*sic*) échappés des ghettos polonais, et des Polonais eux-mêmes, auxquels il ajoutait les Tchèques et les Italiens. Giraudoux préconisait que les étrangers ne fussent acceptés que s'ils étaient sains, vigoureux et sans tare mentale[1].

Nombreux étaient alors les ouvrages faisant référence à la « disparition » ou au déclin de la race blanche, au crépuscule des nations occidentales ou encore à l'impossibilité pour la race blanche de défendre son identité face à la déferlante des peuples venus d'Asie, d'Afrique et de l'empire colonial. Popularisé en Allemagne en 1895, le slogan « Péril jaune » devint synonyme d'un fantasme d'envahissement de l'Europe, non plus par les hordes de Gengis Khan, mais par des « fourmis » de petite taille et aux yeux bridés venues de Chine et du Japon. Pour défendre l'archange Gabriel et l'Europe chrétienne, il fallait donc résister aussi au bouddhisme et à toutes les religions polythéistes. À quoi s'ajoutait une autre terreur, celle du péril rouge, symbolisé par la figure du bolchevik hirsute aux yeux exorbités serrant entre ses dents un couteau taché de sang.

1. Jean Giraudoux, *Pleins pouvoirs*, Paris, Gallimard, 1939, notamment le chapitre « La France peuplée » (p. 65-67). Cf. Jean-Claude Milner, « Entretien », réalisé par Jean-Claude Poizat, *Le Philosophoire*, 43, 2015, p. 9-55 : « [Dans ce livre,] Giraudoux ne vise pas simplement les Juifs non assimilés, il est beaucoup plus radical : si la République française est une belle nature, alors les Juifs en sont exclus, qu'ils soient ou non nés en France » (p. 47).

À partir de 1945, avec la critique de la notion de race, la terreur de la subversion s'exprima sous une autre forme, à mesure que se disloquaient les empires coloniaux. La peur du migrant – nègre, métis, arabe – se substitua à celle du Juif, tandis que le mot « ethnie » tendait à se généraliser, du fait de l'éviction du mot « race » au profit de la notion de « différence des cultures » dans les travaux de sciences sociales. Le mot « race » sera ensuite, nous l'avons vu, repris par les partisans des politiques identitaires, et autres décoloniaux, sous la forme de l'adjectif « racisé ». Quant au concept d'ethnie, il s'imposa en anthropologie et en ethnologie pour définir une population humaine – ou un groupe – ayant en commun une ascendance, une histoire, une culture, une langue, une religion, un mode de vie : en un mot, une identité construite autant par les sujets qui la composent que par les savants qui observent son fonctionnement. L'« ethnicité » est donc liée désormais à un patrimoine culturel commun, et l'usage du préfixe « ethno » permet de distinguer des disciplines transculturelles : ethnopsychanalyse, ethnopsychiatrie, ethnohistoire, etc. Quant à l'adjectif « ethnique », d'importation anglophone, il sera utilisé à toutes les sauces identitaires par un marketing à connotation communautariste : vêtements artisanaux, objets folkloriques, nourritures exotiques[1], etc.

Durant ces mêmes années, la théorie de la substitution et du péril ne cessera de prendre de l'ampleur dans les discours de l'extrême droite et d'une petite partie de la droite française, au point que, confrontés à la décolonisation et aux débats sur la négritude, les nostalgiques de l'ancien empire colonial, vaincus sur les champs de bataille et remplacés désormais par des armées « yankees », inventeront de nouvelles combinaisons. Pour beaucoup d'entre eux, la défense de l'Occident européen devait désormais passer par une alliance identitaire entre les prolétaires et les capitalistes de couleur blanche, menacés,

1. Entretien avec Bernard Cerquiglini, 7 novembre 2020.

au-delà de leurs oppositions de classe, par des « colorés » majoritaires sur la planète entière. D'où l'apparition d'une idéologie reliant l'anti-impérialisme américain, version anti-Coca-Cola, à une sorte de vision égalitariste des peuples. Tous les peuples, diront-ils en substance, ont droit à leur propre « espace vital », mais encore faut-il qu'ils se tiennent enfermés dans des frontières bien définies. Thèse bien différente de celles de l'intégration d'un côté et du multiculturalisme de l'autre, puisqu'elle suppose qu'une étanchéité radicale soit mise en œuvre pour séparer des sujets ou des groupes définis par leur appartenance identitaire.

Dans cette perspective, qui réprouvait les mariages « mixtes » et la binationalité, les Juifs n'étaient plus désignés ouvertement comme les agents de la destruction des autres peuples dits « de souche », puisqu'ils étaient eux-mêmes menacés d'être « remplacés » par des migrants arabes, noirs et autres, relevant d'un monde extra-européen en voie d'islamisation et donc hostile au judéo-christianisme.

Toutes les mouvances identitaires issues de l'ancienne extrême droite européenne, des groupuscules néo-nazis ou d'autres groupes, chrétiens ou païens, reprirent finalement à leur compte l'idée de génocide, accusant autant les progressistes que les anticolonialistes de favoriser le « déclin civilisationnel » de l'Occident. Ceux-ci se rendraient donc coupables, par leur angélisme ou leur lâcheté, d'encourager un processus d'extermination des populations blanches, voire un « capitalisme du métissage forcé ». C'est ainsi que les mulâtres, et plus encore les mulâtresses, furent à nouveau désignés comme les responsables de la destruction suprême, orchestrée, au fil du temps, par les armées du Prophète : « Le métissage systématique n'est rien d'autre qu'un génocide lent », et encore : « Le monde arabe, appuyé cette fois-ci par les foules africaines, risque d'exploser en une forme directe d'expansionnisme qui rappelle les premières attaques islamiques qui virent les fidèles du Prophète pendant sept siècles en Espagne, pendant deux siècles en Sicile et sur le Garigliano, ayant le contrôle de Tarente et de Bari[1]. »

C'est cette thématique que l'on retrouve en 1973 dans un livre de Jean Raspail, *Le Camp des saints*[2], d'abord passé inaperçu, mais qui, trente ans plus tard, obtiendra un succès phénoménal auprès de tous les Identitaires nationalistes, et plus encore auprès des suprémacistes américains. Voyageur au long cours, royaliste paradoxal, défenseur acharné de Louis XVI, catholique fervent attaché aux idéaux du « chacun chez soi », Raspail était fasciné par les géographies extrêmes et les expériences d'exception. Admirateur des mercenaires illuminés par la foi, il se proclamera consul général de Patagonie après avoir rédigé une biographie romancée d'Antoine de Tounens qui, au XIXe siècle, s'était installé dans le territoire des Mapuches (Auricanie) pour y fonder un royaume[3].

Jugé fou en 1882 par la Cour suprême du Chili, Tounens, rappelons-le, avait été rapatrié en France, alors qu'il continuait à se prendre pour le souverain de ce royaume imaginaire. Et Raspail, identifié à son personnage, se déclarait patagon parce que, disait-il, dans ce pays tout homme peut devenir roi. C'est donc à la lumière de cette proclamation du « soi-même comme un roi » et du « chacun chez soi » qu'il faut analyser son roman de 1973, dans lequel il décrit la submersion de la civilisation occidentale par l'immigration d'un

1. Gilles Fournier, « La guerre de demain est déjà déclenchée », *Europe-Action*, no 16, avril 1964, p. 20-21. Et Pino Rauti, « L'Europa e il terzo mondo », *Ordine nuovo*, vol. 10, nos 5-6, juin-juillet 1964, p. 8. On trouvera une excellente synthèse de toutes ces positions *in* Pauline Picco, « Penser et dire la race à l'extrême droite (France-Italie, 1960-1967) », *Vingtième siècle*, no 130, 2016, p. 77-88.

2. Jean Raspail, *Le Camp des saints* [1973], Paris, Laffont, 2011, avec une préface de l'auteur intitulée « Big Other ».

3. Jean Raspail, *Moi, Antoine de Tounens, roi de Patagonie*, Paris, Albin Michel, 1981.

million de naufragés misérables, venus du delta du Gange et échoués sur une plage de la Côte d'Azur.

Toute la thématique classique du remplacement s'y déploie : la fabrication, dans la ville de Calcutta, d'enfants à adopter et envoyés en Occident par un prêtre belge ; les foules d'Indiens affamés, entassés dans des bateaux hideux ; un malheureux migrant surnommé « coprophage » et hissant son enfant malformé pour l'envoyer vers l'Europe ; les troupes soviétiques prêtes à combattre les Chinois envahissant la Sibérie. Et enfin, cerise sur le gâteau, la subversion totale de l'Occident blanc dont les habitants sont contraints de partager leurs logements avec des « basanés » sans foi ni loi. En conclusion, le narrateur révélait qu'il racontait cette épopée depuis son chalet suisse, dernier bastion d'une civilisation occidentale déjà engloutie.

Critiqué à sa sortie par la presse de droite, et notamment par *Le Figaro*, l'ouvrage devint donc un best-seller deux ans plus tard, d'abord aux États-Unis. Au fil des années, il fut traduit dans de nombreuses langues, tandis qu'en France il recueillait une audience soutenue du côté des journaux d'extrême droite : *Valeurs actuelles*, *Minute*, *Rivarol*, *Aspects de la France*. À chaque réédition, l'auteur ajoutait de « nouvelles preuves » de la véracité de son récit, qui cessait donc à ses propres yeux d'être une pure fiction. Il dit d'ailleurs son humiliation de ne pas obtenir le moindre compte rendu[1] dans *Le Monde* ou *Le Nouvel Observateur*.

Raspail se convainquit finalement que son nom figurait sur une liste noire établie par des partisans du métissage généralisé de sa belle patrie française. Et puis, le 19 février 2001, il eut enfin la révélation que la France était vouée à disparaître lorsque la réalité, dit-il, lui donna raison : sur sa chère plage de Boulouris, celle du *Camp des saints*, il assista, terrifié, depuis sa villa en surplomb, à l'arrivée d'un millier de

1. Solenn de Royer, « L'épopée des Kurdes de l'*East Sea*. Drame en cinq actes », *Confluences Méditerranée*, n° 42, 2002, p. 13-21.

sauvages surgis de la mer après le naufrage d'un bateau. Et, à la lecture de la dépêche de l'AFP, il eut la certitude que le journaliste avait recopié les trois premiers paragraphes de son roman : les monstres étaient là, pour de bon et pour longtemps.

La réalité est cependant bien différente. Ce jour-là, un vieux vraquier rouillé, l'*East Sea*, battant pavillon cambodgien, se délesta, sur la plage de Boulouris, de 900 réfugiés kurdes, dont la moitié étaient des enfants pataugeant dans un amas d'ordures. Abandonnés par un équipage de passeurs qui leur avaient extorqué leurs biens, ces *boat people* en haillons furent les premiers réfugiés venus d'Irak et de Syrie à débarquer sur les côtes françaises. Quelques jours plus tard, les deux tiers d'entre eux quittaient la France pour chercher asile au Royaume-Uni, en Allemagne, aux Pays-Bas. Voilà donc qui étaient les « envahisseurs » tant redoutés par Jean Raspail.

« Big Other » : de Boulouris à *La Campagne de France*

À l'occasion de la réédition de son ouvrage, en 2011, Raspail rédigea une préface intitulée « Big Other », en hommage au roman de George Orwell[1], lequel, bien entendu, était parfaitement étranger à cet étrange récit hallucinatoire. Toujours plus en phase avec le complotisme qui montait en puissance en France, Raspail ridiculisait les lois de la République en relevant lui-même la liste de tous les passages de son roman racistes, antisémites et négationnistes tombant sous le coup de lois jugées grotesques par lui. Ce livre, disait-il, ne pourrait pas voir le jour en 2011 s'il devait être publié

1. George Orwell, *1984* [1949], Paris, Gallimard, 1950. Dans ce livre, « Big Brother » est le chef moustachu et invisible d'un parti qui surveille, à travers un écran, la totalité des faits et gestes d'une population réduite à néant.

pour la première fois : il serait « impubliable à moins d'être gravement amputé[1] ». L'auteur se trompait. S'agissant d'un roman, et non pas d'un essai ou d'un journal intime, il ne risquait pas d'être poursuivi devant des tribunaux.

Loin de fustiger les malheureux migrants, réduits à un tas de fumier, Raspail s'en prenait, dans ce livre multiforme, à la déliquescence des pouvoirs publics, à l'affaiblissement de l'armée, à l'aveuglement du clergé et à la France entière, devenue à ses yeux la nation la plus lâche de la planète. À l'en croire, la France était condamnée à sombrer pour avoir osé couper la tête d'un roi et répudié la vraie religion. D'où le titre du livre tiré d'un passage de l'Apocalypse dans lequel Satan appelle toutes les nations à se réunir pour la bataille finale contre le « camp des saints » avant d'être vaincu pour l'éternité par le feu divin. En 2011, Raspail racontait avoir écrit son ouvrage à Boulouris, près de Saint-Raphaël, dans un état d'exaltation mystique sans « savoir ce qui lui passait par la tête ».

Qui est « Big Other » ? À l'évidence, à cette date, Raspail n'avait pas la moindre idée de ce que pouvait signifier un tel terme – le « grand Autre[2] » – dans le champ des sciences humaines auxquelles il s'attaquait rageusement, dénonçant pêle-mêle « la meute médiatique, showbiztique [*sic*], artistique, droit de l'hommiste, universitaire, enseignante, sociologue, littéraire, publicitaire, judiciaire, gaucho-chrétienne, épiscopale, scientifique, psy [*sic*],

1. Sur les conditions tumultueuses de la réédition de cet ouvrage qui ne fit l'objet d'aucune poursuite, cf. Pierre Assouline, « *Le Camp des saints* pousse à choisir son camp », *Le Monde*, 24 mars 2011.

2. « Big Other » est la traduction en langue anglaise du célèbre concept de « grand Autre » (« grand A ») élaboré par Jacques Lacan et connu de tous les spécialistes en sciences humaines et sociales. Il désigne une altérité symbolique – Loi, Langage, Inconscient, Dieu – qui détermine le sujet à son insu. À cet égard, se pensant orwellien, Raspail aura donc convoqué, sans le savoir, son propre inconscient, lacanien de préférence.

militante humanitaire, politique, associative, mutualiste… ». Se sentant lui-même naufragé dans son propre pays, il accusait toutes les institutions savantes de France – EHESS, ENS, CNRS –, toutes les universités et toutes les associations psychanalytiques d'être responsables, par leur tolérance aux étrangers, de son angoisse identitaire. Il voyait partout l'œil d'un grand Autre lacano-orwellien le surveiller et se glisser dans ses neurones : « Big Other a mille voix, des yeux et des oreilles partout. Il est le Fils Unique de la Pensée dominante, comme le Christ est le Fils de Dieu et procède du Saint-Esprit[1]. » Et, bien entendu, au cœur de l'apologie des Burgondes, des Vikings et des Wisigoths, surgissait sous sa plume le spectre d'une France métissée, détruite par des extra-Européens islamisés.

C'est ainsi, par le relais d'un livre fou, de facture académique, écrit par un nostalgique d'Hugues Capet et de l'empire colonial, que la thèse du remplacement cheminera, non seulement à l'intérieur de la nébuleuse des Identitaires de l'extrême droite, mais aussi, progressivement, dans les rangs de la droite républicaine la plus honorable, puis dans ceux d'une gauche républicaine habitée par la hantise d'une islamisation de la France *via* les campus américains. Jusqu'à sa mort, Jean Raspail sera honoré dans la presse comme un écrivain d'envergure, l'un des premiers à dénoncer le péril migratoire que personne ne voulait voir.

Cette thèse sera reprise par Michel Houellebecq en 2015, dans un autre récit d'anticipation, *Soumission*, décrivant dans un style glacial et hyperréaliste l'avènement au pouvoir d'un parti islamiste en France. Emblème absolu des angoisses identitaires de l'extrême droite cultivée, signé par un auteur fasciné par l'abjection et écrivant d'une plume dénuée de tout affect, l'ouvrage, publié le jour même de l'assassinat des dessinateurs de *Charlie Hebdo*, connaîtra un succès planétaire.

1. J. Raspail, *Le Camp des saints*, *op. cit.*, p. 24.

Il sera reçu par toute la presse – de droite comme de gauche – comme un chef-d'œuvre littéraire[1].

Il faut à ce propos souligner que, comme leurs ennemis jurés, les Identitaires de l'autre bord ont également leurs auteurs fétiches, choisis parmi les plus grands écrivains de la littérature mondiale et dont ils réinterprètent les œuvres de façon outrancière. Ainsi donc, George Orwell, anticolonialiste féroce, ancien combattant des Brigades internationales dans les rangs du POUM[2], pamphlétaire empiriste, adepte d'une morale de la « décence ordinaire », antifasciste radical, hostile à tout universalisme abstrait et antistalinien de la première heure, devient-il, sous leurs plumes, soixante-cinq ans après sa mort, une sorte d'anarchiste conservateur, opposé au « déconstructivisme », au « structuralisme », aux LGBT, aux écologistes, aux indigénistes, à toute la pensée sociologique, au libéralisme et donc, pour finir, aux campus américains, importateurs du *queer* et de l'intersectionnalité[3].

Et de même font-ils de Philip Roth, puissant écrivain de la modernité, conservateur éclairé à la manière de Freud, capable de se moquer de toutes les dérives identitaires dans le plus pur style de la judéité new-yorkaise, de Philip Roth donc, l'incarnation d'un antiprogressisme radical. Et pour s'en convaincre, ils s'appuient sur sa dénonciation tellement justifiée des errances du « politiquement correct ». En effet, dans un roman somptueux publié en 2000, *La Tache*, Roth raconte l'histoire d'un vieil homme, Coleman Silk, ancien professeur de lettres classiques, persécuté par des militants antiracistes à propos de l'usage du mot « zombie », et qui

1. Michel Houellebecq, *Soumission*, Paris, Flammarion, 2015.

2. Parti ouvrier d'unification marxiste (POUM), qualifié d'hitléro-trotskiste par les staliniens et réprimé par les franquistes.

3. Cf. Jean-Claude Michéa, « Orwell, la gauche et la double pensée », postface à *Orwell anarchiste tory*, Castelnau-le-Lez, Climats, 2020.

choisit de démissionner de son poste plutôt que de dévoiler sa vie secrète : métis, il se fait passer pour un Juif, tout en entretenant une liaison coupable avec une femme de ménage persécutée elle aussi par son ancien mari, un vétéran du Vietnam. Le livre est donc un réquisitoire contre l'Amérique bien-pensante et puritaine, celle-là même qui avait été à l'origine des attaques contre Bill Clinton lors de l'affaire Monica Lewinsky en 1998[1].

Face à l'arsenal législatif des années 1970-2000 interdisant l'expression directe du racisme, de l'antisémitisme, du négationnisme, le mythe des périls continua à prospérer en France du côté de la droite identitaire, parallèlement à celui des phobies issu des politiques identitaires de gauche. On en retrouve la structure dans toutes les manifestations d'hostilité aux lois favorables au mariage homosexuel et aux procréations assistées, puisque les Identitaires (de la droite extrême) considèrent qu'elles favorisent le processus d'abolition de la différence anatomique des sexes et de l'ordre familial.

Force est de constater que déjà, à partir de 1980, en réaction aux événements de Mai 68 et à une réelle avancée des droits individuels en faveur des femmes, des étrangers et des minorités, mouvement qui allait s'amplifier sous les gouvernements socialistes après l'élection de François Mitterrand à la présidence de la République, plusieurs courants de pensée s'étaient lancés avec succès à la reconquête du champ intellectuel qui, pendant des années, avait été dominé par la gauche. Ce fut le cas, notamment, d'Alain de Benoist et de son Groupement de recherche et d'études pour la civilisation européenne (GRECE) et de plusieurs revues parmi lesquelles *Éléments*, *Nouvelle École* et surtout *Krisis*. Fondée en 1988, cette dernière se présentait comme un support de haut niveau, susceptible d'attirer des intellectuels de tous bords

1. Philip Roth, *La Tache* [2000], Paris, Gallimard, 2002.

pourvu qu'ils acceptent de s'interroger, à travers un « dialogue constructif », sur l'identité nationale, l'art moderne, les méfaits de l'antiracisme et du cosmopolitisme[1]. Sans aucun doute, durant cette période, plusieurs courants ultraréactionnaires, opposés d'ailleurs les uns aux autres, retrouvèrent-ils une vigueur incontestable entre intégrisme catholique, défense d'un Occident fracassé, moquerie contre l'art moderne, ou néo-paganisme affirmé se réclamant, par exemple, d'une interprétation extravagante de la pensée de Georges Dumézil[2]. Ils tentaient de restaurer les idéaux d'un monde ancien, aryano-gréco-latin pour les uns, judéo-chrétien pour les autres, sur fond de souverainisme, d'anti-américanisme et d'antimondialisme.

Au point qu'en 1993 une quarantaine d'intellectuels, d'universitaires et de savants – parmi lesquels Jean-Pierre Vernant, Yves Bonnefoy, Georges Duby, Umberto Eco, François Jacob, Pierre Bourdieu, Jacques Derrida, Michelle Perrot, Jean Pouillon, Françoise Héritier, Jacques Revel, Arlette Farge, Michel Deguy – rédigèrent une tribune, initiée par Maurice Olender, et appelant les intellectuels à refuser de collaborer aux entreprises de cette nouvelle extrême droite dont les protagonistes prétendaient avoir changé : « Une fois piégées, ces signatures accréditent évidemment l'idée que le prétendu changement est une réalité [...] À la faveur de ces complicités involontaires, nous craignons de voir se banaliser dans notre vie intellectuelle la présence de discours qui doivent

1. Parmi les contributeurs de *Krisis* se trouvèrent des auteurs qui jamais, de près ou de loin, n'avaient souscrit aux idées de la nouvelle droite : Jean-Luc Mélenchon, Jacques Julliard, Boris Cyrulnik, André Comte-Sponville, etc.

2. Georges Dumézil : linguiste, anthropologue, philologue, théoricien de la mythologie indo-européenne et de la trifonctionnalité indo-européenne : prêtres, guerriers, agriculteurs. Sur ses affinités avec l'extrême droite, cf. Didier Eribon, *Faut-il brûler Dumézil ? Mythologie, science et politique*, Paris, Flammarion, 1992.

être combattus parce qu'ils menacent tout à la fois la démocratie et les vies humaines[1]. »

La tribune obtint un franc succès, d'autant qu'elle visait juste. Cette année-là en effet, Paul Yonnet, sociologue du sport, venait de publier chez Gallimard, et sous la houlette de la revue *Le Débat*, un ouvrage, *Voyage au centre du malaise français*, qui reprenait mot pour mot les discours de cette nouvelle extrême droite. Il y dénonçait à la fois le marché, la dégradation des idéaux de l'identité française, la prétention à l'hégémonie des partisans des « droits-de-l'hommisme », et surtout les luttes antiracistes – ou « néo-antiracisme » – qu'il regardait comme une manifestation de l'extinction de l'identité française. Pire encore, il déplorait qu'on réduise le roman national français à l'histoire de la Seconde Guerre mondiale, c'est-à-dire à la question de l'extermination des Juifs. Et, bien entendu, il visait l'association SOS Racisme et la gauche dite « caviar » ou mitterrandienne qui ne préfigurait pourtant en rien, comme on le sait, les positions décolonialistes : l'antiracisme, disait-il, n'est pas seulement plus préoccupant que le racisme, il est plus nocif. Thèse soutenue également par Pierre-André Taguieff, chercheur de renom et spécialiste du racisme.

Bref, Yonnet brandissait le fantasme du métissage, du remplacement et de l'invasion. Critiqué de toutes parts, notamment par *Libération* et *Le Nouvel Observateur*, et se croyant la victime d'une cabale, il répondit par un texte en « parler obscur » truffé de néologismes notamment avec des préfixes « néo » et « pan[2] » : « Posons ce raisonnement,

1. « Appel à la vigilance », suivi d'un article de Roger-Pol Droit, « La confusion des idées. Quarante intellectuels appellent à une "Europe de la vigilance" face à la banalisation de la pensée d'extrême droite », *Le Monde*, 13 juillet 1993. Et Maurice Olender, *Race sans histoire*, Paris, Seuil, coll. « Points Essais », 2009.

2. Le préfixe « pan » (tout) sert en général à amplifier et à universaliser la dangerosité du phénomène désigné par le terme auquel il est ajouté.

qui est aussi une tautologie : si l'assimilation des immigrés souhaitant devenir français se réalise, ce sera contre l'utopie néo-antiraciste d'une régénération de la société française par sa transformation en société pan-raciale, pan-ethnique, pan-communautaire, contre la propagation fébrile d'une vision pan-raciale des rapports sociaux, contre la volonté affichée de détruire les mécanismes d'assimilation après les avoir déclarés meurtriers, ce sera contre le mythe de la dissolution de la culture et de la nationalité françaises dans l'universalité des droits de l'homme, contre le mythe d'accomplissement de la réduction de l'homme dit "blanc", contre le programme politique du néo-antiracisme qui est de contrecarrer par tous les moyens la volonté d'une maîtrise des flux migratoires[1]. » L'ennui, dans cette affaire, c'est que personne parmi les « ennemis » de Paul Yonnet ne souscrivait à un tel programme « pan-racial » ou autre. Vingt ans plus tard, au contraire, ses thèses auront conquis une partie de l'intelligentsia et seront reprises par la presse de droite contre « l'envahissement » de la pensée décoloniale.

Contrairement à Raspail, Renaud Camus, inventeur du « grand remplacement », était issu du milieu littéraire d'avant-garde, proche de Roland Barthes, Marguerite Duras et chroniqueur dans le journal *Le Gai Pied*. Militant de la cause homosexuelle, socialiste de gauche et écologiste, il avait débuté sa carrière par la publication de récits dans lesquels il relatait, de la façon la plus littérale, ses relations amoureuses. L'un d'eux, *Tricks*, avait été préfacé par Barthes, et rien ne laissait présager que cet aimable dandy proustien allait

---

Ainsi le terme « pansexualisme » a-t-il été utilisé pour désigner péjorativement la doctrine freudienne de la sexualité qui aurait « envahi » le champ des études sur la sexualité.

1. Paul Yonnet, *Voyage au centre du malaise français. L'antiracisme et le roman national*, Paris, Gallimard, 1993. Et « Sur la crise du lien national », *Le Débat*, nº 75, mai-août 1993, p. 135 – réponse à une critique cinglante de Michel Wieviorka dans le même numéro.

déclencher l'une des plus grandes querelles littéraires, éditoriales et médiatiques de la première moitié du XXIe siècle en publiant *La Campagne de France. Journal 1994*, paru en 2000 : plus de cent articles, des pétitions et des tribunes, un retrait du livre afin de supprimer les passages antisémites, suivi d'une remise en vente tapageuse. L'affaire est suffisamment connue, analysée, expliquée par les protagonistes et les commentateurs pour que je n'y revienne pas ici[1]. Cependant, il faut avoir en tête qu'il était bien question dans ce livre de procéder à une comptabilité des identités ethnico-religieuses, à une époque où les fameuses lois contestées par Jean Raspail s'appliquaient, non pas à la littérature, mais à l'expression directe d'opinions et de jugements.

Critiquant telle émission de France Culture, l'auteur se livrait, dans son Journal, à un exercice de style sur le « trop » et le « pas assez » : « Les collaborateurs juifs du "Panorama", disait-il, exagèrent un peu tout de même : d'une part ils sont à peu près quatre sur cinq à chaque émission, ou quatre sur six, ou cinq sur sept, ce qui, sur un poste national et presque officiel, constitue une nette surreprésentation d'un groupe ethnique ou religieux donné ; d'autre part, ils font en sorte qu'une émission par semaine au moins soit consacrée à la culture juive, à la religion juive, à des écrivains juifs, à l'État d'Israël et à sa politique… » Et plus loin, Camus se demandait ce que l'auditeur ressentirait si, parmi les journalistes réunis autour de ce micro, « il y avait quatre homosexuels sur six, ou cinq sur sept […] Ne dirait-on pas que ces homosexuels

1. J'y ai participé, avec Jacques Derrida, Jean-Pierre Vernant et Claude Lanzmann, et j'ai reçu, à cette occasion, autant d'injures que lorsque j'ai critiqué Michel Onfray pour son brûlot consacré à Freud dix ans plus tard. Cf. Jacques Derrida et Élisabeth Roudinesco, *De quoi demain… Dialogue*, *op. cit.* On trouvera tous les documents de l'affaire sur le site de Renaud Camus. Lire aussi le récit qu'en fait Olivier Bétourné, qui s'en est expliqué pour la première fois dans *La Vie comme un livre. Mémoires d'un éditeur engagé*, Paris, Philippe Rey, 2020.

exagèrent un peu ? Or il y a en France beaucoup plus d'homosexuels que de Juifs (enfin je crois). Il y a aussi beaucoup plus d'Arabes. Et les Arabes ne sont pratiquement pas représentés au “Panorama”, eux ; sauf, de temps en temps, par un Franco-Libanais *chrétien*[1]. »

En relisant ce texte, on ne peut s'empêcher de le comparer aux fameuses classifications issues des *cultural-colonial-gender-studies*, que Renaud Camus ne cesserait plus tard de vitupérer. Mais, quelques pages plus loin, il faisait sienne la terreur de la subversion, à ceci près que les Juifs étaient « remplacés » par les Arabes, les musulmans, les colorés, les étrangers et par-dessus tout, une fois encore, les métissés. Les uns seraient parvenus à s'intégrer quand les autres étaient condamnés à ne jamais y parvenir : « Je pense que la société métissée va vaincre, qu'elle a pour une grande part déjà vaincu [...] De même qu'ont été progressivement et plus ou moins heureusement intégrés les Juifs, beaucoup moins étrangers toutefois à notre culture ancienne, de même seront intégrés les musulmans, les Arabes et les Noirs. Mais ils ne seront pas intégrés aux Français de souche, et les Français de souche ne seront pas intégrés à eux : tous seront intégrés ensemble à une société et peut-être une civilisation qui est en train de naître sous nos yeux, et que nous voyons déjà à l'œuvre dans les banlieues, les lycées, les discothèques et les films publicitaires[2]. »

D'une page l'autre, Camus était donc passé d'un « trop de Juifs » à un « trop d'Arabes ». Mais, dans le premier cas, disait-il, l'intégration avait été possible, alors que dans le second elle était vouée à l'échec. Autrement dit, il marquait bien l'évolution qui s'était produite en France depuis les années 1990. Officiellement, dans le discours des antisémites, les Juifs n'étaient plus regardés comme des boucs

1. Renaud Camus, *La Campagne de France*, Paris, Fayard, 2000, p. 48.
2. *Ibid.*, p. 60-61.

émissaires, à condition toutefois qu'ils n'affichent pas leur judéité. Aussi bien étaient-ils alors remplacés, dans ce statut, par les Arabes qui, eux, ne seraient jamais capables, disait-on, de devenir des Français de souche. C'est à travers cette logique délirante de la hiérarchie entre les bonnes et les mauvaises races que le discours antisémite se muait, chez Camus et ses semblables, en un discours philosémite, toujours à l'affût de l'altérité haïssable : l'Arabe, spectre du Juif. Telle est la spirale infernale de la doctrine du « grand remplacement » : un autre à la place d'un autre, qui en remplace un autre. Une fois la ronde achevée, c'est toujours le Juif, parent originel, qui revient sur le devant de la scène : le Juif en trop, celui du « Panorama » de France Culture, celui qui exagère et qui en fait trop.

Et c'est sur ce terreau que Camus, passé maître dans la rhétorique du « remplacisme », se mit à fétichiser le paradis perdu d'une langue originelle : le bon français des anciens manuels scolaires, auquel il convenait d'ajouter un territoire de souche : un château dans le Gers, à Plieux, acquis en 1992 et transformé en lieu de résistance à l'islamisation de la planète[1].

C'est depuis son donjon d'un autre âge, où il reçoit ses hôtes et rédige son blog, que l'ancien militant de la cause

1. Renaud Camus, *Le Grand Remplacement*, Neuilly-sur-Seine, Éd. David Reinharc, 2011 ; 2e édition augmentée en 2012. On pourra également consulter *2017, dernière chance avant le Grand Remplacement. Changer de peuple ou changer de politique ?*, entretiens avec Philippe Karsenty, Paris, La Maison d'édition, 2017. Notons que Kemi Seba, activiste franco-béninois, ami d'Alain Soral et de Dieudonné, passé de l'extrême gauche anticolonialiste à l'extrême droite identitaire, s'est fait le porte-parole d'une remigration inversée, visant à promouvoir un mouvement de retour des populations noires d'Europe vers leurs pays d'origine, seule manière à ses yeux de cultiver la pureté de la « race noire » et de la séparer de la « race blanche ». Son groupe ségrégationniste Tribu Ka (2004-2006) sera dissous pour incitation à la haine raciale. En 2008, converti à l'islamisme, il annoncera que « l'homme blanc est le diable ». Cf. *Les Inrockuptibles*, 16 septembre 2017.

homosexuelle tente de survivre dans un monde alternatif réduit à être un jour, lui aussi, remplacé. Depuis ses terres, il assiste au triomphe planétaire de sa théorie du « grand remplacement », adoptée par toutes les nébuleuses identitaires de la planète et par les adeptes de l'In-nocence retrouvée, nom qu'il a donné à son parti politique, fondé en 2012, en vue de la présentation de sa propre candidature à l'élection présidentielle. Mais, c'est surtout depuis Colombey-les-Deux-Églises, le 9 novembre 2017, que Renaud Camus, s'identifiant à Charles de Gaulle, décida de lancer son appel à la décolonisation de l'Europe. L'immigration, disait-il, est devenue « invasion » et, désormais, les transferts de populations mènent inéluctablement à l'islamisation noire et arabe de toute l'Europe.

Ces thèses sont adoptées aujourd'hui par la galaxie de la droite extrême, mais aussi par les partis et les médias perturbés par la question identitaire, soulevée à répétition par les décoloniaux et autres intersectionnels qui boycottent livres et spectacles. Et ce, d'autant plus que Renaud Camus préconise une révision du droit du sol et une interdiction de toute procréation médicalement assistée. En outre, il reprend à son compte la thématique de la « remigration », diffusée par de nombreux Identitaires « souchiens », en proposant de faire voter une loi permettant de doter d'une allocation les immigrés non européens qui accepteraient de retourner (« remigrer ») dans leurs pays d'origine.

Certes, Renaud Camus était l'un des protagonistes les plus actifs du « grand remplacement », mais jamais cette thèse n'aurait acquis en France une audience nationale aussi puissante que celle d'Édouard Drumont à la fin du XIXe siècle sans l'entrée en scène d'un polémiste auquel des médias complaisants offriront une tribune exceptionnelle : Éric Zemmour. Né en 1958 à Montreuil et issu d'une famille juive originaire d'Algérie, il fut scolarisé dans une école confessionnelle où il prit en horreur le rituel des prières matutinales. Élevé entre une mère diabétique au foyer et un père ambulancier coureur de casinos et prompt à manier le ceinturon en cas de désobéissance de son fils, Zemmour acquit très tôt la conviction d'être un pur produit de la laïcité française et ne cessera de dire que l'on ne devient un vrai homme que lorsqu'on affronte un « vrai » père et que l'on peut « tuer le père[1] ». Hanté par la question du Nom-du-Père, concept bien connu[2], ce jeune homme se piquait de psychanalyse, lacanienne de préférence. En 2017, au moment de la victoire d'Emmanuel Macron à l'élection présidentielle, il insistera sur le fait que ce « Peter Pan » ne voulait pas être père, raison pour laquelle il aurait épousé une mère puissante qui le traitait comme un « fils à maman » (*Big Mother*). Et de citer Lacan à l'emporte-pièce : « L'amour, c'est donner ce qu'on n'a pas à quelqu'un qui n'en veut pas[3]. »

Déçu d'avoir raté le concours d'entrée à l'ENA, il décida d'embrasser une carrière de journaliste, passant de la presse écrite à la radio puis à la télévision, où il commença à se faire connaître par sa misogynie, sa détestation des Juifs, des homosexuels et des Arabes. Par ailleurs, afin d'écarter de lui toute menace d'identification à l'arabité haïe, il affirma être un « Juif berbère », façon comme une autre de revendiquer le statut de « Français de souche » : « On ne peut pas, disait-il, être français et algérien à la fois. » Obsédé par son origine et détestant les rituels religieux, il ne s'en détache au fond jamais, comme s'il se sentait sommé d'avouer en permanence une identité déniée : « À la synagogue je suis Moïse, mais à l'état civil je m'appelle Éric Justin Léon. » Toujours est-il

1. Cf. Ariane Chemin, « Et Zemmour devint Zemmour », *Le Monde*, 6 novembre 2014. Et Gérard Noiriel, *Le Venin dans la plume. Édouard Drumont, Éric Zemmour et la part sombre de la République*, Paris, La Découverte, 2019.

2. Inventé par Jacques Lacan en 1953 pour désigner le signifiant de la fonction paternelle.

3. RTL, 9 mai 2017. Zemmour s'appuyait ici sur une vulgate psychanalytique de bazar prétendant explorer l'inconscient des hommes politiques.

que Justin-Léon voue une sainte horreur aux immigrés qui donnent à leurs enfants des prénoms étrangers. Et de vitupérer tous les Mohamed ou Rachid, et toutes les Zhora et Hapsatou, en rappelant que l'abandon en 1993 de l'obligation de se référer au calendrier des saints pour nommer son enfant avait été un désastre pour la France puisque cela permettait aux enfants d'immigrés de conserver la trace de leur pays d'origine.

Grâce à la sémillante Catherine Barma, et dans le contexte général d'une évolution de l'opinion publique contre les « élites », Zemmour s'assura d'une place confortable sur une chaîne de la télévision publique, en dépit de plusieurs condamnations pour incitation à la haine raciale. Par la suite, il se verra confier une chronique quotidienne sur C-News, chaîne d'information continue du groupe Canal+. Chaque soir donc, à une heure de grande écoute, il réalise enfin son rêve : recevoir un invité, intellectuel de préférence, pour débattre de son obsession majeure : la France n'est plus la France.

C'est à partir de 2010 que Zemmour décida de se transformer en historien identitaire de haut niveau afin de nettoyer la France de ses élites vendues au mondialisme. Et c'est dans cette perspective qu'il composa une sorte de trilogie consacrée au déclinisme français : *Mélancolie française*, *Suicide français* et *Destin français*[1]. L'ensemble est construit autour de la thématique du « grand remplacement » : la France se meurt et les hommes sont dépossédés de leur pénis et de leur légitimité ancestrale à dominer le sexe faible. Quant aux Français de souche, ils sont chassés des villes, des quartiers, des villages pour être remplacés par des populations africaines, arabes, asiatiques qui transforment les églises en mosquées. Et Justin-Léon de dénoncer le vaste lupanar d'une France gorgée de

1. Éric Zemmour, *Mélancolie française*, Paris, Fayard / Denoël, 2010 ; *Le Suicide français*, Paris, Albin Michel, 2014 ; *Destin français*, Paris, Albin Michel, 2018.

burkinis, de niqabs, de turbans, de grigris, de tapis de prière, de viande halal, de transgenres en goguette, servis par une armée d'universitaires gauchistes aux ordres des Indigènes de la République, eux-mêmes financés par de drôles de banques pas très françaises.

Construit exactement sur le modèle de *La France juive* – avec des listes de noms, de dates, des titres d'ouvrages recyclés sans queue ni tête, tel un vaste chaudron des sorcières –, *Le Suicide français* dresse un tableau effrayant des quarante années qui, à la suite des événements de Mai 68, auraient conduit la France à se confronter à une agonie irréversible. Mais, pour tenter de sauver la patrie de son enlisement, Justin-Léon se fait fort de « déconstruire les déconstructeurs » en se réclamant, tout fier, de Gramsci, de la notion d'« hégémonie culturelle » et de Fernand Braudel en le prenant pour un théoricien nationaliste de l'identité française.

Aussi bien dresse-t-il alors une liste impressionnante de responsables du suicide, tous penseurs dont, à l'évidence, il n'a pas lu les œuvres : Sartre, Simone de Beauvoir, Derrida, Bourdieu, Deleuze, Foucault, Guattari, Rosanvallon, Bernard-Henri Lévy et Claude Lanzmann (à qui il reproche d'avoir privilégié l'histoire de la Shoah au détriment de celle des autres génocides). Quant à Lévi-Strauss, il le critique pour avoir voulu imposer à la France un système communautariste. Bien entendu, il brocarde toute la littérature dite « moderne », en faisant une exception pour Patrick Modiano qu'il prend pour un admirateur de Philippe Pétain. Et il n'oublie pas de stigmatiser tous ceux qui, à ses yeux, mettent en danger la cohésion nationale : les homosexuels, et notamment Pierre Bergé et Yves Saint Laurent, coupables d'avoir « masculinisé » les femmes en les habillant en hommes. Enfin, il se livre à une apologie du maréchal Pétain, soulignant que le chef de l'État français aurait évité la déportation des Juifs français en livrant aux nazis les Juifs étrangers. En conséquence, il dénonce les travaux de Robert Paxton, pour mieux réhabiliter le régime de Vichy[1].

Quatre ans plus tard, dans *Destin français*, prétendant rattacher sa propre généalogie familiale à celle de sa « patrie », Zemmour revisite « son histoire de France », de Clovis à de Gaulle, et des croisades au djihad. Et c'est ainsi que, dans un élan de drumontisme aigu, il accuse la famille Rothschild d'être responsable de la défaite de Napoléon en Russie et à Waterloo : « La fratrie de Francfort a fait sa fortune en soutenant la lutte contre Napoléon. L'empereur avait tout pour leur déplaire. Il refusait tout endettement et méprisait les fournisseurs de guerre[2]. »

Faut-il vraiment s'attarder sur ces sottises et ces propos abjects ? Si un historien de l'envergure de Gérard Noiriel a cru bon de consacrer un livre entier à Éric Zemmour, c'est précisément parce que celui-ci a joué un rôle décisif dans la diffusion et la banalisation de thèses identitaires dont on aurait pu penser que jamais plus elles ne seraient réhabilitées. Et pourtant c'est bien en France qu'un tel événement a eu lieu. Accueilli par une volée de critiques par la presse d'information, *Le Suicide français* est devenu très vite un best-seller : près de 400 000 exemplaires vendus. Quant à l'auteur, il est désormais regardé comme un historien subversif par plusieurs médias français où il tient chronique : *Valeurs actuelles*, *Le Figaro Magazine*, *Causeur*. À l'égal de Renaud Camus, et de bien d'autres encore, il est considéré comme un restaurateur des vraies valeurs françaises piétinées, non seulement par des hordes barbares, mais aussi par les plus grands penseurs de la seconde moitié du siècle – de Sartre à Césaire

1. À chaque entretien, Zemmour ajoute des listes à celles qu'il a publiées dans *Le Suicide français*. Cf. le grand entretien donné à Radio Courtoisie le 16 octobre 2014.

2. Murat Lama, « *Destin français* de Zemmour : le livre le plus antisémite de la Ve République ? », blog du 11 octobre 2018 sur le site de *Mediapart*.

en passant par Lévi-Strauss –, traduits, lus et commentés dans le monde entier, et qui sont l'honneur de la France. Enfin, Zemmour est régulièrement invité par plusieurs partis politiques et autres mouvements de réarmement moral issus d'une droite en quête d'autorité.

Saisie d'un grand élan de haine, Houria Bouteldja écrivit à Zemmour : « Comble de malchance, non seulement tu es juif mais en plus tu es arabe (ou berbère mais c'est pareil). Tu es un cumulard. Tu me fais peine à voir. Tu t'appelles Zemmour quand d'autres s'appellent Klugman, Klein, Finkelstein. Tu n'as même pas eu la grâce de naître aryen ! Et dans ta haine contre nous, musulmans et autre racaille, c'est la détestation de ta race que tu exprimes. *En tant que Juif et en tant qu'Arabe*. D'abord, tu nous en veux de résister à l'assimilationnisme auquel la République nous contraint alors que toi et ta famille y avez cédé [...] Nos foulards, nos barbes ostentatoires, nos mosquées, nos viandes halal te rappellent trop le sacrifice identitaire auquel tu as dû te soumettre[1]. »

À la lecture de telles saillies, on ne s'étonnera pas que Zemmour ait été rejoint dans ce marais nauséabond par un autre polémiste, adulé, lui aussi, par des médias déclinistes : Michel Onfray. Après avoir, en 2010, traité Freud de fasciste, d'antisémite, de beau-frère incestueux, de rapace, puis insulté Sartre, et enfin préféré le bon Proudhon au mauvais Marx (issu d'une tribu juive), le philosophe libertaire se veut le porte-parole du bon peuple de France. Converti à un imaginaire zemmourisé, il est devenu, à son tour, le pourfendeur des destructeurs structuralisto-islamo-gauchistes, et donc de cette *French Theory* jugée responsable d'un abaissement sans précédent de la nation française : « Cette théorie adoube les marges comme des centres, écrit-il : les homosexuels,

1. Houria Bouteldja, « Lettre à Éric Zemmour, l'"israélite" », blog du 12 juin 2014 sur le site du Parti des Indigènes de la République.

les transgenres, les femmes, les Noirs et les Maghrébins, les immigrés, les musulmans, mais aussi – ce sont les sujets de prédilection de Foucault – les prisonniers, les fous, les hermaphrodites, les criminels, sinon – ce sont là les héros de Deleuze – les drogués ou les schizophrènes. Dès lors, le prolétaire n'est plus l'acteur de l'Histoire, il est sommé de laisser sa place aux minorités : il ira se consoler de ce congédiement, théorisé par Terra Nova, chez les Le Pen[1]. »

Et c'est en écoutant de telles sornettes qu'une frange non négligeable de la sphère médiatique française s'est mise à croire dur comme fer, et en ignorant tout ou presque de la galaxie décolonialo-*queer*, que les vrais responsables des malheurs de l'identité française ont pour noms Sartre, Foucault, Derrida, Césaire, Fanon, Deleuze et, plus loin dans l'histoire, Jean-Jacques Rousseau, Robespierre, Danton, Saint-Just, Marat, la Terreur, mai 1968. Et il ne se passe pas une semaine sans que l'on relève, dans l'un de ces supports d'information, des insultes de ce type, relayées par des centaines de sites en quête de complots.

1. Michel Onfray, « La gauche acéphale », *Le Figaro Magazine*, 19 juin 2020. Sur Michel Onfray, voir Élisabeth Roudinesco (éd.), *Mais pourquoi tant de haine ?*, Paris, Seuil, 2010. Et « Onfray, fin de partie », dialogue entre Élisabeth Roudinesco et Guillaume Mazeau, mené par Gilles Gressani, *Le Grand Continent*, juillet 2020. – Terra Nova est une association française d'orientation sociale-démocrate, fondée en 2008.

Épilogue

Quel est le devenir de ces dérives identitaires ? Sont-elles le symptôme d'un bouleversement des subjectivités lié à un moment particulier de l'histoire du monde, ou, au contraire, vont-elles perdurer au point de se substituer aux autres formes d'engagement individuel et collectif ?

Une chose est certaine, en tout cas, c'est que les Identitaires de l'extrême droite et de la droite réactionnaire ressassent depuis toujours les mêmes discours, à quelques variantes près : terreur de l'altérité, hantise du « grand remplacement », haine du présent, fétichisation d'un passé fantasmé. Ce discours n'est pas près de s'éteindre. Mais il ne devient dangereux que lorsqu'il est massivement diffusé par des relais complaisants, ou qu'il nourrit les programmes de partis politiques portés par la vague populiste.

S'agissant des dérives de genre, issues du retournement en son contraire d'un mouvement d'émancipation, il convient, dans le cadre de l'État de droit, de leur imposer une sérieuse limite, tout simplement parce que la loi ne saurait être la traduction d'un désir exprimé par un sujet, quel que soit le motif invoqué : la souffrance, par exemple, quand elle a pour cause une relation défaillante ou délirante à soi-même. L'État a pour rôle de protéger les citoyens de toutes les discriminations, y compris de celles qui résultent d'une volonté de se nuire à soi-même. On est donc fondé, dans cette perspective, à s'opposer à tout projet d'abolition de la différence anatomique et biologique des sexes, telle qu'elle est désormais réclamée par les tenants les plus fanatiques de l'instauration d'un « genre neutre » inscrit à l'état civil. D'autant qu'il serait imposé, du même coup, aux enfants prépubères perturbés, soignés à coups de traitements hormonaux, voire chirurgicaux, qui pourraient être assimilés à des maltraitances[1].

Quant aux dérives identitaires liées à l'obscurantisme religieux, au rétablissement ségrégatif de l'idée de race, à la destruction des statues, au boycott de telles conférences et de tels enseignements, ou de tels spectacles, elles trouvent déjà leurs limites et leurs sanctions dans le cadre légal, dès lors qu'elles sont instrumentalisées pour un projet terroriste ou qu'elles relèvent d'actes délictueux ou criminels. Et il ne faut jamais oublier, face aux revendications des deux bords de l'extrémisme, que la force du républicanisme français repose, depuis 1789, sur un double contrat : d'un côté, le refus d'accorder à la religion un pouvoir politique dans la cité et, de l'autre, l'acceptation des particularismes, religieux ou autres, accordés à tous les citoyens à titre individuel. Chacun peut librement cultiver son identité à la condition de ne pas prétendre ériger celle-ci en principe de domination[2].

Par ailleurs, l'État ne doit pas jouer les censeurs en prétendant réguler la liberté de débattre et d'enseigner. Il n'a pas à prendre parti pour une thèse ou une autre. Quant aux intellectuels que nous sommes, sans doute nous revient-il de donner l'exemple : soutenir des idées et en combattre d'autres, prendre parti donc, sans jamais céder à l'insulte ou à l'invective, pratique trop souvent encouragée dans le débat contemporain.

1. Ce qui serait incompatible avec la Déclaration universelle des droits de l'enfant (1959).

2. Cf. Maurice Samuels, « Dès 1789, le républicanisme français s'est montré ouvert au particularisme religieux », *Le Monde*, 1er janvier 2021.

Remerciements

Merci à Sophie Bessis qui, dès le début de la rédaction de ce livre, a mis à ma disposition tout son savoir sur les relations entre l'histoire du féminisme et les questions postcoloniales.

Je remercie chaleureusement Bernard Cerquiglini pour nos échanges linguistiques sur les parlers obscurs et les néologismes.

Merci à Jean Khalfa qui m'a éclairée avec patience sur la vie de Frantz Fanon, ainsi que sur les interprétations anglophones de son œuvre.

Un grand merci à Vaiju Naravane pour sa contribution à l'histoire récente de la satî et de l'immolation du corps en Inde.

Merci également à Dany Nobus, président du Freud Museum de Londres, pour nos échanges sur la question des enfants transgenres en Grande-Bretagne.

Toute ma gratitude va à Benjamin Stora pour nos débats sur le colonialisme et la question de la mémoire partagée.

Je remercie aussi Michel Wieviorka pour nos conversations sur l'histoire du Conseil représentatif des associations noires de France.

Merci à Georges Vigarello pour ses réflexions sur la question des transformations corporelles liées au genre et du *queer*.

Je remercie Anthony Ballenato qui a effectué pour ce livre plusieurs recherches bibliographiques en anglais sur Internet.

Merci à Jean-Claude Baillieul pour la minutie de ses corrections.

Un grand merci enfin, comme toujours, à Olivier Bétourné qui a édité et corrigé ce livre avec talent et enthousiasme.

Table

Du même auteur

Un discours au réel
Mame, 1973

L'Inconscient et ses lettres
Mame, 1975

Pour une politique de la psychanalyse
Maspero, 1977 ; La Découverte, 2017

La Psychanalyse mère et chienne
avec Henri Deluy
UGE, « 10/18 », 1979

Histoire de la psychanalyse en France
vol. 1 (1982, 1986), Fayard, 1994 ; vol. 2 (1986), Fayard, 1994
rééd. revue et corrigée, Hachette, « La Pochothèque », 2009

Théroigne de Méricourt. Une femme mélancolique sous la Révolution
Seuil, 1989 ; rééd. avec une préface d'Élisabeth Badinter,
Albin Michel, « Bibliothèque de l'évolution de l'humanité », 2010

Penser la folie. Essais sur Michel Foucault
avec Georges Canguilhem, Jacques Postel, François Bing,
Arlette Farge,
Claude Quétel, Agostino Pirelli, René Major, Jacques Derrida
Galilée, 1992

Jacques Lacan. Esquisse d'une vie, histoire d'un système de pensée
Fayard, 1993
rééd. revue et corrigée, Hachette, « La Pochothèque », 2009

Généalogies
Fayard, 1994

Dictionnaire de la psychanalyse
avec Michel Plon
Fayard, 1997, 2000, 2006
rééd. revue et corrigée, Hachette, « La Pochothèque », 2011

Pourquoi la psychanalyse ?
Fayard, 1999
rééd., Flammarion, « Champs », 2001

Au-delà du conscient
rééd. avec Jean-Pierre Bourgeron et Pierre Morel
Hazan, 2000

L'Analyse, l'archive
Bibliothèque nationale de France, « Conférence del Duca », 2001

De quoi demain… Dialogue
avec Jacques Derrida
Fayard/Galilée, 2001
rééd., Flammarion, « Champs », 2003

La Famille en désordre
Fayard, 2002
rééd. avec une postface inédite, Le Livre de poche,
« Biblio-essais », 2010

Le Patient, le thérapeute et l'État
Fayard, 2004

Philosophes dans la tourmente
Fayard, 2005 ; rééd. Seuil, « Points Essais », 2011

Pourquoi tant de haine ?
Navarin, 2005

La Part obscure de nous-mêmes. Une histoire des pervers
Albin Michel, 2007
rééd. Le Livre de poche, 2011

Retour sur la question juive
Albin Michel, 2009 ; « Points Essais », 2016

Mais pourquoi tant de haine ?
Seuil, 2010

Lacan, envers et contre tout
Seuil, 2011 ; « Points Essais », 2014

Jacques Lacan, passé présent
avec Alain Badiou
Seuil, 2012

Sigmund Freud en son temps et dans le nôtre
Seuil, 2014 ; « Points Essais », 2016
(Prix Décembre)

L'Inconscient expliqué à mon petit-fils
Seuil, 2015

Dictionnaire amoureux de la psychanalyse
avec des dessins d'Alain Bouldouyre
Plon/Seuil, 2017

Dans la même collection

(derniers titres parus)

Yannick Barthe
Les Retombées du passé
Le paradoxe de la victime

Jean Baubérot et Micheline Milot
Laïcités sans frontières

Antonio A. Casilli
Les Liaisons numériques
Vers une nouvelle sociabilité ?

En attendant les robots
Enquête sur le travail du clic

Pierre Cassou-Noguès
Lire le cerveau
Neuro-science fiction

Cornelius Castoriadis
Histoire et création
Textes philosophiques inédits (1945-1967)

Thucydide, la force et le droit
Ce qui fait la Grèce, 3

Bernard Chapais
Aux origines de la société humaine
Parenté et évolution

Françoise Choay
Le Patrimoine en questions
Anthologie pour un combat

Yves Citton
Pour une écologie de l'attention

Médiarchie

Guillaume Cuchet
Comment notre monde a cessé d'être chrétien
Anatomie d'un effondrement

Mireille Delmas-Marty
Les Forces imaginantes du droit IV
Vers une communauté de valeurs

Libertés et sûreté dans un monde dangereux

Douwe Draaisma
Quand l'esprit s'égare

Paul Dumouchel et Luisa Damiano
Vivre avec les robots
Essai sur l'empathie artificielle

Jean-Louis Fabiani
Pierre Bourdieu
Un structuralisme héroïque

Didier Fassin
La Force de l'ordre
Une anthropologie de la police des quartiers

L'Ombre du monde
Une anthropologie de la condition carcérale

La Vie
Mode d'emploi critique

Geneviève Fraisse
La Suite de l'histoire
Actrices, créatrices

Eric Geoffroy
L'Islam sera spirituel ou ne sera plus

Pierre Gibert
L'Inconnue du commencement

Mélanie Gourarier
Alpha mâle
Séduire les femmes pour s'apprécier entre hommes

Florent Guénard
La Démocratie universelle
Philosophie d'un modèle politique

Dominique Guillo
Les Fondements oubliés de la culture
Une approche écologique

Eva Illouz
Pourquoi l'amour fait mal
L'expérience amoureuse dans la modernité

Philippe d'Iribarne
L'Épreuve des différences
L'expérience d'une entreprise mondiale

Les Immigrés de la République
Impasses du multiculturalisme

Vincent Kaufmann
La Faute à Mallarmé
L'aventure de la théorie littéraire

Mondher Kilani
Du goût de l'autre
Fragments d'un discours cannibale

Justine Lacroix et Jean-Yves Pranchère
Le Procès des droits de l'homme
Généalogie du scepticisme démocratique

Céline Lafontaine
Le Corps-marché
La marchandisation de la vie humaine à l'ère de la bioéconomie

Bernard Lahire
Monde pluriel
Penser l'unité des sciences sociales

Michel Lallement
L'Âge du faire
Hacking, travail, anarchie

Un désir d'égalité
Vivre et travailler dans des communautés utopiques

Guillaume le Blanc
Dedans, dehors
La condition d'étranger

Mark Lilla
Le Dieu mort-né
La religion, la politique et l'Occident moderne

Gilles Lipovetsky et Jean Serroy
L'Écran global

Michel Lussault
L'Avènement du monde

Hyper-lieux
Les nouvelles géographies de la mondialisation

Éric Macé
L'Après-patriarcat

Gabriel Martinez-Gros
Brève Histoire des empires
Comment ils surgissent, comment ils s'effondrent

Nadia Marzouki
L'Islam, une religion américaine ?

Abdelwahab Meddeb
Pari de civilisation

Contre-prêches, vol. 2
Le temps des inconciliables

Dominique Memmi
La Revanche de la chair
Essai sur les nouveaux supports de l'identité

José Morel Cinq-Mars
Du côté de chez soi
Défendre l'intime, défier la transparence

André Orléan
L'Empire de la valeur

Dominique Pestre
À contre-science
Politiques et savoirs des sociétés contemporaines

Myriam Revault d'Allonnes
La Crise sans fin
Essai sur l'expérience moderne du temps

Le Miroir et la Scène
Ce que peut la représentation politique

La Faiblesse du vrai
Ce que la post-vérité fait à notre monde commun

Paul Ricœur
Écrits et Conférences I
Autour de la psychanalyse

Écrits et Conférences II
Herméneutique

Écrits et Conférences III
Anthropologie philosophique

Écrits et Conférences IV
Politique, économie et société

Être, Essence et Substance chez Platon et Aristote
Cours professé à l'université de Strasbourg en 1953-1954

Philosophie, éthique et politique
Entretiens et dialogues

Olivier Roy
La Sainte Ignorance
Le temps de la religion sans culture

Oliver Sacks
L'Œil de l'esprit

L'Odeur du si bémol
L'univers des hallucinations

En mouvement
Une vie

Le Fleuve de la conscience

Abdelmalek Sayad
L'École et les Enfants de l'immigration
Essais critiques

Alain Touraine
Après la crise

La Fin des sociétés

Nous, sujets humains

Défense de la modernité

Francisco Varela
Le Cercle créateur
Écrits (1976-2001)

Alain Viala
La Galanterie
Une mythologie française

RÉALISATION : NORD COMPO À VILLENEUVE-D'ASCQ
IMPRESSION : NORMANDIE ROTO S.A.S. À LONRAI
DÉPÔT LÉGAL : MARS 2021. N° 148087-3 (2101311)
Imprimé en France